보험전문교육기관 이패스손사
www.sonsakorea.com

손해사정사 2차시험대비

2025 최신판

손해사정사 2차
문제집

2025 이패스 배상책임보험 및 근재보험 문제집

임경아 편저

- 손해사정사 2차 시험 완벽대비
- 최신 기출문제 출제경향 및 유형별 심층 분석
- 실전에서 실수를 최소화 하도록 핵심 담은 수험서
- 약술 및 계산문제에서 중요한 키워드를 정리
- 파트별 중요도를 체크하여 집중 관리할 수 있는 수험서
- www.sonsakorea.com 저자 직강 온라인 동영상 진행

epasskorea

머리말

2025 손해사정사 2차 배상책임보험 및 근재보험 문제집

'배상책임보험 및 근재보험'은 타인에게 끼친 법률상 손해배상을 담보하는 상품이므로 우선 피보험자가 부담하는 법률상책임의 근거를 이해하는 것으로부터 해당 과목의 공부가 시작된다고 볼 수 있습니다. 그러나 상품이 워낙 다양하고 그 특성도 상이하여 해당 과목을 처음 접하는 수험생에게는 무척이나 부담스러운 과목이 아닐 수 없습니다.

저자의 입장에서도 시험 출제경향을 완벽히 예측하여 집필한다는 것은 결코 쉬운 일이 아닙니다. 그러나 수험생의 간절함을 너무도 잘 알기에 여러분의 노력과 투자한 시간이 합격이라는 결실로 이어지도록 심혈을 기울였습니다.

해당 교재는 약관과 상법의 내용을 기초로 의무, 임의, 근로자재해보험에 관한 내용의 약술문제와 계산문제를 체계적으로 수록해 놓은 문제집입니다. 최근 배상책임보험 출제경향을 분석해 보면 그 특징 중의 하나가 판매가 거의 없는 상품들에 관한 출제는 사라졌고 손해사정사가 알아야 할 기초적인 내용을 바탕으로 한 문제들이 주를 이루었습니다. 그로 인해 시험을 대비하는 수험생이 예측하지 못한 문제를 만나는 일이 없도록 실제 사건과 다양한 실무 자료들을 참고하여 꼼꼼히 집필하였습니다.

무엇보다 최근 약술 비중이 높게 출제되는 시험 경향을 감안하여 10년간 출제되었던 약술 문제를 수험생이 쉽게 이해하며 공부할 수 있도록 수록하였고 또한 손해사정사가 알아야 할 기본지식을 응용한 다양한 계산 문제들을 수록하였습니다.

작년에 이어 올해도 보험상품 개개의 특성을 부각한 기본에 충실한 문제들이 출제될 것으로 판단되어 기초 내용을 응용한 출제 가능성이 예상되는 문제들을 교재에 실었으며 각주를 덧붙여 주장하는 내용의 근거를 밝힘으로 시험에 대비하는 수험생의 지식 폭을 확장하였습니다.

공부에는 왕도가 없다 하지만 이 시험이 자격증 취득시험임을 기억하여 이 교재를 통해 최대한 효율적으로 공부할 수 있길 당부드립니다.

마지막으로 꿈을 향해 달리는 독자, 수험생 여러분의 간절한 염원이 이루어지길 기도합니다.

저자 임경아 드림

www.sonsakorea.com

시험안내

손해사정사

보험사고 발생 시 손해액 및 보험금의 산정업무를 전문적으로 수행하는 자로서 보험금 지급의 객관성과 공정성을 확보하여 보험계약자나 피해자의 권익을 침해하지 않도록 해주는 일, 즉 보험사고 발생 시 손해액 및 보험금을 객관적이고 공정하게 산정하는 자가 손해사정사이며, 보험의 시작과 마지막을 함께 하는 자이다.

손해사정사 전망

손해사정사의 현재 시장현황을 살펴보면 합격 이후 보험회사, 보험회사의 자회사, 손해사정사 법인, 독립 손해사정사로 그 활동 범위가 상당히 넓고 정부 또한 실무 수습 기간을 2년에서 6개월로 단축해 가면서 손해사정사를 확충하고 있다. 한국 직업정보 시스템의 통계자료를 바탕으로 손해사정사의 직업 유망성을 살펴보면 75%로 높은 수치를 나타내고 있어 그 전망이 밝다고 하겠다.

손해사정사 업무 및 혜택

- 손해 발생 사실의 확인
- 보험약관 및 관계 법규 적용의 적정 여부 판단
- 손해액 및 보험금의 사정
- 손해사정 업무와 관련한 서류작성, 제출 대행
- 손해사정 업무수행 관련 보험회사에 대한 의견 진술

▶ 취업 및 진출분야

손해사정사 자격증을 취득하게 되면 자동차보험, 화재보험, 생명보험, 해상보험 등을 취급하는 보험회사 또는 손해사정법인에 취업하거나 개인사무소를 운영할 수 있다. 보험회사는 대개 공채를 실시하는데 손해사정사 자격증 취득자에게 가산점을 부여하고 있으므로 입사를 희망한다면 자격증을 취득하는 것이 취업에 유리하다. 보험회사에서도 일반 법인체나 개인사무소에 사건을 의뢰하는 경우가 많기 때문에 그곳에서도 자격증을 보유한 전문인력을 필요로 한다. 또한 개인이 사무실을 운영하는 독립손해사정사는 정년 없이 활동할 수 있으므로 특히 많은 이들에게 각광받고 있다.

▶ 승진 및 경력개발

보험회사에 입사하여 보상팀 등에서 근무하다 손해사정사 자격을 취득하는 사람도 많다. 자격증을 취득하면 별도의 자격수당이나 인사고과에 반영되기 때문에 연봉책정, 승진 등에 매우 유리하다. 고용손해사정사는 일정한 경력을 쌓은 후 개업을 할 수 있고 정년이 없으므로 은퇴를 걱정하는 직장인보다 노후를 준비할 안정적인 직업으로 전망이 밝다. 보험사에서 손해사정사 자격증 취득자를 적극적으로 채용하고 있다는 현실만으로도 보험사 취업을 생각하는 취·준·생의 경우에는 이 자격에 도전할 필요가 있다. 현재 손해사정사의 평균 초봉은 5천만원 중반대로 매우 안정적 직업임을 알 수 있다.

information

2025 손해사정사 2차 배상책임보험 및 근재보험 문제집

■ **2025년 손해사정사 시험일정**

구분	제1차 시험	제2차 시험
시험실시 공고	2025년 1월 초 시험 실시공고	
응시원서 접수기간	2025. 3월 초순	2025. 7월 중순
접수방법 및 장소	• 인터넷 접수 : 보험개발원 홈페이지(www.insis.or.kr) • 결제방법 : 계좌이체 또는 신용카드	
시험일자	2025. 4월 경 예정	2025. 7월 경 예정
장소공고	2025. 4월 경 예정	2025. 7월 경 예정
시험방법	선택형(객관식 4지선택형 택1)	논문형(약술형 또는 주관식 풀이형)

※ 본 교재는 2025년 초에 제작이 되었으므로 2025년 시험일정 및 장소는 시험실시 공고 후 반드시 이패스코리아 및 보험개발원 홈페이지에서 확인해 주시길 바랍니다.

■ **시험구성 및 배점**

구분	재물	차량	신체
1차	• 보험업법 • 보험계약법(상법 중 보험편) • 손해사정이론 • 영어	• 보험업법 • 보험계약법(상법 중 보험편) • 손해사정이론	• 보험업법 • 보험계약법(상법 중 보험편) • 손해사정이론
2차	• 회계원리 • 해상보험의 이론과 실무 • 책임·화재·기술보험 등의 이론과 실무	• 자동차보험의 이론과 실무 (대물배상 및 차량손해) • 자동차 구조 및 정비이론과 실무	• 의학이론 • 책임보험·근로자재해보상보험 • 제3보험의 이론과 실무 • 자동차보험의 이론과 실무

응시자격

- **1차** : 응시제한 없음
- **2차** : ① 당해년도 및 직전년도 해당분야 손해사정사 제1차시험에 합격한 자('95년 이전 제1차 시험 합격자 포함)
  ② 보험업법시행규칙 제47조의 규정에 의한 기관(금융감독원, 보험회사, 보험협회, 보험요율산출기관(보험개발원), 농업협동조합중앙회)에서 해당분야의 손해사정업무에 5년 이상 종사한 경력이 있는 자
  ③ 타 종목의 손해사정사 자격을 취득한 자(재물, 차량, 신체) (다만, 차량손해사정사 또는 신체손해사정사가 재물손해사정사 시험에 응시하려는 경우 제2차 시험 접수 전에 영어시험 성적표 제출)
  ④ 종전 규정에 따른 손해사정사(1종~4종)
      – 합격 기준 1차 : 각 과목 40점 이상, 전 과목 평균 60점 이상 득점자
                2차 : 각 과목 40점 이상, 전 과목 평균 60점 이상 득점자 (절대평가, 최소선발예정인원에 미달하는 경우 상대평가)
      – 응시료 : 1차 : 30,000원, 2차 : 50,000원

■ **합격자 공고**

제1차 시험	제2차 시험
일자 : 2025. 7월 초순 예정	일자 : 2025. 10월 말 예정
방법 : 서울신문, 금감원 홈페이지(www.fss.or.kr) 및 보험개발원 홈페이지(www.insis.or.kr)	

※ 본 교재는 2025년 초에 제작이 되었으므로 2025년 합격자 공고는 시험실시 공고 후 반드시 이패스코리아 및 보험개발원쪽에서 확인 해 주시길 바랍니다.

출제경향분석

출제경향 및 분석

1. 배상책임보험과 근재보험의 출제 비율 : 60% / 40%
2. 신체손해사정사 시행 후 출제경향 (2015 ~ 2024년 : 10년간)

년도	종목	계산문제		약관내용		합계	
		문항수	배점	문항수	배점	문항수	배점
2015	배상	2	30	3	30	5	60
	근재	2	40	-	-	2	40
	합계	4	70	3	30	7	100
2016	배상	2	40	2	20	4	60
	근재	1	20	2	20	3	40
	합계	3	60	4	40	7	100
2017	배상	3	45	2	20	5	65
	근재	1	15	2	20	3	35
	합계	4	60	4	40	8	100
2018	배상	3	45	2.5	25	5.5	70
	근재	1	15	1.5	15	2.5	30
	합계	4	60	4	40	8	100
2019	배상	2	30	2	20	4	50
	근재	1	30	2	20	3	50
	합계	3	60	4	40	7	100
2020	배상	2	40	2	20	4	60
	근재	1	20	2	20	3	40
	합계	3	60	4	40	7	100
2021	배상	4	60	2	25	6	85
	근재	1	15	-	-	1	15
	합계	5	75	2	25	7	100
2022	배상	2	25	3	30	5	55
	근재	2	45	-	-	2	45
	합계	4	70	3	30	7	100
2023	배상	2	40	2	20	4	60
	근재	1	25	1	15	2	40
	합계	3	65	3	35	6	100
2024	배상	1.5	25	4	50	5.5	75
	근재	0.5	15	1	10	1.5	25
	합계	2	40	5	60	7	100
평균	배상	2.18	36	2.68	28.63	4.86	64.63
	근재	1.09	23	1.13	12.37	2.22	35.37
	합계	3.27	59	3.81	41	7.08	100

좀 더 자세한 내용 및 수험정보 등은 당사 홈페이지(www.sonsakorea.com) 참조

학습전략

2025 손해사정사 2차 배상책임보험 및 근재보험 문제집

출제경향을 통한 공부 방법

1. 2018년부터 1개의 문제를 소분하여 여러 문제를 출제하는 경향으로 시험패턴이 바뀌고 현재까지 그 출제형식을 유지하고 있다. 시험 문항 수는 평균 7문제 정도로 출제되나 결국 소분된 문항 수를 합하면 10문제 이상 출제되는 것이다. 이렇게 소분된 형식으로 문제를 내면 채점자는 채점이 용이하고 수험생의 입장에서는 부분 점수를 받을 수 있다는 이점이 있지만, 문항수가 많다는 생각에 수험생의 심적 부담은 커질 수밖에 없다. 결국 수험생은 실력과 더불어 시간을 적당히 배분하여 문제를 풀어야 하는 능력까지 요구되고 있다.

2. 과거에는 기본내용을 응용한 문제가 출제되거나 판매는 다소 저조하더라도 시험문제로 출제하기 좋은 배상책임 상품들이 출제되는 경향이 있었다. 그러나 최근 들어 실무에 필요한 기초지식을 묻는 문제 등이 출제되었다는 사실을 기억하고 기본기에 충실한 학습 방법으로 시험을 준비할 것을 당부한다.

3. 시험은 배상책임보험과 근재보험 파트가 6대4의 비율로 출제되는 것이 일반적이고 최근 들어 약술의 비중이 높아진 점을 생각하며 약술의 비중을 높여 준비 해 줄 것을 당부한다. 또한 배상책임 보험과 근재보험 혼합형태의 문제는 물론 복수의 배상책임자가 등장하여 다수의 보험 상품에서 보상하는 복잡한 형태의 계산 문제도 출제됨을 기억하여 공동불법행위자들 간의 책임분담에 관하여 철저히 준비한다.

4. 교재의 모든 내용을 그대로 암기하여 약술문제에 대비하기는 쉽지 않다. 그러므로 강조한 내용은 특히 집중하여 준비하도록 한다.

답안작성 요령

1. 시험시간과 문항 수 등
    1) 시험시간 : 90분
    2) 답안지 규격과 매수 : B4용지 크기의 10매
    3) 문항내용
        - 계산문제
        - 약관 및 책임법리

2. 답안지 작성 시간배분과 작성분량 등
    1) 시간배분
        - 계산문제 : 10점 × 10분
        - 약술 : 10점 × (7분 ~ 8분)
            ➔ 약술에 긴 시간을 쏟으면 안 된다.
    2) 작성분량
        - 문항별 배점과 동일한 분량으로 작성
            ➔ 예를 들어 30점 계산문제인 경우 답안 3장 작성, 10점 약술인 경우 답안 1장 작성

학습전략

3) 답안쓰기 방법
   - 번호를 달아 채점자가 한 눈에 알아볼 수 있는 답안작성
   - 시험지 가운데에 답을 쓰지 말고 왼쪽 여백부터 순차적으로 채워가며 답안 작성
   - 두 줄 쓰고 한 줄 띄우는 방식으로 답안작성
     → 대량 오타 시 수정 답을 쓸 수 있는 여유 공간의 확보
        공간 확보로 깔끔한 답안으로 보이는 시각적 효과

   I. 법률상책임

   사안은 경우 이패스건설(주)의 근로자 김OO의 업무 중 과실로 발생한 사고이다. 사용자는
   민법 제756조 사용자책임이 발생하며 엄마가 섬 그늘에 굴 따러 가면 김OO은 민법 제
                제756조   이 번 사고의 직접적인 당사자
   50조 불법행위 책임이 발생한다. 그로인해 피해자 박OO고, 최OO에게 법률상배상책임을
   부담한다.

4) 기타
   - 반드시 무채색 볼펜을 사용할 것 (연필, 칼라볼펜 사용금지)
   - 오타는 두 줄 긋기로 교정 (수정액 사용금지)

이 책의 구성과 특징

2025 손해사정사 2차 배상책임보험 및 근재보험 문제집

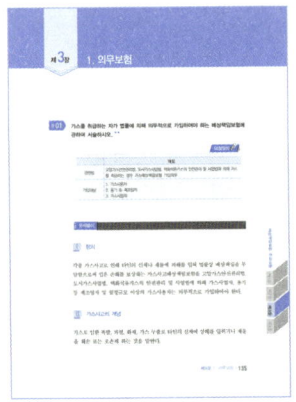

STEP 1 책의 구성

㉠ 내용이 방대한 배상책임보험을 시험 출제 가능성이 높은 배상책임보험에 한해서 의무, 임의, 근로자배상책임으로 구분하여 수험생의 학습이 용이하도록 구성하였습니다.
㉡ 해설을 듣지 않아도 이해 가능 하도록 첨삭을 이용하는 등 부연 설명을 충실히 달아놓았습니다.
㉢ 각 문제에서 착안점을 정리하여 수험생의 집중도를 높이고 문제풀이에서 실수를 최소화 하도록 하였습니다.

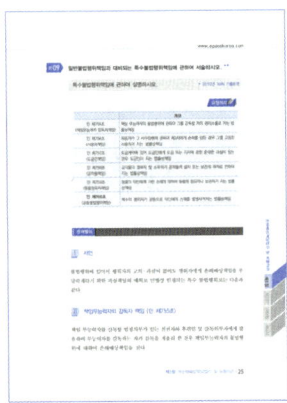

STEP 2 약술 및 계산문제 답안

㉠ 출제 가능성이 높은 약술문제를 올리고 암기에 약한 수험생을 배려하여 해당 약술문제에서 답안으로 써야 할 중요한 내용을 키워드 위주로 집약하여 정리 해 놓았습니다.
㉡ 중요도를 체크하여 수험생이 중요한 파트를 집중하여 관리 할 수 있도록 하였습니다.
㉢ 교재의 답안이 실제 시험 답안의 모범답안이 되도록 형식을 갖추었습니다.

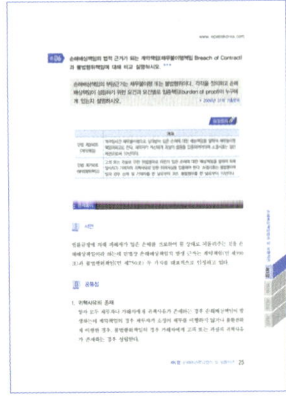

STEP 3 기출문제분석

㉠ 최근 기출문제를 분석하여 변화하는 시험출제 경향에 맞춰 문제의 형식을 구성하였습니다.
㉡ 기존 출제 문제 중 출제 가능성이 높은 기출문제를 응용한 예상문제를 교재에 소개시킴으로 변형된 문제가 출제되더라도 수험생 스스로 충분히 소화 할 수 있노톡 하였습니다.
㉢ 기존기출문제의 출제년도를 수록하여 해당문제의 관리가 수월하도록 하였습니다.

차례

www.sonsakorea.com

제1장 손해배상책임법리 및 보통약관

Ⅰ. 약술문제(문1 ~ 34)   12

제2장 배상책임보험 손해액산정의 기초

Ⅰ. 약술문제(문1 ~ 7)   92
Ⅱ. 계산문제(문1 ~ 10)   107

제3장 배상책임보험 상품

Ⅰ. 임의보험   136
    1. 약술문제(문1 ~ 22)   136
    2. 계산문제(문1 ~ 15)   187
Ⅱ. 의무보험   231
    1. 약술문제(문1 ~ 19)   233
    2. 계산문제(문1 ~ 14)   275
Ⅲ. 근로자재해보험   317
    1. 약술문제(문1 ~ 13)   318
    2. 계산문제(문1 ~ 10)   350

제4장 기출 약술문제(2014년~2024년)

기출 약술문제(2014년~2024년)   386

제5장 배상책임보험 혼합문제

배상책임보험 혼합문제(문1 ~ 07)   442

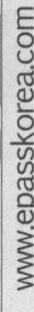

제 1 장

손해배상책임법리 및 보통약관

제1장 손해배상책임법리 및 보통약관

I. 약술문제

문 01 배상책임보험을 통하여 이루어지는 피해자구제에 관한 법적 제도 및 그 기능에 관하여 서술하시오. ★★★★

제도	개요
구제제도	1. 의무가입확대 2. 피해자 직접청구가능 3. 피보험자 무과실책임 하의 보상 4. 가지급금 제도 시행 5. 사망 2,000만원 피해보상최저금액설정

문제풀이

I 배상책임보험 의무가입 확대

다수의 피해자 발생 및 손해의 규모가 큰 특정위험 등에 관하여 피해자보호와 구제 수단의 확보를 위해 법률로 정하여 보험 가입을 의무화[1]함

---

[1] 〈의무보험 가입 규정 해당 법률과 관련 보험상품〉
 1. 자동차손해배상보장법 : 자동차손해배상책임보험
 2. 도시가스사업법, 고압가스안전관리법, 액화석유가스안전관리 및 사업법 : 가스사고배상책임보험
 3. 유선 및 도선사업법 : 유·도선사업자배상책임보험
 4. 체육시설의 설치 및 이용에 관한 법률 : 체육시설업자배상책임보험
 5. 청소년활동 진흥법 : 수련시설배상책임보험, 청소년활동배상책임보험
 6. 화재로 인한 재해보상과 보험가입에 관한 법률 : 특약부화재보험
 7. 다중이용업소의 안전관리에 관한 특별법 : 다중이용업소화재배상책임보험
 8. 재난 및 안전관리 기본법 : 재난배상책임보험
 9. 어린이 놀이시설 안전관리법 : 어린이놀이시설배상책임보험

II 피해자 직접청구권 인정

「상법 제724조」에서는 피해자가 피보험자를 통하지 않고 직접 청구한 보험금을 지급함으로써 가해자인 피보험자가 보험금을 유용할 수 없도록 방지하고 피해자 손해회복을 우선으로 하고 있다.

III 무과실책임하에 가해자에게 배상책임 발생

가해자의 행위로 피해자에게 손해가 발생하기만 하면 고의나 과실이 없는 경우에도 가해자가 손해배상책임을 부담하는 법리를 무과실책임이라 하며 「다중이용업소법 제13조의2」, 「화재보험법 제4조」, 「자동차손해배상보장법 제3조」 등에서는 **무과실책임을 규정**하고 있다.

IV 가지급금제도 실시

보험금 지급이 늦어지는 경우 회사가 지급할 것으로 예상되는 보험금 중 일부를 먼저 지급하는 제도를 가지급금제도라 하는데 지급할 추정보험금 "50% 상당액의 금원"을 피해자에게 미리 지급할 수 있도록 하고 있다. 그러나 약관의 명시와 상관없이 추정보험금이 실제 지급할 금원과 현저한 차이가 발생하지 않는 경우라면 추정보험금 한도 내에서 가지급금을 지급할 수 있다.

V 사망 최저 한도액 규정

의무배상책임보험의 보상하는 손해의 범위 중 피해자의 사망으로 인한 실제 손해액이 2,000만원에 미달하는 경우 실제 손해와 상관없이 최저 사망보험금으로 2,000만원을 보상한다.

문 02 우리 상법에서 규정하고 있는 피해자 직접청구권의 이론적 근거와 법적 성질에 관하여 기술하시오. ★

> 상법에서 정한 피해자 직접청구권의 법적 성질에 관하여 설명하시오.
> ▶ 2014년 제37회 기출문제
>
> 피해자가 보험금 직접청구권을 행사한 때에 약관에서 규정하고 있는 보험회사와 피보험자의 권리와 의무에 대하여 설명하시오.
> ▶ 2024년 제47회 기출문제

 요점정리

	개요
의의	피해자가 자신의 손해회복을 위해 가해자의 보험에서 직접 보상을 청구할 수 있는 제도
근거	피해자가 가해자의 채무를 인수한 보험자에게 손해배상을 청구하는 것으로 보는 견해가 통설
법적성질	직접청구권은 상법의 강행규정으로 피보험자의 법률상 책임으로 피해자는 피보험자에 대한 손해배상청구권과 보험자에 대한 보험금청구권이 독립적으로 발생

 문제풀이

I 의의

직접청구권이란 피해자가 가해자인 피보험자로 인해 입은 손해에 대하여 피보험자가 가입한 보험금액의 한도 내에서 피보험자를 통하지 않고 보험자에게 직접 보상을 청구할 수 있는 제도

II 이론적 근거

1. 보험금청구권설

직접청구권을 보험금청구로 보는 견해로 보험자가 보험계약에 따라 피보험자가 제3자에 지는 법률상 배상책임으로 인한 손해를 부담하는 것이므로 그 계약의 내용에 의해 제약을 받는다는 것이다. **보험금청구권의 소멸시효는 3년이다.**

2. 손해배상청구권설

직접청구권을 손해배상청구로 보는 견해로 보험자가 피보험자가 지는 손해배상채무를 병존적으로 인수한 것이라는 견해로 통설이다. 불법행위책임에 대한 **손해배상청구권의 소멸시효는 손해 및 가해자를 안 날로부터 3년, 발생한 날로부터 10년이다.**

Ⅲ 법적 성질

1. 강행성

직접청구권은 상법상 강행규정으로 약관에서 이에 대해 제한한 규정을 두는 경우 그에 관한 규정은 무효이다.

2. 배타성

피해자의 손해배상청구권과 피보험자의 보험금청구권이 경합하는 경우 손해배상을 받지 못한 범위 내에서는 피해자가 손해배상을 청구할 수 있는 직접청구권이 우선한다.

3. 독립성

피보험자에게 법률상 배상책임이 발생함과 동시에 피해자는 피보험자에 대한 손해배상청구권과 보험자에 대한 보험금청구권이 동시에 발생한다.

Memo

문 03 보험자의 지급 의무 중 가지급보험금 지급에 관하여 서술하시오. ★★★

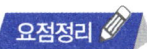

	개요
정의	사고조사 등으로 보험금 지급이 늦어지는 경우 피해자에 대한 신속한 피해복구를 위하여 임시로 지급되는 보험금
보험자의 항변사유	사고원인이 불명확하거나 손해액을 추정할 수 없는 경우 외에는 가지급금을 청구하면 보험자는 그것이 부당하지 않는 한 이에 응하여야 함
지급금액	추정보험금의 50% 이내

문제풀이

Ⅰ. 정의

가지급금이란 보험사고가 발생하고 그에 따른 보험금이 지급되기까지 소요되는 상당 시일 동안 피해자에게 생길 경제적 어려움을 최소화하기 위해 **임시로 지급되는 보험금**을 말하는 것인데 지급요건은 보험자가 사고에 대하여 원인을 조사하고 짧은 시일 내에 마치지 못함으로써 보험금 지급이 늦어질 것을 전제로 하여 지급된다.

Ⅱ. 보험자의 항변

보험자는 피보험자가 가지급금을 청구하면 그것이 부당하지 않는 한 이에 응하여야 한다. 만약 사고원인이 불명확하고 손해액을 추정할 수 없는 경우에는 그러하지 아니한다.

Ⅲ. 지급금액

가지급할 수 있는 보험금은 추정보험금의 50% 상당액으로 제한하고 있다.

Memo

문 04 법률상 배상책임의 근거가 되는 계약책임(채무불이행책임 Breach of Contract)과 불법행위책임에 대해 비교 설명하시오. ★★★★★

> 손해배상책임의 부담 근거는 채무불이행 또는 불법행위이다. 각각을 정의하고 손해배상책임이 성립하기 위한 요건과 요건별로 입증책임(burden of proof)이 누구에게 있는지 설명하시오.
> ▶ 2008년 제31회 기출문제

요점정리

	개요
민법 제390조 (계약책임)	채무불이행으로 인한 계약당사자 간 발생하는 책임으로 상대방이 입은 손해에 대한 배상책임을 말한다. 채무자가 자신에게 과실이 없음을 입증하여야만 하며 소멸시효는 상사채권은 5년, 일반채권은 10년이다.
민법 제750조 (불법행위책임)	고의 또는 과실로 인한 위법행위로 타인이 입은 손해에 대한 배상책임을 말하며 피해당사자가 가해자의 귀책 사유로 인한 피해 사실을 입증해야 한다. 소멸시효는 불법행위책임의 경우 손해 및 가해자를 안 날로부터 3년, 불법행위를 한 날로부터 10년이다.

문제풀이

Ⅰ. 서언

법률에 따라 피해자가 입은 손해를 전보하여 원 상태로 되돌려주는 것을 손해배상책임이라 하는데 민법상 손해배상책임은 계약책임「민법 제390조」과 불법행위책임「민법 제750조」두 가지를 대표적으로 인정하고 있다.

Ⅱ. 공통점

1. 귀책사유의 존재

양자 모두 채무자나 가해자에게 귀책사유가 존재하는 경우 손해배상책임이 발생하는데 계약책임의 경우 채무자가 소정의 채무를 이행하지 않거나 불완전하게 이행한 경우, 불법행위책임의 경우 가해자에게 고의 또는 과실의 귀책 사유가 존재하는 경우 성립한다.

2. 손해배상의 범위 및 방법

양자 모두 통상손해에 대한 금전배상을 원칙으로 하며 **특별손해는 예견가능성이 있는 경우에 한하여 배상**한다.

3. 과실상계

피해자에게 과실이 있는 경우 **과실상계의 규정을 준용**한다.

4. 손해배상자의 대위

채무자가 전액을 배상한 경우에 채무자는 그 물건이나 권리를 당연히 취득하는데, 이는 불법행위에서도 적용된다.

Ⅲ 차이점

1. 입증책임

계약책임의 경우 채무자가 자신에게 귀책 사유가 없음을 입증하여야만 그 책임을 면할 수 있으나 불법행위책임에서는 피해 당사자가 가해자의 귀책 사유로 인한 피해 사실을 입증해야 한다.

2. 소멸시효

계약책임의 소멸시효는 상사채권은 5년, 일반채권은 10년이 적용되며, 불법행위책임의 경우 손해 및 가해자를 안 날로부터 3년, 불법행위를 한 날로부터 10년의 소멸시효가 적용된다.

3. 배상액의 경감

불법행위책임의 경우 가해자가 부담해야 할 배상책임이 생계에 중대한 영향을 미칠 때에 그 자는 법원에 고의나 중과실에 의한 것이 아닌 경우 배상액의 경감을 청구할 수 있다.

4. 태아의 권리능력

불법행위책임으로 인한 손해배상청구권에서 태아는 이미 출생한 것으로 본다.
「민법 제762조」

5. 간접피해자 인정 유·무

계약책임의 경우는 계약의 당사자인 채권자에게만 손해배상청구권이 인정되지만, 불법행위책임에서는 사망의 경우 유족 고유의 위자료 청구권이 인정되며, 상해 등의 경우에도 피해자의 근친자에게 위자료를 인정한다.

Ⅳ 양 책임의 관계

동일한 당사자 사이에 계약책임과 불법행위책임의 요건을 모두 갖추는 경우 피해자는 통설 및 판례에 따라 **그의 선택에 의해 가해자인 채무자에 대하여 채무불이행책임을 묻거나 불법행위책임을 물을 수 있다.**

문 05 일반불법행위책임과 대비되는 특수불법행위책임에 관하여 서술하시오. ★★★★

특수불법행위책임에 관하여 설명하시오.   ▶ 2016년 제39회 기출문제

요점정리

	개요
민법 제755조 (감독자의 책임)	책임무능력자의 행위로 제3자가 손해를 입은 경우 감독의무를 해태한 그의 감독자가 지는 법률상책임
민법 제756조 (사용자의 배상책임)	피용자가 그 사무 집행에 관하여 제3자에게 손해를 가한 경우 그를 고용한 사용자가 지는 법률상책임
민법 제757조 (도급인의 책임)	도급계약에 있어 도급인에게 도급 또는 지시에 관한 중대한 과실이 있는 경우 지는 법률상책임
민법 제758조 (공작물등의 점유자, 소유자책임)	공작물의 점유자 또는 소유자가 공작물의 설치 또는 보존의 하자로 인하여 지는 법률상책임
민법 제759조 (동물점유자책임)	동물이 타인에게 가한 손해에 대하여 동물의 점유자나 보관자가 지는 법률상책임
민법 제760조 (공동불법행위책임)	복수의 행위자가 공동으로 타인에게 손해를 발생시켜 지는 법률상 책임

문제풀이

I 서언

불법행위에 있어서 행위자에게 손해배상책임을 부담토록 하기 위한 과실책임의 예외로 민법상 인정되는 특수불법행위로는 다음과 같다.

II 감독자의 책임 (민법 제755조)

책임무능력자의 행위로 제3자가 손해를 입은 경우 **책임 무능력자를 감독할 법정의무가 있는 친권자와 후견인 및 감독의무자**(그에 갈음하여 무능력자를 감독하는 자)는 감독의무의 해태로 인한 손해를 배상할 책임이 있다.

Ⅲ 사용자의 배상책임 (민법 제756조)

타인을 사용하여 사무에 종사하게 한 자 및 사용자에 갈음하여 사무를 감독한 자는 피용자가 그 사무 집행에 관하여 제3자에게 손해를 입힌 때에 그 피용자의 선임 및 사무 감독을 게을리하지 않았음을 입증하지 못하면 손해를 배상할 책임이 있다.

Ⅳ 도급인의 책임 (민법 제757조)

원칙적으로 도급인은 수급인이 그 일에 관하여 제3자에게 끼친 손해를 책임지지 않는다. 그러나 도급 또는 지시에 관하여 중대한 과실이 있는 때에는 손해를 배상할 책임이 있다. 이를 도급인의 책임이라 한다.

Ⅴ 공작물 등의 점유자, 소유자 책임 (민법 제758조)

공작물의 점유자 및 소유자가 공작물의 설치 또는 보존의 하자로 인하여 타인에게 손해를 가한 때에는 손해를 배상할 책임이 있다. 그러나 **점유자가 손해의 방지에 필요한 주의를 해태하지 아니한 때에는 그 소유자는 손해를 배상할 책임이** 있다.

Ⅵ 동물점유자책임 (민법 제759조)

동물이 타인에게 가한 손해에 대하여 동물의 점유자나 보관자가 지는 손해배상책임을 동물점유자책임이라 한다. 동물의 종류는 묻지 않으며 손해는 인적 손해와 물적 손해를 포함하고 점유자가 상당한 주의를 하였거나 상당한 주의를 하여도 손해가 발생할 경우는 면책이 인정된다.

Ⅶ 공동불법행위자의 책임 (민법 제760조)

여러 사람이 공동으로 불법행위를 하여 타인에게 손해를 가하는 행위를 공동불법행위라 한다. 이러한 공동불법행위자는 연대하여 손해를 배상할 책임이 있다. 공동불법행위자의 책임은 채무자가 채권자의 전 손해에 대하여 각각 책임을 지는 부진정연대채무이다.

Memo

문 06 불법행위에 있어 책임무능력자의 감독의무자가 지는 손해배상책임에 관하여 설명하시오. ★★★★★

	개요
감독자의 책임	책임무능력자의 행위로 제3자가 손해를 입은 경우 감독의무를 해태한 그의 감독자가 지는 법률상책임
성격	누군가의 책임이 전가된 대위책임이 아닌 감독자 본인의 감독 부주의로 발생한 본인의 법률상 책임
입증책임	감독자 본인이 과실이 없음을 입증해야 함
복수의 감독자가 있는 경우	법정감독자와 대리감독자의 책임이 함께 존재하는 경우 이들은 피해자의 손해에 대하여 부진정연대책임을 짐

I 서언

책임능력은 자신의 행위로 인한 결과에 관해 책임을 인식할 수 있는 정신적인 능력을 말한다. 민법의 경우 손해배상책임에 관하여 일정 **연령 미만의 미성년자와 심신상실자를 제외한 모든 사람은 원칙적으로 책임능력이 있다고** 보고 있다.

II 책임무능력자

1. 미성년자의 책임능력 (민법 제753조)

「민법」에서는 자신의 행위의 책임을 변식할 지능이 없는 미성년자를 책임무능력자로 규정하고 있다. 책임무능력이란 자신의 행위로 인한 결과를 인식할 수 없는 것에 그치지 않고 그 행위의 결과가 위법하여 법률상 비난받을 수 있는 것임을 인식할 수 없는 상태까지 요하고 있다. 판례는 대체적으로 만 12세 이상이면 민사상의 책임능력이 있다고 보고 있으나 구체적 사안에 따라 판단한다.

2. 심신상실자의 책임능력 (민법 제754조)

「민법」에서는 심신상실 중 타인에게 손해를 가한 자는 배상책임이 없다고 규정하고 있다. 심신상실은 자신의 행위에 관한 책임을 변식할 지능이 없는 때와 같은 정도의 판단력을 가진 상태를 말하며 심신상실이 고의 또는 과실로 초래한 경우에는 그러하지 아니한다.

Ⅲ 책임무능력자의 감독자의 책임 (민법 제755조)

다른 자에게 손해를 가한 자가「민법 제753조」또는「민법 제754조」에 해당하는 경우 그를 감독할 법정의무가 있는 자 또는 그에 갈음하여 책임이 있는 자는 그 손해를 배상할 책임을 진다. 다만, 그자가 감독의무를 게을리 하지 아니하였음을 입증하는 경우 그러하지 아니한다.

책임무능력자의 감독자 책임은 누군가의 책임이 전가된 대위책임이 아닌 감독자 본인의 감독 부주의로 발생한 법률상 배상책임이다. 법정감독자 뿐 아니라 법정감독자에 갈음하여 감독의무를 부담하는 자도 손해배상책임이 발생한다. 만약, 법정감독자와 대리감독자의 책임이 함께 존재하는 경우 이들은 피해자의 손해에 대하여 부진정연대책임을 진다.

문 07 민법 제756조(사용자의 책임)로 지는 피보험자의 법률상배상책임을 담보하는 배상책임보험에 관하여 설명하시오. ★★★

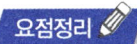

	개요
사용자의 배상책임	피용자가 그 사무 집행에 관하여 제3자에게 손해를 입힌 경우 그를 고용한 사용자가 제3자에게 지는 법률상 책임
요건	사용자에게 고용(이와 비슷한 형태)된 피용자의 업무상 과실로 제3자에게 손해가 발생하여야 하며 사용자가 그에 관해 과실 없음을 입증하지 못할 것
해당 보험	영업배상책임보험의 시설소유(관리)자특별약관, 도급업자특별약관, 건설기계업자특별약관 등
구상	법률의 규정에도 불구하고 신의칙에 근거하여 상당하다고 인정되는 한도 내에서만 피용자에게 구상 가능

문제풀이

Ⅰ 정의

타인을 사용하여 사무에 종사하게 한 자 및 사용자에 갈음하여 사무를 감독한 자는 피용자가 그 사무 집행에 관하여 제3자에게 손해를 입힌 때에 그 피용자의 선임 및 사무 감독을 게을리 하지 않았음을 입증하지 못하는 한 그 손해를 배상할 책임이 발생한다. (민법 제756조)

Ⅱ 요건

1. 사용 관계
사용자와 피용자 간에 사용 관계가 있어야 한다.

2. 사무 집행
사용자는 피용자의 사무 집행에 관한 행위에 대하여 책임을 진다.

3. 제3자의 존재
피해자인 **제3자의 범위는 사용자와 가해 피용자를 제외한 모든 사람**을 말한다. 따라서 동료 근로자도 제3자가 될 수 있다.

4. 사용자가 면책사유를 입증하지 못할 것

사용자가 피용자의 선임 및 사무 감독을 게을리 하지 않았음을 입증하지 못해야 한다.

Ⅲ 민법 제756조의 손해를 담보하는 보험

영업배상책임보험의 시설소유(관리)자특별약관, 도급업자특별약관, 건설기계업자특별약관 등에서는 피용자가 업무상 과실로 제3자에게 손해를 입힌 경우 그 피용자의 사용인인 피보험자에게 발생하는 「민법 제756조」 규정에 의한 손해를 담보한다.

Ⅳ 피용자에 대한 구상권

사용자 또는 대리감독자가 손해배상을 한때에는 피용자에 대하여 구상권을 행사할 수 있다(민법 제756조 제3항)고 규정하고 있으나 이는 결과적으로 피용자를 사용하는 과정에서 발생한 손해를 피용자에게 모두 전가하는 것이 되므로 **실무 및 판례에서는 일정한 제한을 두어 신의칙에 근거하여 상당하다고 인정되는 한도 내에서만 구상할 수 있다**고 보고 있다.

문08 민법 제758조(공작물 등의 점유자, 소유자책임)로 지는 피보험자의 법률상배상책임을 담보하는 배상책임보험에 관하여 설명하시오. ★★

요점정리

	개요
공작물 등의 점유자, 소유자책임	공작물의 점유자 및 소유자가 공작물의 설치 또는 보존의 하자로 인하여 지는 법률상 책임
요건	공작물의 설치 또는 보존의 하자로 제3자에게 손해가 발생
해당보험	영업배상책임보험의 시설소유(관리)자특별약관 및 장기보험의 일상생활배상책임특별약관 등

문제풀이

Ⅰ 정의

공작물의 점유자 및 소유자는 공작물의 설치 또는 보존의 하자로 인하여 타인에게 발생한 손해를 배상할 책임이 있다. 공작물의 점유자는 자신이 손해의 방지에 필요한 주의를 해태하지 아니하였음을 **입증하면 책임을 면할 수 있지만**, 공작물의 소유자는 점유자가 면책되는 경우 **무과실책임**을 진다.

Ⅱ 요건

1. 공작물로 인한 손해가 발생할 것
2. 공작물의 설치 또는 보존의 하자가 있을 것
3. 면책사유가 없을 것

Ⅲ 공작물책임 담보

공작물책임은 제3자 배상책임보험에서 담보하며, 상품에는 영업배상책임보험의 시설소유(관리)자특별약관 및 장기보험의 일상생활배상책임특별약관 등이 있다.

Memo

문09 민법 제759조(동물의 점유자의 책임)로 지는 피보험자의 법률상배상책임을 담보하는 배상책임보험에 관하여 설명하시오. ★★★

	개요
동물의 점유자의 책임	점유하고 있던 동물이 타인에게 손해를 가한 경우 동물 점유자가 지는 법률상 책임
요건	점유하고 있던 동물로 인해 제3자에게 손해가 발생
해당보험	장기보험의 일상생활배상책임특별약관 및 맹견배상책임보험(의무)

문제풀이

Ⅰ 정의

동물의 점유자 및 점유자에 갈음하여 동물을 보관한 자는 그 동물이 타인에게 가한 손해를 배상할 책임이 있다. 그러나 동물의 종류와 성질에 따라 그 보관에 상당한 주의를 해태하지 아니한 때에는 그러하지 아니하다.

Ⅱ 요건

1. 동물로 인한 손해가 발생할 것
2. 동물의 종류와 성질에 따라 그 보관에 주의하지 않은 과실이 있을 것
3. 면책사유가 없을 것

Ⅲ 동물점유자책임 담보상품

의무보험 상품으로 맹견배상책임보험[2]이 특정 맹견으로 인한 견주의 법률상배상책임으로 인한 손해를 담보하며, 장기보험의 일상생활배상책임특별약관[3]이 동물 점유자에게 발생한 법률상배상책임으로 인한 손해를 담보한다.

---

[2] 맹견배상책임보험 : 맹견을 소유하는 자가 의무적으로 가입하여야하는 보험으로 소유자의 법률상책임을 담보
[3] 일상생활배상책임특별약관 : 일상생활에서 타인에게 지는 법률상손해배상으로 인한 손해를 담보하는 특별약관으로 사고 당시 동물을 점유하던 피보험자의 법률상책임을 담보

문 10. 공동불법행위를 정의하고 법적 성질에 관하여 설명하시오. ★★★★★

요점정리

	개요
연대채무 VS 부진정연대채무	두 채무 모두 여러 명의 채무자가 동일한 내용의 채무에 관해 각각 독립하여 급부를 이행할 의무를 부담하고 채무자 1인이 채무의 이행을 하면 다른 채무자의 채무가 소멸하는 점은 동일하나 채무자 사이의 주관성 여부에 따라 연대채무와 부진정연대채무로 구분된다. 1. 연대채무(진정연대채무) : 수인의 채무자가 주관적 공동관계로 발생하는 채무 관계로 계약관계에서 발생하는 채무 관계 2. 부진정연대채무 : 연대채무자의 의사와 관계없이 우연히 발생한 채무 관계로 (주관적 공동관계가 없다.) 공동불법행위자 사이 발생하는 채무 관계
공동불법행위책임	복수의 자가 공동으로 불법행위를 하여 타인에게 손해를 입힌 경우 발생하는 책임
요건	1. 수인이 공동의 불법행위로 타인에게 손해를 가한 경우 2. 수인의 행위 중 어느 자의 행위가 손해를 가한 것인지 불분명한 경우 3. 교사 및 방조한 경우
법적성질	공동불법행위자들끼리 연대책임을 지며 어느 한쪽이 손해배상금 모두를 변제한 경우 불법행위자 간 과실에 따라 구상 가능

문제풀이

I 정의

둘 이상의 복수의 자가 공동으로 불법행위를 하여 타인에게 손해를 입힌 경우를 공동불법행위라 한다.

II 요건

1. 협의의 공동불법행위 (민법 제760조 제1항)

협의의 공동불법행위의 경우는 복수의 자가 각각 일반불법행위책임의 요건을 갖춘 경우를 말한다.

2. 가해자를 알 수 없는 공동불법행위 (민법 제760조 제2항)

공동불법행위자 중 피해를 입힌 가해자를 알 수 없는 경우를 말한다.

3. 교사 또는 방조 행위 (민법 제760조 제3항)

교사란 불법행위의 의사가 없던 자에게 그 의사를 갖게 하는 행위를 말하며 방조란 물적 방법이나 조언 등으로 불법행위자를 돕는 행위를 말한다.

Ⅲ 법적 성질

공동불법행위자는 피해자 보호를 위해 연대채무를 부담하며 이때의 연대채무는 학설과 판례 모두 **부진정연대채무**를 의미한다. 공동불법행위자 중 **어느 한쪽이 피해배상금 모두를 변제한 경우 그 당사자는 다른 불법행위자에 대하여 각자의 책임 비율에 따라 구상권을 행사할 수 있으며** 그 비율은 **공동불법행위자 간의 과실 비율에 따라 정한다.** 부진정연대채무자 사이에는 주관적 관련성이 없어 구상권을 인정하지 않지만, 판례와 실무에서는 공동불법행위자 상호 간에 구상권을 인정하고 있다.

문 11 우리 민법 제760조에서 규정하는 공동불법행위자가 부담하는 부진정연대채무에 관하여 설명하시오. ★★★★★

> 부진정연대채무에 대하여 연대채무와 비교하여 설명하고 판례에서 부진정연대채무관계로 보는 경우에 대한 민법상의 관련 규정을 2가지 기재하시오.
>
> ▶ 2020년 제43회 기출문제

문제풀이

Ⅰ 정의

둘 이상의 복수의 자가 공동으로 불법행위를 하여 타인에게 손해를 입힌 경우를 **공동불법행위**라하며 우리 법원에서는 피해자에 대하여 가해자들이 공동으로 가한 불법행위에 대한 책임을 공동으로 부담하도록 규정하고 있다(대법원 1991. 5. 10. 선고 90다14423 판결 등 참조).

Ⅱ 요건

1. 협의의 공동불법행위 (민법 제760조 제1항)

협의의 공동불법행위의 경우는 복수의 자가 각각 일반불법행위책임의 요건을 갖춘 경우를 말한다.

2. 가해자를 알 수 없는 공동불법행위 (민법 제760조 제2항)

공동불법행위자 중 피해를 입힌 가해자를 알 수 없는 경우를 말한다.

3. 교사 또는 방조 행위 (민법 제760조 제3항)

교사란 불법행위의 의사가 없던 자에게 그 의사를 갖게 하는 행위를 말하며 방조란 물적 방법이나 조언 등으로 불법행위자를 돕는 행위를 말한다.

Ⅲ 법적 성질

부진정연대채무 관계는 서로 별개의 원인으로 발생한 독립된 채무라 하더라도 동일한 경제적 목적을 가지고 있고 서로 중첩되는 부분에 관하여 일방의 채무가 변제 등으로 소멸할 경우 타방의 채무도 소멸하는 관계에 있으면 성립할 수 있다.

공동불법행위자 중 **어느 한쪽이 피해배상금 모두를 변제한 경우 그 당사자는 다른 불법행위자에 대하여 각자의 책임 비율에 따라 구상권을 행사할 수 있다. 그 비율은 공동불법행위자 간의 과실 비율에 따라 정한다.** 부진정연대채무자 사이에는 주관적 관련성이 없어 구상권을 인정하지 않지만, 판례와 실무에서는 공동불법행위자 상호 간에 구상권을 인정하고 있다.

문12 과실책임과 무과실책임주의에 관하여 비교 설명하시오. *****

무과실책임주의 (No-fault Liability)를 설명하고 이의 확산추세가 보험 산업에 미치는 영향을 설명하시오.
▶ 2011년 제34회 기출문제

		개요
정의	과실책임	고의 또는 과실로 인한 위법행위로 타인에게 손해를 입힌 경우 발생하는 책임
	무과실책임	행위자의 행위로 손해가 발생하기만 하면 과실을 떠나 발생하는 책임
무과실 책임 종류	중간책임	과실책임을 전제로 하고 있으나 사실상 무과실책임주의로 과실 없음을 입증하지 못하면 발생하는 책임 (ex) 특수불법행위책임 등
	무과실책임	무과실인 가해자가 책임을 부담하나 피해자의 과실까지 보상하지 않음 (ex) 자배법 운행자책임 등
	보상책임	피해자의 과실까지 보상하는 책임 (ex) 근로기준법에 의한 근로자재해보상 등

문제풀이

I 정의

1. 과실책임주의

과실책임주의란 고의 또는 과실로 인한 위법행위로 타인에게 손해를 입힌 경우 가해자가 손해배상책임을 지는 입법주의를 말하며 민법은 과실책임주의를 기본원칙으로 채택하고 있다. 즉, **가해자는 자기의 행위에 과실이 없으면 책임을 부담하지 않고 그 과실에 대한 입증책임은 피해자**에게 있다.

2. 무과실책임주의

무과실책임주의란 행위자의 행위로 손해가 발생하기만 하면 가해자의 고의 또는 과실과 관계없이 책임을 인정하는 입법주의를 말한다. 피해자는 손해의 발생이라는 객관적 요소를 입증하는 것으로 입증책임이 경감되고 **가해자는 무과실을 입증함으로 입증책임이 전환**된다.

Ⅱ 무과실책임주의의 종류

1. 중간책임주의

불법행위의 주관적 성립요건인 과실의 **입증책임에 있어 과실의 추정에 의하여 가해자 측이 입증책임을 부담하게 하는 경우**가 있는데, 실질적으로 가해자가 과실이 없음을 입증하는 것이 어려워 이를 사실상의 무과실책임 내지 중간책임이라 한다.

2. 무과실책임주의

피해자에게 고의 또는 과실이라는 주관적 책임 요소의 존재 및 입증을 요구하지 않고 손해의 발생이라는 객관적 요소를 입증하는 것으로 족하며, 가해자(행위자)의 무과실 항변도 인정되지 않는 경우를 말한다.

3. 보상책임주의

무과실책임도 피해자의 과실 부분은 상계한다. 그런데 **피해자의 과실 부분까지 가해자가 책임을 부담하는 경우**가 있는데, 이를 보상책임주의라 한다.

Ⅲ 무과실책임주의가 보험 산업에 미치는 영향

무과실책임주의는 피해자를 구제함에 목적이 있으나 이를 이행 할 가해자에게 배상 능력이 없다면 그 취지는 사실상 의미가 없게 된다. 그로 인해 가해자의 이행 능력 확보를 위해 보험 가입은 의무화되고 보험 산업은 이와 더불어 성장, 발전할 수밖에 없다.

Memo

문 13 추정과실에 관하여 설명하시오. ★★★★★

요점정리

	개요
개요	피해자의 입증책임은 일정한 사실 혹은 결과를 증명하는 정도로 족하고 그 이후 입증책임이 상대에게 이전되어 상대가 자신에게 과실이 없음을 반증하도록 하여 피해자의 입증책임을 완화해 주는 이론

문제풀이

Ⅰ 개요

과실책임주의하에서는 피해자가 과실의 입증책임을 져야 한다. 그러나 현실적으로 과실을 입증하는 것이 어렵고 때로는 불가능한 경우도 있어 이러한 문제를 해결하기 위해 법원이 취하고 있는 이론으로 **피해자의 입증책임은 일정한 사실 혹은 결과를 증명하는 정도로 족하고 그 이후 입증책임이 상대에게 이전되어 상대가 자신에게 과실이 없음을 반증하도록 하여 피해자의 입증책임을 완화해 주는 이론**이다. 상대가 반증으로 추정을 전복하지 못하는 한 상대 과실은 추정된다.

Ⅱ 입증에 관한 사항

1. 피해자가 입증할 사항
① 사고는 누군가의 과실이 없으면 통상적으로 발생하지 않는다.
② 사고는 전적으로 가해자의 관리하에 있었다.
③ 피해 원인에 대한 직접적인 증거가 없다는 점이다.

2. 추정과실에 의한 가해자의 방어수단
① 사고는 누군가의 과실 없이도 발생할 수 있다.
② ①의 내용이 아니라면 원고 또는 피고가 아닌 제3자에게 과실이 있다.
③ 피고는 상당한 주의의무를 이행하였다.

문 14 가해자가 아닌 제3자가 불법행위에 대한 손해배상책임을 부담하는 전가책임(대위책임 Vicarious Liability)의 발생 근거를 서술하시오. ★★★

> 계약상 배상책임(Contractual Liability)를 약술하시오.
> ▶ 2005년 제28회 기출문제

요점정리

	개요
전가책임	당사자 간의 약정으로 법률상 책임이 있는 자가 타인에게 손해배상책임을 전가하여 타인이 그 손해를 부담하는 것
전가책임의 형태	1) 민법 제756조와 같은 법정 대위책임 2) 당사자 간의 약정에 의해 지는 약정 대위책임

문제풀이

I 정의

불법행위로 발생한 피해자에 대한 손해배상책임은 원칙적으로 가해자가 부담한다. 그러나 **법률의 규정 또는 당사자 간의 약정에 의하여 제3자가 부담하기도 하는데, 이를 전가책임 또는 대위책임**이라 한다.

II 전가책임의 근거

1. 법정 전가(대위)책임

「민법 제756조」에 따라 근로자가 타인에게 손해를 입혔을 경우 그 사용자는 근로자를 대신하여 피해자가 입은 손해를 배상하여야 하며, 배상 후 근로자에게 구상 청구가 가능하므로 전가책임 또는 대위책임이라고 할 수 있다. 그러나 「민법 제755조」의 미성년자나 심신상실자의 감독자의 책임은 감독자 본인의 감독 과실에 대한 책임인 것이지 전가책임은 아니다.

2. 약정 전가(대위)책임

법정 전가책임에 대비되는 개념으로 **당사자 간의 약정으로 가해자의 책임을 계약 상대방에게** 전가할 수 있는데, 이를 계약상 가중책임(Contractual Liability)이라고 한다.

Memo

문 15. 제조물책임법의 주된 내용에 관하여 설명하시오. ★★

> 제조물책임법에서 규정하고 있는 제조업자의 면책사유를 약술하시오.
> ▶ 2021년 제44회 기출문제
>
> 2018년 4월 19일 시행된 제조물책임법의 개정 취지, 주요 개정내용(제조업자의 책임, 결함의 추정)을 약술하시오. ▶ 2018년 제41회 기출문제
>
> 제조물책임법이 적용되는 법리 및 그 유형 면책사유에 대하여 설명하시오.
> ▶ 2015년 제38회 기출문제

요점정리

개요	
정의	제조업자가 생산한 제품이나 판매업자가 판매한 제품 등의 결함으로 소비자의 신체 또는 재산상에 손해가 생긴 경우 그로 인해 부담하는 법률상책임
해당법리	엄격책임 : 결함이 원인이 되어 피해가 발생한 점을 피해자가 입증한 경우 제품을 제조·판매한 자는 과실이 없는 경우에도 배상책임 부담
결함의 유형	설계, 제조, 표시상의 결함

문제풀이

I 정의

제조물 책임은 제조업자가 생산한 제품이나 판매업자가 판매한 제품의 결함으로 인하여 소비자에게 발생한 신체 또는 재산상에 손해로 인해 발생하는 법률상 배상책임을 말한다.

II 법리

엄격책임책임주의를 적용하고 있다. 엄격책임주의 하에서 피해자는 제품에 결함이 있고 그 결함이 판매업자의 범위를 떠난 당시부터 존재하고 있었던 점 및 그 결함이 원인이 되어 피해가 발생한 점을 입증하면 제품을 제조·판매한 자는 과실과 관계없이 책임을 진다. 즉, 피해자는 제조업자의 과실을 입증하는 대신 결함의 존재를 입증함으로써 손해배상을 받을 수 있다. (결함책임)

Ⅲ 결함의 유형

결함이란 제조, 설계 또는 표시의 결함이나 기타 통상적으로 기대할 수 있는 안정성이 결여되어 있는 것을 포함한다.

1. 설계상의 결함

제조업자가 **합리적 대체 설계를 사용하지 않아 당해 제조물이 안전하지 못하게 된 경우**를 말한다.

2. 제조상의 결함

제조업자의 제조물에 대한 제조·가공 상의 주의의무에도 불구하고 **제조물이 원래 의도한 설계와 다르게 제조, 가공됨으로써 안전하지 못하게 된 것**을 말한다.

3. 표시(경고·지시)상의 결함

제조물에 의하여 발생 될 수 있는 피해나 위험을 **합리적인 설명, 지시, 경고** 기타의 표시로 줄이거나 예방할 수 있었음에도 제조업자가 이를 이행하지 아니한 경우를 말한다.

Ⅳ 배상책임에 관한 내용

1. 제조업자가 제조물의 결함을 알면서도 필요한 조치를 취하지 아니한 결과로 생명 또는 신체에 중대한 손해를 입은 자가 있는 경우, 그 손해의 3배를 넘지 아니하는 범위에서 손해배상책임을 지도록 한다. (제3조 제2항)
2. 제조물을 판매·대여 등의 방법으로 공급한 자가 피해자의 요청을 받고도 상당한 기간 내에 그 제조업자 등에게 고지하지 아니한 경우, 손해배상책임을 지도록 한다. (제3조 제3항)
3. 피해자가 제조물이 정상적으로 사용되는 상태에서 손해가 발생하였다는 사실 등에 관하여 증명한 경우 제조물을 공급할 당시에 해당 제조물에 결함이 있었고, 그 결함으로 인하여 손해가 발생한 것으로 추정한다. (제3조의2)

Ⅴ 면책사유

1. 제조업자가 해당 제조물을 공급하지 아니하였다는 사실
2. 제조업자가 해당 제조물을 공급한 당시의 과학기술 수준(State of Art)으로는 결함의 존재를 발견할 수 없었다는 사실
3. 제조물의 결함이 제조업자가 해당 제조물을 공급한 당시의 법령에서 정하는 기준을 준수함으로써 발생하였다는 사실
4. 원재료나 부품의 경우에는 그 원재료나 부품을 사용한 제조업자의 설계 또는 제작에 관한 지시로 인하여 결함이 발생하였다는 사실

문 16. 제조물책임법상의 입증책임과 소멸시효에 관하여 서술하시오. ★★★★

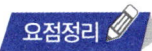

개요	
입증책임	입증책임을 경감하여 제조물 공급 당시부터 해당 제조물에 결함이 있었고, 그 결함으로 인하여 손해가 발생하였다는 것을 피해자인 소비자가 입증하면 됨
소멸시효	손해의 발생과 가해자를 안 날로부터 3년

문제풀이

I. 서언

제조물 대부분이 고도의 기술을 바탕으로 제조되고, 이에 관한 정보가 제조업자에게 편재되어 있어서 피해자가 제조물의 결함 여부 등을 과학적·기술적으로 입증한다는 것은 현실적으로 어려운 일이다.

II. 입증책임

1. 원칙
불법행위책임의 경우 입증책임은 원칙적으로 피해자에게 있다.

2. 입증책임의 전환 및 경감
피해자가 제조물이 정상적으로 사용되는 상태에서 손해가 발생하였다는 사실 등을 증명하면, 제조물을 공급할 당시에 해당 제조물에 결함이 있었고, 그 결함으로 인하여 손해가 발생한 것으로 추정. 소비자의 입증책임을 경감하도록 하여 소비자를 보호하고 있다.

III. 소멸시효

제조물 사고로 인한 손해배상청구권은 피해자 측이 손해 및 손해배상책임을 부담하는 자를 안 날로부터 3년 이내에 행사하여야 하며 소멸시효의 기산점은 손해와 가해자를 모두 안 때부터 기산된다.

Memo

문 17. 징벌적 손해배상책임에 입각한 제조물책임법에서 정한 손해배상책임에 관하여 설명하시오. ★

> 제조물 '결함'의 의미와 징벌적 손해배상책임에 대하여 설명하시오.
>
> 제조물 '결함 등의 추정'을 위하여 피해자가 증명하여야 하는 사실의 내용을 열거하시오.
>
> ▶ 2024년 제47회 기출문제

요점정리

	개요
정의	가해자의 행위에 고의, 악의, 무법 행위가 있고 이로 인해 손해가 발생한 경우 손해배상 외에 별도의 배상책임을 지게 하는 것
법적성질	형벌과 비슷한 성격을 지녔으나 피해자에게 배상액을 지급한다는 점에서 형벌과는 차이가 있음
제조물책임법에서 징벌적배상액 참작사유	손해의 3배를 넘지 아니하는 범위에서 배상책임을 지도록 함 1. 고의성의 정도 2. 발생한 손해의 정도 3. 제조업자가 취득한 경제적 이익 4. 제조물의 공급이 지속된 기간 및 그 규모 5. 피해구제를 위해 노력한 정도

문제풀이

I 정의

징벌적 손해배상책임이란 **가해자의 행위에 고의, 악의, 무법 행위가 있고 이로 인해 손해가 발생한 경우** 행위자를 징계하고 장래에 이러한 행위가 발생하지 않도록 억제하고자 별도의 배상책임을 지게 하는 것을 말한다.

II 법적 성질

영미법에서 발달한 판례이론으로 손해의 전보가 아닌 형벌과 비슷한 성격을 지녔으나 피해자에게 배상액을 지급한다는 점에서 형벌과는 차이가 있다.

Ⅲ 보험담보 여부

아래의 사유로 국내의 보험자는 담보하지 않는다.
1. 손해의 전보가 아닌 처벌 및 향후 방지에 그 목적을 두고 있다.
2. 징벌적 배상은 고의 또는 이에 준하는 행위로 인해 부담하는 배상책임으로 보험에서 고의를 담보하는 것은 공서양속에 반하므로 보상하지 않는다.
3. 법률상 손해배상책임이 아니다.

Ⅳ 제조물책임법에서의 규정

제조업자가 제조물의 결함을 알면서도 필요한 조치를 취하지 아니한 결과로 생명 또는 신체에 중대한 손해를 입은 자가 있는 경우, 그 손해의 3배를 넘지 아니하는 범위에서 손해배상책임을 지도록 하며 (제3조 제2항) 아래의 기준에 의하여 판단한다.

1. 고의성의 정도
2. 발생한 손해의 정도
3. 제조업자가 취득한 경제적 이익
4. 제조업자가 받은 형사처벌 또는 행정처분의 정도
5. 제조물의 공급이 지속된 기간 및 그 규모
6. 제조업자의 재산 상태
7. 피해구제를 위해 노력한 정도

문 18

「중대재해처벌 등에 관한 법률」 제15조에서 규정하는 중대재해의 정의 및 중대재해를 발생시킨 사업주 또는 경영책임자 등이 피해자에게 지는 손해배상책임에 관하여 기술하시오. ★★★

> 「중대재해 처벌 등에 관한 법률」에서 규정하고 있는 "중대재해"에 대하여 기술하고, 「기업중대사고 배상책임보험(특별약관 포함)」에서 보상하는 손해를 약술하시오.
>
>  2022년 제45회 기출문제

요점정리

	개요
의무보험 가입사항에 관한 약관의 규정	의무보험인 경우에는 회사의 서면동의가 없는 경우에도 청약서에 기재된 사업을 양도하였을 때 계약으로 인하여 생긴 권리와 의무를 함께 양도한 것으로 본다.

문제풀이

I 서언

사업주 또는 경영책임자등이 고의 또는 중대한 과실로 이 법에서 정한 의무를 위반하여 중대재해를 발생하게 한 경우 해당 사업주, 법인 또는 기관이 중대재해로 손해를 입은 사람에 대하여 그 손해액의 5배를 넘지 아니하는 범위에서 배상책임을 진다. 다만, 법인 또는 기관이 해당 업무에 관하여 상당한 주의와 감독을 게을리하지 아니한 경우에는 그러하지 아니하다.

II 중대재해의 정의

중대재해란 "중대산업재해"와 "중대시민재해"를 말하며 다음 어느하나에 해당하는 결과를 야기하는 재해를 말한다.

1) 중대산업재해
   가. 사망자가 1명 이상 발생
   나. 동일한 사고로 6개월 이상 치료가 필요한 부상자가 2명 이상 발생
   다. 동일한 유해요인으로 급성중독 등 직업성 질병자가 1년 이내에 3명 이상 발생
2) 중대시민재해
   가. 사망자가 1명 이상 발생
   나. 동일한 사고로 2개월 이상 치료가 필요한 부상자가 10명 이상 발생
   다. 동일한 원인으로 3개월 이상 치료가 필요한 질병자가 10명 이상 발생

Ⅲ. 배상액 참작 사유

1) 고의 또는 중대한 과실의 정도
2) 이 법에서 정한 의무위반행위의 종류 및 내용
3) 이 법에서 정한 의무위반행위로 인하여 발생한 피해의 규모
4) 이 법에서 정한 의무위반행위로 인하여 사업주나 법인 또는 기관이 취득한 경제적 이익
5) 이 법에서 정한 의무위반행위의 기간·횟수 등
6) 사업주나 법인 또는 기관의 재산상태
7) 사업주나 법인 또는 기관의 피해구제 및 재발방지 노력의 정도

문19 배상책임보험 약관에서는 우리 상법 제724조의 규정[4]을 반영하고 있다. 약관에서 규정하는 손해배상청구에 대한 회사의 해결에 관하여 기술하시오.★★

	개요
약관규정	1. 피보험자가 가지는 항변사유로 제3자에게 대항할 수 있다. 2. 손해배상을 받은 즉시 지체없이 통지한다. 3. 협조한다. 4. 늘어난 손해는 보상하지 않는다.

문제풀이

I 약관의 규정

1. 피보험자가 피해자에게 손해배상책임을 지는 사고가 생긴 때에는 피해자는 이 약관에 의하여 회사가 피보험자에게 지급책임을 지는 금액 한도 내에서 회사에 대하여 보험금의 지급을 직접 청구할 수 있다. 그러나 회사는 피보험자가 그 사고에 관하여 가지는 항변으로써 피해자에게 대항할 수 있다.
2. 회사가 청구를 받았을 때에는 지체없이 피보험자에게 통지하여야하며, 회사의 요구가 있으면 계약자 및 피보험자는 필요한 서류증거의 제출, 증언 또는 증인 출석에 **협조하여야 한다.**
3. 피보험자가 피해자로부터 손해배상의 청구를 받았을 경우에 회사가 필요하다고 인정할 때에는 피보험자를 대신하여 회사의 비용으로 이를 해결할 수 있다. 이 경우에 회사의 요구가 있으면 계약자 또는 피보험자는 이에 협력하여야 한다.

---

4) 제724조(보험자와 제3자와의 관계)
① 보험자는 피보험자가 책임을 질 사고로 인하여 생긴 손해에 대하여 제3자가 그 배상을 받기 전에는 보험금액의 전부 또는 일부를 피보험자에게 지급하지 못한다.
② 제3자는 피보험자가 책임을 질 사고로 입은 손해에 대하여 보험금액의 한도내에서 보험자에게 직접 보상을 청구할 수 있다. 그러나 보험자는 피보험자가 그 사고에 관하여 가지는 항변으로써 제3자에게 대항할 수 있다.
③ 보험자가 제2항의 규정에 의한 청구를 받은 때에는 지체없이 피보험자에게 이를 통지하여야 한다.
④ 제2항의 경우에 피보험자는 보험자의 요구가 있을 때에는 필요한 서류·증거의 제출, 증언 또는 증인의 출석에 협조하여야 한다.

4. 계약자 및 피보험자가 정당한 이유 없이 제2, 제3의 요구에 협조하지 않았을 때에는 회사는 그로 인하여 늘어난 손해는 보상하지 않는다.

Memo

문 20 약관에서는 보험사고가 생긴 때에 계약자 또는 피보험자에게 손해를 방지하기 위해 의무를 이행하도록 구체적으로 기술하고 있다. 그에 관한 내용을 기술하시오. ★★★★

	개요
약관규정	1. 손해 방지 또는 경감을 위한 노력하는 일 2. 권리 행사를 위해 필요한 조치를 취하는 일 3. 손해배상의 전부 또는 일부 변제 등을 이행할 경우 회사의 동의를 받는 일

문제풀이

I 계약자 또는 피보험자의 의무

1. 손해의 방지 또는 경감을 위하여 노력하는 일(피해자에 대한 응급처치, 긴급호송 또는 그 밖의 긴급조치를 포함)
2. 제3자로부터 손해의 배상을 받을 수 있는 경우에는 그 권리를 지키거나 행사하기 위한 필요한 조치를 취하는 일
3. 손해배상책임의 전부 또는 일부에 관하여 지급(변제), 승인 또는 화해를 하거나 소송, 중재 또는 조정을 제기하거나 신청하고자 할 경우에는 미리 회사의 동의를 받는 일

II 의무 불이행으로 인한 조치

계약자 또는 피보험자가 정당한 이유 없이 제1항의 의무를 이행하지 않았을 때에는 보상하는 손해에서 다음의 금액을 뺀다.
1. 제1의 경우에는 그 노력을 하였더라면 손해를 방지 또는 경감할 수 있었던 금액
2. 제2의 경우에는 제3자로부터 손해의 배상을 받을 수 있었던 금액
3. 제3의 경우에는 소송비용(중재 또는 조정에 관한 비용 포함) 및 변호사비용과 회사의 동의를 받지 않은 행위에 의하여 증가된 손해

문 21 배상책임보험은 피보험자가 지는 법률상배상책임으로 인한 손해를 담보하는데 손해배상의 주체가 되는 피보험자에 관하여 서술하시오. ★★★

	개요
단독피보험자	보험 증권에 기재된 1인 단독 기명피보험자
공동피보험자	2인 이상을 피보험자로 하는 경우로 특정사안에 관하여 권리와 의무 부담
추가피보험자	보험증권의 기명피보험자란에 기재되지 않고 별도의 배서에 의하여 피보험자로 추가되는 자로 보험으로 보호받기 위한 지위
의제피보험자	피보험자의 근로자와 같이 피보험자의 직무를 수행하는 자를 제한된 조건하에 피보험자로 간주하여 보험자의 대위권의 행사대상에서 배제시킨다.

문제풀이

I 정의

배상책임보험에서 피보험자는 타인에게 손해를 입혀 법률상책임을 지는 자를 말하며 피해자가 아닌 가해자가 피보험자가 된다.

II 피보험자의 분류

1. 단독피보험자 (Solo Insured)

단독피보험자란 보험계약에서 1인만을 피보험자로 하는 경우를 말한다.

2. 공동피보험자 (Co-Insured)

2인 이상을 피보험자로 하는 경우에 공동피보험자라고 하며, 영문약관에서는 그들 중 처음에 기재된 피보험자를 제1순위 기명피보험자라 하고, 두 번째 이하의 피보험자를 기명피보험자로 구분한다. 공동피보험자는 특정 사안에 대해 권리와 의무를 부담한다.

3. 추가피보험자 (Additional Insured)

보험증권의 기명피보험자란에 기재되지 않고 **별도의 배서에 의하여 피보험자로 추가되는 자**를 말하는데 대표적으로 **생산물배상책임보험에서는 특별약관**을 통해 판매인을 피보험자로 지정하여 보험으로 보호받을 수 있도록 하고 있다.

4. 의제피보험자 (Fictitious Insured)

영문약관에서는 의제피보험자를 정할 수 있도록 하고 있는데, **의제피보험자는 피보험자의 근로자와 같이 피보험자의 직무를 수행하는 자를 제한된 조건하에 피보험자로 간주**하여 보험사고로 보험금을 지급한 경우 의제피보험자에게 대위권을 행사하지 않도록 보호하고 있다.

문22 배상책임보험의 특성상 보험사고의 시점을 정의하는 다양한 학설이 존재한다. 학설에 따른 보험사고 시점 및 사고의 수에 관하여 서술하시오. ★★★

	개요
손해사고설	타인에게 손해가 발생한 때를 보험사고로 보는 이론
청구사고설	손해가 발생하고 피보험자에게 손해배상청구가 최초로 제기된 때를 사고로 보는 이론
책임부담설	손해배상청구가 제기된 후 피보험자에게 책임이 있는 것으로 확정된 때를 사고로 보는 이론
채무확정설	채무액이 확정된 때를 사고로 보는 이론
배상의무이행설	피해자에게 손해배상금을 변제한 때를 사고로 보는 이론

문제풀이

I 정의

일반적으로 보험자의 보상책임은 사고 발생 시점을 기준으로 하나, 사고 후 시간이 경과한 후 배상 청구가 제기되는 경우가 있어 보험사고에 관해 다양한 학설이 존재한다.

II 학설에 따른 보험사고

1. 손해사고설 (Occurrence Theory)

타인에게 손해가 발생한 때를 보험사고로 보는 이론으로 사고는 급격하게 발생하는 Accident 물론 위험이 서서히, 계속적, 반복적 또는 누적적으로 발생하는 Occurrence를 모두 포함한다. 사고의 유형이 Occurrence인 경우 사고가 발생한 시점을 파악하는 것은 보험자의 보상책임 유무를 판단하는 중요한 요소에 해당되며 다음과 같은 이론이 있다.

1) 위험설 (Exposure Theory)

  손해를 입힐 수 있는 **위험한 상태에 최초로 노출된 때를 사고 발생 시점으로 보는 이론**

2) 침해설 (Manifestation Theory)

위험에 노출되어 **재산이나 인명에 현실적으로 피해가 발생한 때**를 사고 발생 시점으로 보는 이론

3) 과정설 (Injurious Theory)

위험이 최초로 나타나서 피해가 현실적으로 발생하기까지 전 기간을 하나의 사고 발생 시점으로 보는 이론

2. 청구사고설 (Claim-made Theory)

손해가 발생하고 피보험자에게 손해배상청구가 최초로 제기된 때를 사고로 보는 이론이다. 대부분의 배상책임보험 증권은 사고 발생에 있어서는 손해사고설을 따르지만, 담보기준은 배상청구로 한다.

3. 책임부담설 (Responsibility Theory)

손해배상청구가 제기된 후 피보험자에게 책임이 있는 것으로 확정된 때를 사고로 봐야 한다는 이론이다.

4. 채무확정설 (Ascertainment Theory)

피보험자에게 책임이 있어도 채무액이 확정되기 전에는 사고로 보지 않고 채무액이 확정된 때를 사고로 보는 이론이다.

5. 배상의무이행설 (Claim-paid Theory)

피보험자가 피해자에게 손해배상금을 변제한 때를 사고로 보는 이론이다.

Ⅲ 사고의 수

하나의 원인에 의하여 다수의 피해가 발생한 경우 결정되는 사고의 수에 따라 보험자의 보상책임이 달라진다. 그에 관한 이론으로 **동일한 원인에 의하여 발생한 사고는 하나의 사고로 본다는 원인설**(Cause Theory)과 결과적으로 발생한 효과의 수를 사고의 수로 보는 효과설(Effect Theory)이 대립되고 있으나 보험약관에서는 1회의 사고[5]에 관한 용어의 정의를 두어 원인설을 택하고 있다.

---

5) 1회의 사고 : 하나의 원인 또는 사실상 같은 종류의 위험에 계속적, 반복적, 누적적으로 노출되어 그 결과로 발생한 사고로써 보험자나 피해자의 수 또는 손해배상청구의 수와 관계없이 1회의 사고로 본다.

문 23. 배상책임보험의 보통약관에서 일반적으로 규정하는 면책위험의 세 가지 형태에 관하여 서술하시오. ★★

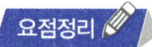

	개요
절대적 면책	고의로 인해 보험의 본질에 반하거나 피보험자에게 법률상 책임이 발생하지 않는 사고
상대적 면책	보험료를 추가지급하고 특약으로 담보가 가능한 사고
타보험 보상영역으로 면책	타보험으로 보상이 가능한 사고

문제풀이

Ⅰ. 정의

배상책임보험의 보통약관에서는 절대적 위험, 상대적 위험, 타보험으로 보상이 가능한 위험의 경우는 면책으로 규정하고 있다.

Ⅱ. 면책사항

1. **절대적 면책**

   우연한 사고를 요건으로 하는 보험의 본질에 반하는 고의사고 및 지진이나 전쟁위험과 같은 피보험자에게 법률상배상책임이 성립하지 않는 사고는 보상하지 않는다.

2. **상대적 면책**

   계약상 가중책임 등과 같이 당사자 간의 약정에 따라 특약으로 보상이 가능한 사고를 말한다.

3. **타 보험 보상영역에 따른 면책**

   근재보험, 자동차보험, 선박보험 등 다른 보험과의 영역을 조정하기 위하여 이를 보상하지 아니하는 손해로 규정하고 있다.

손해사정사 2차 배상책임보험 및 근재보험 문제집

문 24 배상책임보험에서 사용되는 담보기준에 따른 보험증권에 관하여 서술하시오. ★★

> 배상책임보험에서의 담보기준에 관하여 서술하시오. ▶ 2014년 제37회 기출문제
>
> 배상책임보험의 보험금지급기준인 발생기준(Occurrence basis)과 배상청구기준(Claims-made Basis)을 비교, 설명하시오. ▶ 2009년 제32회 기출문제

요점정리

	개요
손해사고기준증권	보험기간 중 발생한 사고를 담보하는 증권으로 보험사고가 보험기간에 발생하면 보험기간이 종료된 후에도 보험자는 보험금 지급책임을 부담한다. 대부분의 보험상품은 손해사고기준 증권이다.
손해발견기준증권	사고발견일자를 담보기준으로 설정하는 증권으로 질병보험 등에 주로 사용되는 증권이다.
배상청구기준증권	담보기준을 피해자가 피보험자에게 처음으로 손해배상청구를 제기한 시점으로 정하는 증권을 말하며 생산물배상책임보험, 전문직배상책임보험 등에 사용되는 증권이다.

문제풀이

I 정의

일반적으로 보험자의 보상책임은 보험기간 중 발생하는 사고로 한정한다. 그러나 **배상책임보험의 경우 사고발생일자를 특정하기 어렵거나 사고와 손해배상청구 사이의 기간이 장기인 경우가 있어**[6] 담보기준을 보험기간 중 배상청구가 들어 온 사고를 담보하는 증권을 사용하기도 한다.

II 담보기준에 따른 증권

1. 손해사고기준증권 (Occurrence Basis Policy)

손해사고기준증권이란 **보험기간 중 발생한 사고를 담보하는 보험증권**으로 대부분의 보험이 손해사고를 담보기준으로 한다. 손해사고기준증권에서는 보험

---

6) 손해사고기준증권의 단점이면서 배상청구기준증권의 필요성에 해당

사고가 보험기간에 발생하면 비록 보험기간이 종료된 후 피해자가 피보험자에게 손해배상청구를 하였더라도 보험금청구권이 소멸되지 않는 한 보험자는 보험금 지급책임을 진다.

2. 손해발견기준증권 (Discovery Basis Policy)

사고가 상당 기간을 두고 서서히, 계속적, 반복적, 누적적으로 진행되어 발생한 경우 사고 발생 일자를 특정하기 어렵고 사고 발생 사실을 뒤늦게 알아 배상청구 또한 뒤늦게 이루어지는 경우가 있다. 이와 같은 경우 사고 발견 일자를 담보기준으로 설정할 수 있는데 이러한 보험증권을 사고발견기준증권이라고 한다.

3. 배상청구기준증권 (Claim-made Basis Policy)

배상청구기준증권은 담보기준을 피해자가 피보험자에게 처음으로 손해배상청구를 제기한 시점으로 정하는 증권을 말한다. 그러나 **배상청구기준에서도 사고의 개념은 손해사고기준증권을 따른다.** 이 증권은 생산물배상책임보험, 그리고 의사배상책임보험, 임원배상책임보험 같은 전문직 배상책임보험 등에 사용되고 있다.

문25 배상청구기준증권(Claim-made Basis Policy)과 소급담보일자(Retroactive Date)에 관하여 설명하시오. *****

요점정리

	개요
배상청구기준증권	피해자가 피보험자에게 처음으로 손해배상청구를 제기한 시점을 담보기준으로 정하는 증권을 말하며 생산물배상책임보험, 전문직배상책임보험 등에 사용되는 증권이다.
소급담보일자 및 효과	보험기간 이전 특정 일자를 정하여 그 일자 이후 발생한 사고에 한해 담보 1. 보험기간 이전에 발생한 사고에 대하여 보험자의 정보 부재에 따른 위험인수 제한의 효과 2. 이전에 가입한 손해사고기준증권과의 담보 공백이 발생하지 않도록 하는 효과

문제풀이

Ⅰ 정의

배상청구기준증권은 **담보기준을 피해자가 피보험자에게 처음으로 손해배상청구를 제기한 시점으로 하는 증권**을 말하며 **생산물배상책임보험, 의사배상책임보험, 임원배상책임보험** 등에 사용되고 있다. 사고 발생 일자를 특정하기 어렵거나 사고와 손해배상청구 사이의 기간이 장기일 경우 배상청구기준증권을 사용한다.

Ⅱ 소급담보일자 (Retroactive Date)

1. 의의

배상청구기준증권은 보험기간 중에 처음으로 배상청구가 제기된 사고를 모두 담보하는 것이 아니라 사고 발생 일자를 보험기간 이전의 특정 일자 이후로 제한하여 담보할 수 있도록 소급담보일자를 둔다.

2. 필요성

1) 위험인수 제한

배상청구기준증권은 손해배상청구가 처음 제기된 날짜를 기준으로 담보하므로 보험자의 담보위험의 범위가 무한정 확장될 수 있다. 그로 인해 보험기간 이전에 발생한 사고에 대하여 보험자의 정보 부재에 따른 위험인수 제한이 필요하다.

2) 이전 증권과의 시간적 범위조정

배상청구기준증권으로 가입하면서 이전 손해사고기준증권과의 담보 공백을 없애기 위해 필요하다.

3) 사고원인의 불분명성

사고 발생 후 오랜 기간이 경과하면 사고의 원인이 불분명해져 보험자가 담보하여야 할 사고인지 여부가 어렵게 될 수 있기 때문에 필요하다.

문 26. 배상청구기준증권(Claim-made Basis Policy)의 보고기간연장담보(Extended Reporting Period)에 관하여 서술하시오. ★★★★

> 배상책임보험에서 보고기간연장담보(Extended Reporting Period)의 종류와 설정 대상 계약조건 및 필요성을 약술하시오.[7]
> ▶ 2019년 제42회 기출문제

요점정리

	개요
배상청구기준증권	담보기준을 피해자가 피보험자에게 처음으로 손해배상청구를 제기한 시점으로 정하는 증권을 말하며 생산물배상책임보험, 전문직배상책임보험 등에 사용되는 증권이다.
보고기간연장담보	1. 단기자동연장담보기간 (Mini Tail) 　손해배상청구가 보험기간의 만기일로부터 60일 이내에 제기된 경우에는 그 손해배상청구가 만기일에 제기된 것으로 간주하여 담보 2. 중기자동연장담보기간 (Midi Tail) 　손해배상청구가 보험기간의 만기일로부터 60일 이내에 통보된 후, 그 사고에 대한 손해배상청구가 만기일로부터 5년 이내에 제기된 경우 담보 3. 선택연장담보기간 (Option E·R·P) 　보험 만기일로부터 60일 이내에 보험계약자의 요청과 추가 보험료납입으로 만기일 이후 제한 없이 담보

문제풀이

Ⅰ 필요성

배상청구기준증권의 경우 보험기간 만기 무렵에 발생한 사고는 배상 청구할 수 없는 불합리한 문제가 발생할 수 있다. 따라서 배상청구기준증권에서는 이러한 위험을 담보하기 위한 특약조항을 두고 있는데 이를 보고기간연장담보라 한다.

---

7) 배상청구기준증권의 경우 2019년 기출문제 약술로 출제되어 당분간 출제 확률이 낮을 것으로 보이나 담보기준, 소급담일자의 설정, 보고기간연장담보라는 증권의 특수성으로 출제자가 시험문제로 선택하기 좋은 파트이다. 시험출제 확률을 떠나 이 부분은 완벽히 공부하길 바란다.

Ⅱ 전제조건

1. 보험계약이 보험료 부지급 이외의 사유로 해지되었거나 갱신되지 않을 것
2. 갱신된 증권이 손해사고기준증권일 것
3. 갱신된 증권이 배상청구기준증권이라면 갱신된 증권의 소급담보일자가 이전 증권의 소급담보일자보다 후일로 되어 있을 것

Ⅲ E·R·P의 종류

1. 단기자동연장담보기간 (Mini Tail)

소급일자와 만기일 사이에 발생 된 사고에 대한 손해배상청구가 보험기간의 만기일로부터 60일 이내에 제기된 경우 그 손해배상청구가 만기일에 제기된 것으로 간주하여 담보한다.

2. 중기자동연장담보기간 (Midi Tail)

소급일자와 만기일 사이에 발생 된 사고가 보험기간의 만기일로부터 60일 이내에 통보된 후, 그 사고에 대한 손해배상청구가 만기일로부터 5년 이내에 제기된 경우 그 손해배상청구가 만기일에 제기된 것으로 간주하여 담보한다.

3. 선택연장담보기간 (Option E·R·P)

소급담보일자와 만기일 사이에 발생 된 사고에 대하여 만기일 이후에 제기되는 손해배상청구는 제한 없이 모두 담보한다. 보험 만기일로부터 60일 이내에 보험계약자의 요청이 있어야 하며 소정의 납기일에 추가보험료를 납입하여야 한다.

문27 손해사고기준증권의 문제점과 그 문제점을 보완할 수 있는 배상청구기준증권에 관하여 서술하시오. ★★★

> 손해사고기준 배상책임보험과 배상청구기준 배상책임보험의 의의 및 장단점을 비교 약술하시오.
> ▶ 2016년 제39회 기출문제
>
> 생산물배상책임보험의(배상청구기준)의 '보고연장담보기간(Extended Reporting Period)'에 대하여 설명하고 보고 기간이 자동으로 연장되는 경우를 기술하시오.
> ▶ 2010년 제33회 기출문제

요점정리

	개요
손해사고기준증권의 문제점	1. 손해사고 일자가 불분명한 경우의 한계 　Occurrence는 손해사고일자를 특정 일자로 확정하기 어렵다. 2. 보상한도액의 현실성 결여 　발생 일자와 처리 기간의 시간적 차이로 배상금의 실효성 문제 3. 불합리한 요율 산정 　I·B·N·R을 감안하여 일정률의 손해율을 반영하게 되므로 요율 산정방식이 비합리적
배상청구기준증권	특정 일자로 손해사고를 확정하기 어려운 배상책임보험 상품의 증권으로 사용된다. 증권의 한계를 보완하기 위해 보험기간 이전의 특정 일자 이후로 사고를 제한하여 담보하는 소급담보일자와 보험기간 만기 무렵 발생한 사고를 보상하기 위해 보고기간연장담보기간을 두었다.

문제풀이

 비교

손해사고기준증권이란 보험기간 중 발생한 사고를 담보하는 증권으로 보험기간 종료 후 보험금이 청구되어도 보험금청구권이 소멸하지 않는 한 보험자는 지급책임을 진다. 이 증권은 사고 일자를 특정할 수 있는 배상책임보험에 주로 사용된다. 반면 배상청구기준증권은 소급담보일자 이후 발생한 손해에 관하여 보험기간 중 처음으로 손해배상청구가 제기된 시점을 기준으로 담보하는 증권으로 사고 발생과 손해배상청구 사이에 장기의 시간이 필요한 배상책임보험에 주로 사용된다.

Ⅱ 손해사고기준증권의 문제점

1. 손해사고 일자의 불분명성
Accident는 사고일자가 명확하지만, Occurrence는 **손해사고일자를 특정 일자로 확정하는 것이 어렵다.**

2. 보상한도액의 현실성 결여
손해사고의 발생 일자와 사고처리 종결 일자 간 긴 시간적 차이가 발생할 경우 배상금의 실효성에 문제가 있다.

3. 불합리한 요율 산정
손해사고기준증권은 보험자가 갱신 요율을 보험계약자에게 제시할 때 I·B·N·R[8]을 감안하여 일정률의 손해율을 반영하게 되므로 합리적인 요율 산정방식이 아니다.

4. 불합리한 지급준비금 계상
I·B·N·R은 보험기간이 종료된 이후에도 상당 기간이 경과 한 후에야 확정될 수 있는 것이며, 그와 같은 확정금액은 보험계약 종료 시 I·B·N·R에 대한 준비금으로 계상했던 금액과는 상당한 차이가 발생한다.

Ⅲ 배상청구기준증권

1. 특징
배상청구기준증권은 처음으로 **손해배상청구가 제기된 시점을 담보기준으로 정하는 증권이기 때문에 그 기준이 명확하여 Occurrence와 같이 손해사고일자를 특정 일자로 확정하기 어려운 배상책임보험 상품의 증권으로 사용**된다. 그러나 배상청구기준증권 또한 처음 청구가 제기된 시점을 담보하기 때문에 그로 인해 발생할 수 있는 문제점이 존재하므로 그 보완책으로 **소급담보일자, 보고기간연장담보** 기간을 두었다.

---

[8] I·B·N·R(Incurred But Not Reported) : 보험회사에 보고되지 않았을 뿐 이미 발생한 사고의 보험금 발생 추정액과 지급 청구 재개로 인해 추가 지급될 보험금 추정액의 합계액을 의미하는 것으로 미보고 발생 손해액을 말함.

2. 소급담보일자(Retroactive Date)적용

1) 정의

손해배상청구가 제기된 사고의 발생 일자를 보험기간 이전의 특정 일자이후로 제한하는 것을 소급담보일자라고 한다.

2) 필요성

(1) 위험인수 제한
(2) 이전 증권과의 시간적 범위조정
(3) 사고원인의 불분명성

3. 보고기간연장담보(Extended Reporting Period)적용

1) 정의

보고기간연장담보란 배상청구기준증권에서 보험계약자 측의 불가피한 사유로 발생하는 무담보상태를 방지하고 미갱신 또는 갱신증권으로 보상받지 못하는 위험을 담보하고자 하는 것이다.

2) 구분

(1) 자동연장담보

① 단기자동연장담보

소급일자와 만기일 사이에 발생된 사고에 대한 손해배상청구가 보험기간의 만기일로부터 60일 이내에 제기된 경우 그 손해배상청구가 만기일에 제기된 것으로 간주하여 담보한다.

② 중기자동연장담보

소급일자와 만기일 사이에 발생 된 사고가 보험기간의 만기일로부터 60일 이내에 통보된 후, 그 사고에 대한 손해배상청구가 만기일로부터 5년 이내에 제기된 경우에는 그 손해배상청구가 만기일에 제기된 것으로 간주하여 담보한다.

(2) 선택연장담보

소급담보일자와 만기일 사이에 발생 된 사고에 대하여 만기일 이후에 제기되는 손해배상청구는 제한 없이 모두 담보한다. 보험 만기일로부터 60일 이내에 보험계약자의 요청이 있어야하며 소정의 납기일에 추가보험료를 납입하여야 한다.

Memo

문 28 포괄배상책임보험에 대하여 기술하시오. ★★

개요	
포괄배상책임보험	기존에 가입한 배상책임보험의 한도를 초과하거나 미처 가입하지 않은 배상책임 위험에 대비하고자 가입하는 보험으로 배상책임 위험을 총괄하여 담보
기능	1. 보상한도의 증액 2. 기초배상책임보험의 기능 3. 비 담보위험을 담보하는 기능

문제풀이

I. 의의

각종 배상책임보험에 가입하였다 하더라도 **이미 가입하고 있는 배상책임보험의 한도를 초과하는 손해액 또는 가입하지 않은 배상책임 위험에 대비하기 위해 가입하는 보험**으로, 배상책임 위험을 총괄하여 담보하는 보험을 포괄배상책임보험이라 한다.

II. 기능

1. 보상한도의 증액

기초배상책임보험의 보상한도액을 초과하는 손해가 발생한 경우에 그 초과 손해를 담보하는 기능을 한다.

2. 기초배상책임보험의 기능

기초배상책임보험의 보상한도액이 소진되고, 자동 복원되지 않는 경우 기초배상책임보험의 기능을 한다.

3. 비 담보위험 담보 기능

기초배상책임보험에서 담보하지 않는 위험까지 담보 범위를 확장하는 기능을 한다.

문29. 배상책임보험 증권에서 기재되어야 할 사항에 관하여 기술하시오. ★★★★

	개요
상법 제666조	우리 상법에서는 손해보험증권에는 일정 사항을 기재하고 보험자가 기명날인 또는 서명하여야 한다는 규정을 두고 있다.

문제풀이

I. 개요

우리 상법 제666조에서는 손해보험증권에 일정 사항을 기재하고 보험자가 기명날인 또는 서명하도록 규정하고 있다. 이에 손해보험의 일부인 책임보험의 증권에도 이 규정을 적용한다.

II. 기재사항

1. 보험의 목적
2. 보험사고의 성질
3. 보험금액
4. 보험료와 그 지급 방법
5. 보험기간을 정한 때에는 그 시기와 종기
6. 무효와 실권의 사유
7. 보험계약자의 주소와 성명 또는 상호
7의2. 피보험자의 주소, 성명 또는 상호
8. 보험계약의 연월일
9. 보험 증권의 작성지와 그 작성 년·월·일

문 30. 약관에서 규정하고 있는 배상책임보험의 비용손해에 관한 담보 범위를 설명하시오. ★★★

배상책임보험에서 보험자가 손해배상금과 함께 보상해야하는 비용의 범위에 관하여 설명하시오.

보험계약에 있어서 손해방지의무의 개념을 설명하고 손해방지의무의 범위와 위반 시 효과 및 관련 비용의 부담에 대해 설명하시오. ▶ 2011년 제34회 기출문제

요점정리

	개요
손해방지비용	손해의 확대를 방지하거나 경감하는데 소요되는 비용으로 일반적으로 보상한도와 관계없이 전액 보상 예외) 유·도선사업자배상책임보험 등
방어비용	소송, 중재, 화해, 조정으로 인해 들어가는 비용으로 한도 내 보상
권리보전비용	제3자로부터 손해배상을 받을 수 있는 경우 그 권리의 보전 또는 행사를 위해 필요한 비용으로 전액 보상
공탁보증보험료	공탁보증보험을 체결하는 경우 보증보험료만을 한도 내 보상
협력비용	보험자의 요구에 따라 피보험자가 협조하는데 소요되는 비용으로 전액 보상

문제풀이

I. 정의

배상책임보험에서 보험자가 보상하는 손해는 피보험자의 법률상 손해배상금과 피보험자가 지출한 비용으로 대별 된다. 보상하는 비용과 그 범위는 아래와 같다.

II. 손해방지비용

손해방지비용이란 사고가 발생한 후, 손해의 확대를 방지하거나 경감하는데 소요되는 비용으로 원칙적으로 보상한도와 관계없이 전액 보상한다. 그러나 보관자배상책임보험에서는 수탁화물가액에 대한 보상한도의 비율로 보상, 선주 및 유·도선사업자배상책임보험에서는 손해방지비용임에도 특약으로 인명 구조비를 담보하는 예외 규정을 두고 있다.

Ⅲ 방어비용

민사 소송법상의 소송, 중재, 화해, 조정비용을 말한다. 국문약관에서는 보상한도 내에서 보상하며, 영문약관에서는 전액 보상한다.

Ⅳ 권리보전비용

피보험자가 제3자로부터 손해배상을 받을 수 있는 경우 그 권리의 보전 또는 행사를 위해 필요한 절차를 취하는데 필요 또는 유익한 비용을 보상한다. 국문약관, 영문약관에서 전액 보상한다.

Ⅴ 공탁보증보험료

피보험자가 공탁보증보험을 체결하는 경우 보증 보험료만을 보상하며, 국문약관의 경우 보상한도 내에서만 부담하며, 영문약관에서는 보상한도와 상관없이 전액 보상한다.

Ⅵ 협력비용

사고처리와 관련하여 보험자의 요구에 따라 피보험자가 협조하는데 소요되는 비용은 보험증권상의 보상한도와 관계없이 보상한다.

문 31. 공동보험조항(Co-Insurance Clause)에 대해 설명하고 실무상 사용하고 있는 그 형태에 대해 비교 설명하시오. ★★

> 공동보험조항(Co-Insurance Clause)은 서로 다른 2인 이상의 보험자 또는 보험자와 피보험자가 보험의 목적이 입은 손해를 서로 분담하는 내용의 조항으로, 손해보험 실무상 3가지 형태로 사용하고 있다. 이를 비교, 약술하시오.
>
> ▶ 2005년 제28회 기출문제

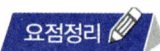

	개요
정의	2인 이상의 보험자 또는 2인 이상의 보험자와 피보험자가 보험의 목적이 입은 손해를 서로 분담하는 내용의 조항
형태	Co-Insurance Clause I - 보험자가 2인 이상인 보험계약에 첨부되는 배서 Co-Insurance Clause II - 보험자와 피보험자가 분담하는 경우의 형태로 일정 비율 이상 부보조건부 실손 보상 배서 Co-Insurance Clause III - 자기부담금을 공제한 잔액에서 피보험자의 부담 비율을 정한 배서

문제풀이

I. 공동보험조항의 정의

공동보험조항이란 서로 다른 복수의 보험자 또는 보험자와 피보험자 사이 보험의 목적이 입은 손해를 서로 분담할 것을 내용으로 하는 조항을 말하는데, 손해보험 실무상 3가지 형태로 사용하고 있다.

II. 형태

1. Co-Insurance Clause I

   보험자가 2인 이상인 보험계약에 첨부되는 배서로써 보험자 사이의 책임비율과 책임 관계를 규정한 약관조항을 말한다.

2. Co-Insurance Clause Ⅱ

보험자와 피보험자가 공동 인수하는 형태로 보험 계약상의 책임한도를 일부보험으로 적용하는 경우 당사자 사이의 약정으로 **보험 가입 비율이 일정 비율 이상인 때에는 실손 보상할 수 있고 일정 비율 미만인 경우 비례 보상**하여 보험자와 피보험자가 손해에 대하여 분담한다.

3. Co-Insurance Clause Ⅲ

일반적으로 자기부담금을 한 번만 적용하는 계약과는 달리 의사배상책임보험 또는 임원배상책임보험 등과 같은 특정의 보험약관에서 **1차적으로 금액형태의 자기부담금을 적용한 후 나머지 손해액에 대하여 일정 비율로 피보험자가 손해액을 부담하도록** 하는 형식을 이루고 있다.

문 32 손해보험에서는 담보된 손해에 관하여 피보험자에게 일정부분 책임을 지도록 하는 규정을 두고 있는데 이에 관하여 기술하시오.**

	개요
자기부담금 (Deductible)	피보험자로 하여금 손실의 일부를 부담하게 하는 것으로 보상금액 중 일정 금액이 공제되도록 하는 제도
공동보험조항 (Co-Insurance Clause)	피보험자와 보험자가 보험을 공동으로 인수하는 것으로 손실의 일정 부분에 대해 피보험자에게 공동으로 책임을 지우는 제도

문제풀이

I 자기부담금(deductible)

피험자로 하여금 손실의 일부를 부담하게 하는 것으로 보상금액 중 일정 금액이 공제되도록 하여 소액보상 청구로 인한 비용 절감 및 보험료 절감의 효과와 계약자 측에 손실을 방지하기 위한 노력을 유인할 수 있다.

II 공제 방식

1. 직접공제(정액공제)방식

일정 금액을 공제액으로 설정한 후 손해액이 설정한 금액 이하인 경우 보상을 하지 않고 그보다 큰 손해가 발생할 경우 손해액에서 공제액을 차감한 금액을 보상하여 주는 방식이다.

2. 프랜차이즈공제방식

일정 금액 또는 일정 비율을 공제 한도로 설정하고 공제 한도 미만의 손해에 대하여 보험회사가 보상금을 지급하지 않고 공제 한도를 초과하는 손해에 대해서는 회사가 전액 보상하여 주는 방식이다.

3. 누적공제방식

일정한 수준의 손실금액을 초과한 경우 보험자의 책임이 개시되는 방식으로 예를 들어 연간 자기부담금이 300만원인 경우 연간 누적 손실이 300만원을 초과한 경우부터 보험자가 보상한다.

Ⅲ 공동보험조항(Co-Insurance Clause)

피보험자와 보험자가 공동으로 위험을 인수하는 것으로 가입자가 일정 금액 이상의 보험에 가입하도록 하여 그 요구 조건에 위배된 경우 가입자에게 발생한 손실액의 일부를 부담하도록 하는 조항으로 손실 방지의 효과 및 요율의 형평성을 유지할 수 있다.

Ⅳ 공동보험조항의 문제점

1. 인플레이션이 심한 경우 보험 목적물의 실제 현금 가치가 계속 상승하므로 인플레이션에 비례하여 보험가입금액이 상승하지 않으면 실제 손해 발생 시 불이익을 당할 수 있다.
2. 재산의 가치가 지나치게 유동적인 경우 보험가입금액이 요구보험액에 미치지 못하면 불이익을 당할 수 있다. 가령 보험의 목적이 수시로 입출고가 가능한 창고의 물건이라면 상황에 따라 실제 현금 가치가 심하게 변하게 된다.

문33 보험금을 지급한 보험자가 행사할 수 있는 보험자대위(청구권대위)에 관하여 설명하시오. ★★★

	개요
보험자대위	피보험자의 손해가 제3자의 행위로 인해 발생한 경우 보험금을 지급한 보험자는 지급한 금액의 한도 내에서 보험계약자 또는 피보험자의 권리를 취득할 수 있다. 이것을 보험자 대위 또는 청구권대위라 한다.

I 의의

피보험자의 손해가 제3자의 행위로 인해 발생한 경우 보험금을 지급한 보험자는 지급한 금액의 한도 내에서 보험계약자 또는 피보험자의 권리를 취득할 수 있다. 이것을 보험자 대위 또는 청구권대위라 한다.

II 규정

1. 상법

손해가 제3자의 행위로 인하여 발생한 경우 보험금을 지급한 보험자는 지급한 금액의 한도 내에서 제3자에 대한 보험계약자 또는 피보험자의 권리를 취득한다. 다만, 보험자가 보상 할 보험금의 일부를 지급한 경우 피보험자의 권리를 침해하지 아니하는 범위 내에서 그 권리를 행사할 수 있다.

2. 약관

회사가 보험금을 지급한 경우 회사는 지급한 보험금의 한도 내에서 아래의 권리를 가진다. 다만, 회사가 보상한 금액이 피보험자가 입은 손해의 일부인 경우 피보험자의 권리를 침해하지 아니하는 범위 내에서 그 권리를 가진다.
1) 피보험자가 제3자로부터 손해배상을 받을 수 있는 경우 그 손해배상청구권
2) 피보험자가 손해배상을 함으로써 대위 취득하는 것이 있을 경우 그 대위권

Ⅲ 요건

1. 제3자의 행위로 인해 손해가 발생할 것
2. 보험금의 지급이 이루어질 것
3. 피보험자의 권리를 침해하지 아니할 것

Ⅳ 해당이론

1. 차액설

피보험자의 손해가 완전히 보전된 이후 그 잔액을 보험자가 회수하는 방법으로 통설이며 상법 제682조의 단서

2. 절대설

차액설과 반대되는 이론으로 보험자가 지급한 보험금에 우선 충당하고 남은 금액에서 피보험자가 지급받는 방법

3. 상대설

제3자로부터 회수된 금액에 대하여 보험자의 대위금액과 피보험자의 대위금액의 비율로 분배하는 방법

Ⅴ 대위권 행사대상인 제3자의 예외

1. 가족

상법은 피보험자와 생계를 같이하는 가족에 관하여는 대위권 행사대상에서 제외시키고 있다.

2. 피용인

우리 민법에서는 피용인에 대하여 구상권을 행사 할 수 있다고 인정하고 있으나 실무상으론 피용인을 피보험자로 의제하여 대위권 행사 대상에서 제외시키거나 이러한 규정이 없는 약관에서도 관습상보험자가 피용인에 대하여는 대위권을 행사하지 아니한다.

Memo

문34 약관에서 규정하는 보험의 목적의 양도에 관하여 기술하시오. ★★★

요점정리

	개요
의무보험 가입사항에 관한 약관의 규정	의무보험인 경우에는 회사의 서면동의가 없는 경우에도 청약서에 기재된 사업을 양도하였을 때 계약으로 인하여 생긴 권리와 의무를 함께 양도한 것으로 본다.

문제풀이

Ⅰ 정의

보험의 목적의 양도는 회사의 서면동의 없이는 회사에 대하여 효력이 없으며, 회사가 서면 동의한 경우 계약으로 인하여 생긴 **권리와 의무를 함께 양도한 것으로** 한다.

Ⅱ 예외

다만, 해당 보험이 의무보험인 경우에는 회사의 서면동의가 없는 경우에도 청약서에 기재된 사업을 양도하였을 때 계약으로 인하여 생긴 권리와 의무를 함께 양도한 것으로 본다.

약술문제 답안 연습하기

1. 약술문제

1) 약술문제 10점 배점의 경우 5~6분 정도 시간을 소유하여 답안을 작성하도록 시간 배분하고 답안 쓰는 훈련을 하도록 한다.
2) 요점이 빠진 장문의 답안보다 짧더라도 중요한 내용이 들어간 답안이 훨씬 좋은 답안이므로 약술 시 키워드를 넣어 기술하도록 한다.
3) 두 줄 쓰고 한 줄 띄우는 방식으로 답안의 여백을 살려 깔끔한 답안을 완성하도록 하고 혹시 모를 대량 오타로 인해 답안수정이 용이하도록 한다.

> 불법행위에 있어 책임무능력자의 감독의무자가 지는 손해배상책임에 관하여 설명하시오. (10점)

배상책임보험 및 근재보험의 이론과 실무 시험답안	과목		성명		평점	

Ⅰ. 서언

책임능력은 자신의 행위로 인한 결과에 관하여 책임을 인식할 수 있는 정신적인 능력을 말한다.

Ⅱ. 책임무능력자

1. 미성년자의 책임능력 (민법 제753조)

민법에서는 자신의 행위의 책임을 변식할 지능이 없는 미성년자를 책임무능력자로 규정하고 있으며 판례는 대체적으로 만 12세 이상이면 민사상 책임능력이 있다고 보고 있으나 구체적 사안에 따라 판단한다.

2. 심신상실자의 책임능력 (민법 제754조)

심신상실은 자신의 행위에 관한 책임을 변식할 지능이 없는 때와 같은 정도의 판단력을 가진 상태를 말하며 심신상실이 고의 또는 과실로 초래한 경우에는 그러하지 아니한다.

Ⅲ. 책임무능력자의 감독자책임(민법 제755조)

다른 자에게 손해를 가한 자가 민법 제753조, 민법 제754조에 해당하는 경우 그를 감독할 법정의무가 있는 자 또는 그에 갈음하는 자는 그 손해를 배상할 책임을 진다. 다만, 그 자가 감독의무를 게을리하지 아니하였음을 입증하는 경우 그러하지 아니한다. 책임무능력자 감독자 책임은 누군가의 책임이 전가된 대위책임이 아니라 법정감독자 뿐 아니라 법정감독자에 갈음하여 감독의무를 부담하는 자도 그에 따른 손해배상책임이 발생한다. 만약, 법정감독자와 대리감독자의 책임이 함께 존재하는 경우 이들은 피해자에게 부진정연대책임을 진다.

제 **2** 장

배상책임보험 손해액산정의 기초

제2장 배상책임보험 손해액산정의 기초

I. 약술문제

문 01 배상책임보험에서 피해자의 손해액을 산정할 때 노동능력상실률 평가방법인 Mcbride장해평가법에 관하여 서술하시오. ★★★

	개요
Mcbride 장해평가	15개의 신체장해(신체부위)를 구분한 다음 직업별 장해평가 계수를 만들어 해당 장해의 정도에 따라 백분율(%)로 평가
평가법	백분율(%)로 평가하거나 등급(1급~14급)으로 평가한다.
중복장해 장해율 산정법	차감체증법 방식으로 산정 ➡ A장해율 + (100% - A장해율) × B장해율 = 중복장해최종장해율

문제풀이

I 서언

장해라함은 신체에 남아 있는 영구적인 정신 또는 육체의 훼손 및 기능의 상실 상태를 말하며 배상책임에서 장해의 평가는 전문의의 신체 감정을 바탕으로 확정하는데 **Mcbride 장해평가법**에 대한 지침 등으로 참작하여 진단된다.

II Mcbride 장해평가법

Mcbride장해평가방법은 15개의 신체장해 (신체부위)를 대항목으로 구분한 다음 직업별 장해평가 직업장해 계수를 만들어 해당 신체 부위별 장해 정도에 따라 백분율(%)로 평가한다.

Ⅲ 중복장해의 장해율 산정법

장해 부위가 중복되는 경우 최종 장해율을 산정할 때 그 개별부위에 대하여 단순히 합산하는 것이 아니라 **하나의 상실률 수치를 기준으로 그 잔존 능력률에 나머지 상실률을 곱하여 평가한 상실률을 최종 합산하여 장해율을 산정**한다. 이러한 방식을 **차감체증법**이라 한다.

➡ 중복장해 최종장해율 : A장해율 + (100% − A장해율) × B장해율

문 02. 피해자의 손해액 산정을 위한 중간이자공제방식 중 호프만계수와 라이프니츠계수 비교 설명하시오. ★★

요점정리

개요	
의의	피해자의 손해배상금을 일시금으로 산정하는 경우 중간이자를 공제함으로써 이익이 발생하지 않도록 함
방식	라이프니츠계수 - 복리계산법으로 산정 호프만계수 - 단리계산법으로 산정. 법원의 판결기준, 배상책임보험금 산정 시에 사용
과잉배상해결	호프만 계수는 240을 초과하면 240까지만 적용

문제풀이

I 의의

피해자에게 사고 시부터 장래에 발생하게 될 손해배상금을 일시금으로 산정하는 경우 과잉배상이 되지 않도록 중간이자를 공제하는데 공제 방식 중 호프만계수와 라이프니츠계수가 대표적으로 이용된다.

II 공제 방식

1. 이자 계산방법

1) 라이프니츠 계수
   현재 가액에 대하여 장래의 기간 중 생길 이자를 복리계산법으로 산정하여 장래에 취득할 총액에서 이자를 공제하는 방식이다.

2) 호프만 계수
   현재 가액에 대하여 장래의 기간 중 생길 이자를 단리계산법으로 산정하여 장래에 취득할 총액에서 이자를 공제하는 방식이다.

2. 공제방식을 적용하여 산정하는 손해액

일실수익(상실수익액), 일실퇴직금, 개호비, 향후치료비, 향후 보조기구비 등의 배상액을 산정하는 경우 중간이자를 공제한다.

3. 적용

법원의 판결기준 시에는 호프만계수를 사용한다. 피해자에게는 라이프니츠계수 보다 호프만계수 공제 방식이 좀 더 유리하다.

Ⅲ 호프만계수의 문제점

호프만계수 산정방식은 414개월을 초과하면 현가율이 240을 넘게 되는데 이 경우 현가로 받은 금액에 대한 이자가 손해액보다 많게 되어 피해자가 과잉배상을 받게 되는 문제가 발생한다. 그러므로 적용할 호프만 계수는 240을 초과하더라도 240까지만 적용한다.

문 03 일실수익 산정 방법에 관하여 서술하시오. ★★★

개요	
산정방법	1. 입원 기간 일실수익 (휴업손해) 　실제 소득 × 노동능력상실률 × 입원기간 H계수 × (1−피해자과실) 2. 후유장해 일실수익 　실제 소득 × 노동능력상실률 × (상실 기간 H계수 − 입원기간 H계수) × (1−피해자과실) 3. 사망 일실수익 　실제 소득 × 노동능력상실률 × 상실 기간 H계수 × (1−피해자과실) × (1−생활비)
가동연한	1. 19세 이상 ~ 65세

Ⅰ. 의의

일실수익이란 일실수입, 상실수익, 상실수입이라고도 하며 피해자가 사고로 인해 노동에 종사할 수 없거나 노동능력이 감퇴 되어 사고 이후 수익의 감소로 인한 재산상의 손해. 즉, 얻을 수 있는 이익의 상실을 말한다.

Ⅱ. 산정방법

1. 입원 기간 일실수익 (휴업손해)

　실제 소득 × 노동능력상실률 × 휴업기간 H계수 × (1 − 피해자과실)

2. 후유장해 일실수익

　실제 소득 × 노동능력상실률 × (상실 기간 H계수 − 휴업기간 H계수) × (1 − 피해자과실)

3. 사망 일실수익

　실제 소득 × 노동능력상실률 × 상실 기간 H계수 × (1 − 피해자과실) × (1 − 생활비)

Ⅲ 노동능력상실률

Mcbride 후유장해평가 기준에 따라 산정한다.

Ⅳ 가동연한

1. 가동개시연령 : 19세
2. 가동종료연령 : 65세

Ⅴ 중간이자공제

호프만 계수 적용

문 04 피해자가 입은 소극적 손해에 관하여 설명하고 사업자, 급여소득자, 무직자별로 인정되는 임금에 관하여 서술하시오. ★

> 불법행위로 인한 법률상 손해배상액 산정에서 사업소득자의 수입, 필요경비 그리고 기여도 등에 대한 객관적인 자료가 없는 경우에 일실수익 산정방법에 대하여 설명하시오.
> ▶ 2023년 제46회 기출문제
>
> 배상책임에서 일실수입의 개념 및 산정요인을 약술하고 급여소득자, 사업자, 무직자를 구분하여 설명하시오.
> ▶ 2014년 제37회 기출문제

요점정리

	개요
소극적 손해	사고로 인한 노동능력 상실로 현재와 장래의 수익이 감소하는 재산상의 손해 1) 입원 기간 휴업손해 2) 장해 및 사망으로 인한 상실수익 3) 일실퇴직금
상실수익	상실소득(일실수익, 일실수입, 상실수입)이란 사고가 없었을 경우를 가정하여 피해자가 장래 얻을 수 있었으리라고 예측되는 이익 또는 소득을 말함
산정요인	1) 급여소득자 　당시의 수익을 기준으로 하고 향후 수익의 증가가 확실한 경우 객관적 자료를 토대로 산정 2) 개인사업자 　입증자료가 있는 경우 : 자료를 토대로 임금을 산정 　입증자료가 없는 경우 : 고용형태별 근로실태조사보고서를 기초로 산정 3) 무직자 　불법행위 당시 무직자, 가정주부, 연소자, 학생 등과 같은 수입이 없는 자일 경우 도시 또는 농촌의 일용임금을 기초로 하여 일실수입을 산정

문제풀이

I 의의

소극적 손해는 사고로 피해자가 얻을 수 있었음에도 장래에 얻을 수 없게 된 수입을 말한다. 구체적으로 **입원 기간 상실수익(휴업손해), 일실퇴직금, 장해 또는 사망으로 인한 상실수익**이 이에 해당된다. 상실수익의 개념에 관한 이론으로는 사고 전·후의 수입을 비교하여 그 차액을 손해로 보는 소득상실설과 생명, 신체의 침해로 인한 노동능력 상실 자체를 손해로 보는 노동능력상실설이 대립하고 있는데 판례의 경우 노동능력상실설을 취하고 있다.

Ⅱ 산정요인

사상자의 피해 당시의 연령, 건강 상태, 학력, 직업 등 여러 사정을 고려하여 산출하나 실무상 그 산출 방법은 정형화되어 있다. 어떠한 노무로 어느 정도의 기간에 얼마의 수입을 올렸을 것인가를 먼저 계산하여 이로부터 상해와는 달리 사망의 경우 생활비를 공제하고 상해, 사망 모두 중간이자를 공제하여 순이익을 산정한다.

1. 생활비 공제

망인이 살아생전 지출했을 생활비 등을 말하며 수입의 1/3을 공제한다.

2. 노동능력상실률

노동능력상실률은 전문의의 신체감정 내용을 주된 판단자료로 하여 확정하는데 맥브라이드 장해평가에 제시된 기준으로 하며, 국가배상법, A·M·A의 장해평가방법을 참작하여 감정한다.

3. 가동연한

피해자의 연령, 경력, 건강 상태, 직업의 특성에 따라 여러 사안으로 참작하여 결정한다. 최근 대법원판결로 인해 육체노동자 가동연한은 65세로 인정된다.

4. 중간이자공제

손해배상의 경우 장래에 얻을 수 있는 이익의 배상액을 정기적으로 지급하지 아니하고 일시금으로 지급하는 관계로 손해배상금의 현가 계산에 있어 호프만 방식에 의해 중간이자를 공제한다.

Ⅲ 직업별 산정요인

1. 급여소득자

고정급료 생활자의 경우 불법행위 당시의 수익을 기준으로 하는 것이 원칙이다. 다만, 장차 그 수익이 증가할 것이 확실한 경우에 객관적 자료를 토대로 증가할 수익을 참작하여 산정한다.

2. 개인사업자

월 소득 입증자료가 있는 경우에 그 자료를 토대로 임금을 산정하고 입증자료가 없는 경우 일반적으로 노동부가 발행하는 **고용형태별 근로실태조사보고서**에 의하여 산정한다.

3. 무직자

불법행위 당시 무직자, 가정주부, 연소자, 학생 등과 같은 수입이 없는 자일 경우 현실적 급여가 없더라도 경제적 가치를 갖는 한 그 평가의 자료가 되는데 무직자의 경우 도시 또는 농촌의 일용임금을 기초로 하여 일실수입을 산정한다.

> Memo

문 05 일실퇴직금산정방법에 관하여 서술하시오. ★★★

	개요
일실퇴직금	배상책임의 경우 노동능력이 전부 또는 일부 상실된 피해자가 퇴직금 수령이 예정되어 있는 경우 그 상실률 상당의 금원을 보상한다.
산정방식	* 일실퇴직금 산정방식 (예상 총 퇴직금 × 사고 당시 현가율 − 기 근속퇴직금) × 노동능력상실률 − 기 근속퇴직금 (입사일로부터 사고 일까지 재직에 따른 퇴직금) − 예상 총 퇴직금 (입사일로부터 정년까지 재직에 따른 퇴직금) − 사고 당시 현가율 : 1 / (1 + 0.05 × 잔여재직기간) − 퇴직금 산정 방법 : 월평균임금 × 재직기간

문제풀이

I 서언

퇴직금은 근로의 대가가 후불 임금적 성질이므로, 노동능력이 전부 또는 일부 상실된 피해자가 퇴직금 수령이 예정되어 있는 경우 그 상실률 상당의 퇴직금을 보상한다. 일실퇴직금은 손해의 종류 중 소극적 손해에 해당한다.

II 산정기초 임금

그 사유가 발생한 날 이전 3개월간 그 근로자에 대해 지급된 임금의 총액을 기초로 산정한 평균임금

III 산정방식

1. 퇴직금 : 「근로기준법」 및 「근로자퇴직급여보장법」 근거

2. 일실퇴직금
   - (예상 총 퇴직금 × 사고당시 현가율 − 기 근속퇴직금) × 노동능력상실률
   - 기 근속퇴직금 (입사일로부터 사고 일까지 재직에 따른 퇴직금)
   - 예상 총 퇴직금 (입사일로부터 정년까지 재직에 따른 퇴직금)

- 사고 당시 현가율 : 1 / (1 + 0.05 × 잔여 재직기간)[9]
- 퇴직금 산정 방법 : 월평균임금 × 재직기간

---

[9] 사고 이전의 퇴직금까지 이자를 공제하는 부분에 대해 의견 대립이 있으나 대법원 판례가 변경되기 전까지는 퇴직금 전액에 이자를 공제하는 위의 계산방식을 적용하길 바란다.

문06 손해배상금 산정 시 책임제한을 두고 있는데 책임제한 사유 및 적용순서에 관하여 기술하시오. ★★

	개요
과실상계	손해의 발생 또는 증대에 대하여 피해자에게도 과실이 있으면 배상 유·무 및 손해액을 정하는데 참작하는 것이다. 전체 손해액에서 피해자의 과실을 적용하여 손해액을 산정
손익상계	가해행위로 피해자가 손해를 입은 것과 동시에 이로 인하여 얻은 이익이 있는 경우 손해액에서 그 이익을 공제한 잔액을 손해배상액으로 하는 것을 손익상계라 한다. 공제되는 이익은 손해배상책임이 발생하는 원인과 상당인과관계에 있는 이익에 한한다.

문제풀이

I 책임제한 사유

1. 과실상계

손해의 발생 또는 증대에 대하여 피해자에게도 과실이 있으면 배상 유·무 및 손해액을 정하는데 참작하는 것이다. 전체 손해액에서 피해자의 과실을 적용하여 손해액을 산정한다.

2. 손익상계

가해행위로 피해자가 손해를 입은 것과 동시에 이로 인하여 얻은 이익이 있는 경우 손해액에서 그 이익을 공제한 잔액을 손해배상액으로 하는 것을 손익상계라 한다.

공제되는 이익은 손해배상책임이 발생하는 원인과 상당인과관계에 있는 이익에 한한다.

예를 들어 불법행위로 피해자가 사망한 경우 이때 일실수익을 산정함에 있어 생활비(1/3)를 공제하여 이득이 생기지 않도록 하는 것이 대표적인 손익상계의 예이다.

3. 기왕증 상계

기왕증은 사고 이전 피해자가 가지고 있던 피해자의 기왕장해, 지병, 체질적 소인 등을 포함하는 개념으로 기왕증으로 인하여 손해가 발생, 확대되었다면 피해자의 전 손해액에서 이를 참작하여 상계한다.

Ⅱ 적용순서

먼저 사건과 관련이 없는 **기왕증 기여도**를 참작한 후 과실상계 후 손익상계를 적용[10]한다.

---

[10] 산업재해 보상을 받은 근로자의 민법상의 손해배상금을 산정할 때 공단에서 지급한 금액을 공제 후 과실상계하는 방식은 예외

문07 급수별로 보상하는 배상책임보험에서 부상, 장해 시 약관 내용에 관하여 설명하시오.
★★★★★

요점정리

개요		
부상 (2급~11급)	단순부상	개방성 골절 - 1등급 상향 단순선상 골절 - 1등급 하향
	중복부상	중복부상이 상위등급의 하위 3등급 이내 시 - 1등급 상향 일반 외상과 치과보철 중복 시 - 1급 한도 내에서 합산지급
후유장해 (1급~14급)	단순장해	급수 조정 없음
	중복장해	1등급 상향

문제풀이

I 부상의 보상 규정

1. 등급 조정

1) 개방성골절

2급부터 11급까지의 해당 상병 중 개방성 골절은 해당 등급보다 1등급 상향

> 예시) 개방성 거골 경부 골절(4급) ➡ 1등급 상향 3급 적용

2) 단순선상골절

2급부터 11급까지의 해당 상병 중 골편의 전위가 없는 단순성 선상골절은 해당 등급 보다 1등급 하향

> 예시) 단순 선상 요골 간부 골절(6급) ➡ 1등급 하향 7급 적용

2. 부상의 중복

1) 일반 외상 중복

2급부터 11급까지 2가지 이상의 부상이 중복된 경우 중한 부상을 기준으로 인정하되 중한 부상으로부터 하위 3급 사이의 부상이 중복된 경우 1등급 상향

> 예시) 슬개인대파열(4급), 손목뼈골절(6급) ➡ 1등급 상향 3급 적용
> 4급 (하위3급 ➡ 5급, ⑥급, 7급)

2) 일반 외상과 치아 보철이 필요한 부상의 중복

1급의 한도금액을 초과하지 않는 범위에서 부상 등급별 해당 금액의 합산액을 적용

> 예시) 1) 치아보철을 요하는 상해 (5급) : 한도 500만원
> 2) 일반외상 (2급) : 한도 800만원
> 3) 5급 + 2급 한도 합계 : 1,300만원 < 1급 한도 1,500만원
> ➡ 1,300만원 한도 내 보상

Ⅱ 후유장해

후유장해가 둘 이상 있는 경우에는 그중 심한 후유장해에 해당하는 등급보다 한 등급 높은 등급적용

> 예시) 1) 한 팔의 팔꿈치 이상을 잃은 장해 (4급)
> 2) 한 다리에 가관절이 남은 장해 (8급)
> 3) 4급과 8급 장해가 중복됨으로 둘 중 높은 등급 1등급 상향
> ➡ 4급에서 1등급 상향 3급 적용

Ⅱ. 계산문제

문01 이번 사고로 인한 피해자의 노동능력상실율 산정하기 ★★★★★

〈피해자 甲〉	슬관절 : 10% (영구장해) 견관절 : 20% (영구장해)
〈피해자 乙〉	슬관절 : 10% (영구장해) 견관절 : 20% (영구장해) 척추체 : 30% (영구장해)
〈피해자 丙〉	슬관절 : 10% (한시3년) 견관절 : 20% (영구장해) 척추체 : 30% (한시5년)
〈피해자 丁〉	슬관절 : 10% (영구장해) 견관절 : 20% (영구장해) 척추체 : 30% (기왕장해)
〈피해자 戊〉	슬관절 : 10% (영구장해) 견관절 : 20% (영구장해) 척추체 : 20% (기왕증기여도 50%)
〈피해자 己〉	슬관절 : 10% (영구장해) 견관절 : 20% (영구장해) 척추체 : 30% (동일부위 기왕장해 20%)
〈피해자 庚〉	슬관절 : 10% (영구장해) 요 추 : 10% (영구장해) 경 추 : 20% (영구장해)

Ⅰ 甲

1) 20%

2) $20\% + \dfrac{\{(100\% - 20\%) \times 10\%\}}{8\%} = 28\%$

➡ 노동능력상실율 : 28%
(배상책임은 각 부위 노동능력 상실을 그대로 합산하는 것이 아니라 상실률을 차감하여 합산하는 방식(차감체증법)으로 계산함을 잊지 않는다.)

Ⅱ 乙

1) 30%

2) $30\% + \dfrac{\{(100\% - 30\%) \times 20\%\}}{14\%} = 44\%$

3) $44\% + \dfrac{\{(100\% - 44\%) \times 10\%\}}{5.6\%} = 49.6\%$

➡ 노동능력상실율 : 49.6%

Ⅲ 丙

1) 20%

2) $20\% + \dfrac{\{(100\% - 20\%) \times 30\%\}}{24\%} = 44\%$

3) $44\% + \dfrac{\{(100\% - 44\%) \times 10\%\}}{5.6\%} = 49.6\%$

➡ 노동능력상실율 : 사고 ~ 3년까지 - 49.6%
　　　　　　　　　3년 이후 ~ 5년까지 - 44%
　　　　　　　　　5년 이후 ~ 영구 - 20%

(영구적으로 노동능력이 상실된 기간과 한시적인 기간이 함께 있는 경우 기간이 긴 순서부터 적용하여 계산하는 방법이 간편하다.)

Ⅳ 丁

1) 30% (기왕장해)

2) $30\% + \dfrac{\{(100\% - 30\%) \times 20\%\}}{14\%} = 44\%$

3) $44\% + \dfrac{\{(100\% - 44\%) \times 10\%\}}{5.6\%} = 49.6\%$

4) 49.6% - 30%(기왕장해) = 19.6%

➡ 노동능력상실율 : 19.6%
(사고 전 가지고 있던 노동능력상실율은 이번 사고와 인과관계가 없기 때문에 최종 합산

상실률에서는 제외하고 산정한다. 丁은 사고 전 노동능력을 이미 30% 상실한 상태이므로 사고 당시 노동능력은 100%가 아닌 70%임을 이해하자.)

V 戊

1) $20\% \times \dfrac{\{100\% - 50\%(기왕증기여도)\}}{사고기여도 : 50\%} = 10\%$

2) $10\% + \dfrac{\{(100\% - 10\%) \times 10\%\}}{9\%} = 19\%$

3) $19\% + \dfrac{\{(100\% - 19\%) \times 20\%\}}{16.2\%} = 35.2\%$

➡ 노동능력상실율 : 35.2%
(기여도는 말 그대로 노동능력상실이 발생함에 있어 기여한 정도이지 사고 이전 이미 상실이 확정된 것은 아니다. 그로 인해 사고 당시 戊의 가동 능력은 100%이다. 그러나 사고와 무관한 기왕증 기여도는 노동능력상실율 산정에 있어 적용하지 않는다. (즉, 순수사고기여도만 산정에 반영) 그로 인해 척추체 장해 20% 중 사고기여도에 해당하는 50%만 이번 사고의 노동능력상실율에 적용하여 산정)

VI 己

1) 10% (동일부위에 이번 사고로 가중된 장해) + 기왕장해 20% = 30%

2) $30\% + \dfrac{\{(100\% - 30\%) \times 10\%\}}{7\%} = 37\%$

3) $37\% + \dfrac{\{(100\% - 37\%) \times 20\%\}}{12.6\%} = 49.6\%$

4) 49.6% - 20%(기왕장해) = 29.6%

➡ 노동능력상실율 : 29.6%
(노동능력상실을 가지고 있던 기존 부위에 이번 사고로 상실률이 가중된 경우 그 부위 최종 상실률에서 기존 상실률을 뺀다. 이번 사고로 인정되는 척추체 상실률은 10% (30% - 20% = 10%))

Ⅶ 庚

슬관절 : 10% (영구장해)
요 추 : 10% (영구장해)
경 추 : 20% (영구장해)

〈해설1[11]〉

1) 10%

2) $10\% + \dfrac{\{(100\% - 10\%) \times 10\%\}}{9\%} = 19\%$

3) $19\% + \dfrac{\{(100\% - 19\%) \times 20\%\}}{16.2\%} = 35.2\%$

➡ 노동능력상실율 : 35.2%

〈해설2〉

1) 10%

2) $10\% + \dfrac{\{20\% \times (100\% - 10\%)\}}{18\%} = 28\%$

---

11) 실무에서는 해설2)의 방식처럼 척추체(경추, 흉추, 요추)를 동일부위로 보고 이 중 높은 장해율 하나만을 적용하여 산정하려는 경향이 있으나 맥브라이드 장해평가법에서는 척추체를 각각의 부위로 판단하고 있으므로 해설 1)의 방식으로 계산함이 타당하다.

문 02. 피해자에게 지급될 치료비 산정하기 ★★★★★

홍길동은 S마트에서 장을 보던 중 불상의 자가 떨어뜨린 이물질을 밟고 넘어지면서 골절상을 입게 되어 이패스 병원에서 입원 치료를 받고 진료비 140만원을 지출하였다. 다음 영수증을 참고하여 마트가 가입한 영업배상책임보험에서 홍길동에게 지급할 치료비와 건강보험공단이 보험사를 상대로 구상할 수 있는 금액을 산정하시오.

⟨피해자 입원 진료비 계산 영수증⟩

⟨환자등록번호⟩	⟨환자 성명⟩		⟨진료 기간⟩	⟨진료과목⟩	
0123456	홍길동		2025/04/01~ 2025/04/14	정형외과	
⟨항목⟩	⟨급여⟩		⟨비급여⟩	금액산정내역	
	일부본인부담		본인부담		
	본인 부담금	공단 부담금			
진찰료	10만원	20만원		진료비총액	310만원
입원료	45만원	55만원			
주사료	10만원	20만원		환자부담 총액	140만원
수술료	20만원	50만원			
마취료	10만원	20만원	10만원	납부 할금액	
초음파			30만원		
식대	5만	5만		납부 한금액	140만원
합계	100만원	170만원	40만원		

피해자의 과실 : 30%
치료비 산정은 「대법원 2021. 3. 18. 선고 2018다287935 전원합의체 판결」[12]을 준용하시오.

---

[12] 국민건강보험법은 보험급여 수급권자의 과실 있는 행위로 보험급여 사유가 발생한 경우라도 그 행위가 고의나 중대한 과실에 기인하는 등 예외적인 경우가 아닌 한 보험급여를 하도록 함으로써(제53조 제1항) 공단의 부담으로 수급권자에게 발생한 손해를 전보한다. 따라서 사고가 제3자의 관여 없이 수급권자의 전적인 과실로 일어난 경우에도 수급권자는 보험급여 수령의 이익을 온전히 누릴 수 있고, 그 결과 공단이 부담하는 공단부담금만큼은 치료비 손해를 전보받을 수 있다. 그렇다면 손해가 제3자의 불법행위와 수급권자의 과실이 경합하여 발생한 경우에도, '공단부담금 중 적어도 수급권자의 과실비율에 해당하는 금액'만큼은 보험자인 공단이 수급권자를 위해 본래 부담해야 할 비용으로서 수급권자가 정당하게 누릴 수 있는 보험 이익이라고 보는 것이 합리적이다. 공단부담금 중 가해자의 책임비율에 해당하는 금액은 본래 가해자가 부담해야 할 부분을 공단이 대신 지급한 것과 같으므로 그 부분은 공단이 피해자를 대위하여 가해자에게 구상할 수 있다고 볼 수 있지만, 이를 넘어 종전 대법원 판례와 같이 공단부담금 중 피해자의 과실비율에 해당하는 금액까지 공단이 대위할 수 있다고 보는 것은, 실질적으로 공단이 피해자를 위해 본래 부담했어야 할 부분을 피해자에게 떠넘기는 결과가 된다. 따라서 국민건강보험법 제58조에 따른 공단의 대위 범위는 공단부담금 전액이 아니라 그중 가해자의 책임 비율에 해당하는 금액으로 한정되고, 피해자의 가해자에 대한 손해배상채권액을 산정할 때에도 먼저 전체 치료비에서 공단부담금을 공제한 다음 과실상계를 하는 '공제 후 과실상계' 방식에 따르는 것이 타당하다(대법원 2021. 3. 18. 선고 2018다287935 전원합의체 판결 참조).

문제풀이

I 치료비 산정

(310만원 - 170만원) × (1-30%) = 980,000원 보상[13]

II 공단 구상금액

170만원(공단 지급금액) × 70%(S마트 과실) = 119만원[14] 구상

---

13) 전원합의체 이전 방식 : 310만원 × (1-30%) - 170만원 = 470,000원 보상
14) 즉, 공단이 지급한 170만원 중 피해자 과실분 30%인 170만원×30%=51만원은 공단이 피해자를 위해 부담하는 금액인 것이므로 국민건강보험공단은 제3자인 S마트를 상대로 170만원 중 51만원을 제외한 119만원만 구상할 수 있는 것이다

문 03. 중간이자를 공제하여 개호비, 보조기구 비용 산정하기 ★★★★★

피해자 홍길동이 이번 사고로 크게 다치면서 담당 주치의로부터 100%의 노동능력상실과 함께 치료종결 후 향후 여명이 50% 단축될 것으로 판정받았다. 다음 조건을 참고하여 홍길동에게 지급하여야 할 치료종결 후 개호비, 보조기구 비용을 산출하시오.

〈피해자 인적 및 피해 사항〉
- 생년월일 : 1984년 11월 01일
- 사고발생 : 2021년 11월 01일
- 치료종결 : 2024년 11월 01일
- 기대여명 : 40년(40세의 평균 기대여명) / 여명단축 50%[15]
- 과　　실 : 40%
- 일용임금 : 건설 보통인부 일 10만원 (월수 계산이 필요한 경우 30일로 산정할 것)
- 개호기간 및 시간
  - 치료종결부터 여명기간 동안 1일 8시간
- 호프만계수 (계산의 편의를 위한 임의계수 적용)
  - 사고~치료종결까지 : 36개월 - 30H
  - 사고~추정여명까지 : 276개월 - 190H
  - 사고~기대여명까지 : 516개월 - 260H

- 향후 보조기구비용 (치료종결부터 여명기간 동안 비용 발생 / 초회 비용 지급필요)
  - 특수변기 200만원 (3년 주기로 교체)
  - 특수침대 500만원 (5년 주기로 교체)
- 경과년수표 (계산의 편의를 위한 임의계수 적용)

1년 - 0.975	2년 - 0.950	3년 - 0.925	4년 - 0.900	5년 - 0.875	6년 - 0.850	7년 - 0.825
8년 - 0.800	9년 - 0.775	10년 - 0.750	11년 - 0.725	12년 - 0.700	13년 - 0.675	14년 - 0.650
15년 - 0.625	16년 - 0.600	17년 - 0.575	18년 - 0.550	19년 - 0.525	20년 - 0.500	21년 - 0.475

---

15) 치료종결 후 피해자의 나이는 40세로 40세의 평균 기대여명은 40년(80세 사망으로 추정)이다. 그러나 여명기간의 50%가 단축되었으니 홍길동의 여명은 40년×(1-50%)=20년이 된다. 즉, 홍길동의 경우 치료종결 후 20년 뒤인 60세의 나이에 사망할 것으로 추정되는 것이다.

문제풀이

I 개호비 산정

(10만원 × 30일) × 160H (190-30) × 1인 × (1-40%) = 288,000,000원

II 보조기구비

1. 특수변기

200만원 × 5.425[16] × (1-40%) = 6,510,000원

2. 특수침대

500만원 × 3.25[17] × (1-40%) = 9,750,000원

3. 소계 : 16,260,000원

III 합계

304,260,000원

---

16) (1+0.925+0.85+0.775+0.7+0.625+0.55)
17) (1+0.875+0.75+0.625)

문 04. 노동능력 상실 기간 일실수익 산정 방법 ★★★★

문제풀이

I. 급여소득자, 자유업 종사자의 정년이 육체노동자 가동연한보다 짧은 경우

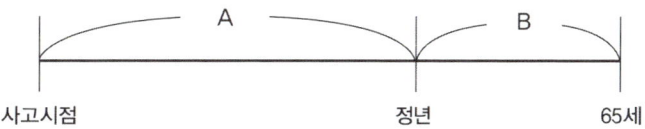

사고시점 — 정년 — 65세 (A: 사고시점~정년, B: 정년~65세)

1. **A (사고시점~정년까지)**

   현실소득(월급여) × 노동능력상실율 × 상실기간H계수 × 가해자과실
   ⇒ 피해자가 사망한 경우 생계비 공제(1-1/3) 적용

2. **B (정년이후~65세까지)**

   (도시일용임금×20일[18]) × 노동능력상실율 × 상실기간H계수 × 가해자과실
   ⇒ 피해자가 사망한 경우 생계비 공제(1-1/3) 적용

3. **A 산정금액 + B 산정금액 = 일실수익으로 지급**

---

[18] 「대법원 2024. 4. 25. 선고 2020다271650 판결」에 따라 20일로 근로 일수를 산정함이 타당하다 사료 됨.
- 근로조건이 산업환경에 따라 해마다 변동하는 도시 일용근로자의 일실수입을 그 1일 노임에 관한 통계 사실에 기초하여 평가하는 경우에는, 그 가동일수에 관하여도 법원에 현저한 사실을 포함한 각종 통계자료 등에 나타난 월평균 근로일수와 직종별 근로조건 등 여러 사정들을 감안하고 그 밖의 적절한 자료들을 보태어 합리적인 사실인정을 하여야 한다(대법원 2003. 10. 10. 선고 2001다70368 판결 등 참조). 그런데 우리나라는 2003. 9. 15. 법률 제6974호로 근로기준법을 개정하여 1주간 근로시간의 상한을 44시간에서 40시간으로 줄이면서 그 시행일을 사업 규모에 따라 단계적으로 정한 결과 2011. 7. 1.부터는 원칙적으로 5인 이상의 근로자를 사용하는 모든 사업이나 사업장에 적용되는 등 근로현장에서 근로시간의 감소가 이루어졌고, 이와 아울러 근로자들의 월 가동일수가 지속적으로 감소하는 경향을 보이고 있으며, 대통령인 「관공서의 공휴일에 관한 규정」의 개정 등으로 대체공휴일이 신설되고 임시 공휴일의 지정도 가능하게 되어 연간 공휴일이 증가하는 등 사회적·경제적 구조에 지속적인 변화가 있었고, 근로자의 삶의 질 향상과 일과 삶의 균형이 강조되는 등 근로여건과 생활여건의 많은 부분도 과거와 달라졌다. 또한 고용노동부가 매년 실시하고 있는 통계법에 의해 지정통계로 지정된 법정통계조사인 고용형태별 근로실태 조사의 고용형태별·직종별·산업별 최근 10년간 월 평균 근로일수 등에 의하면 과거 대법원이 도시 일용근로자의 월 가동일수를 22일 정도로 보는 근거가 되었던 각종 통계자료 등의 내용이 많이 바뀌어 그대로 적용하기 어렵게 되었다. 위와 같은 여러 사정을 고려하면, 특별한 사정이 없는 한 도시 일용근로자의 월 가동일수를 20일을 초과하여 인정하기는 어려워 보이므로 도시 일용근로자의 월 가동일수를 22일로 인정할 것이 아니라 관련 통계나 도시 일용근로자의 근로여건에 관한 여러 사정을 좀 더 구체적으로 심리하여 이를 근거로 도시 일용근로자의 월 가동일수를 판단하여야 한다(대법원 2024. 4. 25. 선고 2020다271650 판결 참조).

Ⅱ 급여소득자, 자유업 종사자의 정년이 육체노동자 가동연한보다 긴 경우

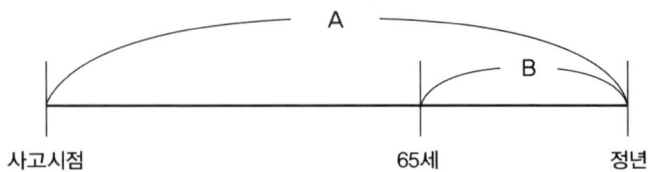

1. A (사고시점~정년까지)

    현실소득(월급여) × 노동능력상실율 × 상실기간H계수 × 가해자과실
    ⇒ 피해자가 사망한 경우 생계비 공제(1-1/3) 적용

2. A 산정금액 일실수익으로 지급

Ⅲ 가동개시 연령 전 피해자에게 사고가 발생한 경우

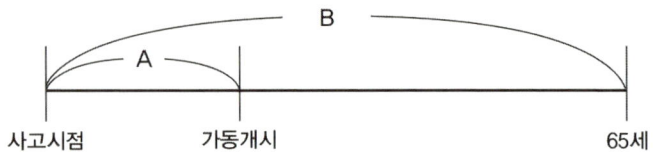

1. B - A (가동개시~65세까지)

    (도시일용임금×20일) × 노동능력상실율 × 상실기간H계수(B-A) × 가해자과실
    ⇒ 피해자가 사망한 경우 생계비 공제(1-1/3) 적용

2. B구간 전체가 아닌 B - A를 적용한 기간의 산정금액을 일실수익으로 지급

문 05 일실수익 산정하기 I ★★★★★

이패스 아파트 1510동 2701호에 사는 홍길동은 아랫집인 2601호에서 발생한 화재 사고로 발생한 연기에 질식하여 사망하게 되었다. 다음의 사항을 참고하여 홍길동의 일실수익을 산정하시오.

〈홍길동 인적 및 피해 사항〉
- 사고발생 : 2024년 10월 11일
- 과   실 : 무과실
- 현실소득 : 월 500만원
- 일용임금 : 건설 보통인부 일 15만원 (일용근로자 근로 일수는 월 20일로 산정할 것)
- 호프만계수 (계산의 편의를 위한 임의계수 적용)
  - 사고 ~ 정년까지 : 220개월(150H)
  - 사고 ~ 가동연한종료까지 : 280개월(180H)

문제풀이

I 일실수익

1. 사고 ~ 정년까지

500만원 × 100% × 150H × (1-1/3) = 500,000,000원

2. 정년이후 ~ 가동연한 종료까지

(15만원×20일) × 100% × 30H(180-150) × (1-1/3) = 60,000,000원

3. 합계

560,000,000원

문 06 일실수익 산정하기 II ★★★★★

이패스 아파트 입주민 홍길동은 아파트 지하 주차장 연결 통로인 계단을 내려가다 미끄러지며 골절상을 입게 되었다. 계단은 불상의 자가 흘린 액체로 인해 미끄러웠고 이를 알지 못한 홍길동이 액체를 밟고 미끄러지며 사고가 발생한 것이다. 다음의 사항을 참고하여 홍길동의 일실수익을 산정하시오.

〈홍길동 인적 및 피해 사항〉
- 사고발생 : 2024년 5월 1일
- 과   실 : 20%
- 노동능력상실율 : 족관절 20%(영구)
- 현실소득 : 월 500만원
- 일용임금 : 건설 보통인부 일 15만원 (일용근로자 근로 일수는 월 20일로 산정할 것)
- 호프만계수 (계산의 편의를 위한 임의계수 적용)
  - 사고 ~ 치료종결까지 : 6개월(6H)
  - 사고 ~ 정년까지 : 120개월(86H)
  - 사고 ~ 가동연한종료까지 : 180개월(126H)

문제풀이

I 일실수익

1. 입원 기간 일실수익 (휴업손해)

    500만원 × 100% × 6H × (1-20%) = 24,000,000원

2. 장해로 인한 일실수익

    1) 치료종결이후 ~ 정년까지

        500만원 × 20% × 80H(86-6) × (1-20%) = 64,000,000원

    2) 정년이후 ~ 가동연한 종료까지

        (15만원×20일) × 20% × 40H(126-86) × (1-20%) = 19,200,000원

    3) 소계 : 83,200,000원

3. 합계

    107,200,000원

문07 일실수익 산정하기Ⅲ ★★★★★

이패스 아파트 입주민 홍길동의 미성년 자녀인 홍시가 사망하는 사고가 발생하였다. 사고원인은 해당 아파트 엘리베이터의 기계 결함으로 인한 현장 추락사로 밝혀졌다. 다음의 사항을 참고하여 홍시의 일실수익을 산정하시오.

〈홍시의 인적 및 피해 사항〉
- 사고발생 : 2024년 10월 1일
- 과　　실 : 무과실
- 일용임금 : 건설 보통인부 일 15만원 (일용근로자 근로 일수는 월 20일로 산정할 것)
- 호프만계수 (계산의 편의를 위한 임의계수 적용)
  - 사고 ~ 가동개시연령 : 60개월(50H)
  - 사고 ~ 가동연한종료까지 : 600개월(300H)

문제풀이

Ⅰ 일실수익

1. 일실수익

(15만원 × 20일) × 100% × 240H[19](300-50[20]) × (1-1/3) = 480,000,000원

2. 합계

480,000,000원

---

19) 300H-50H = 250H이나 과잉배상을 방지하기 위해 호프계수는 240H를 초과하지 않는다.
20) 일반적으로는 일실수입을 산정하는 기초가 되는 가동개시 연령을 성년이 되는 만19세가 되는 날로 보기 때문에 미성년자인 기간에 대하여는 일실수입을 인정하기 어렵다고 할 것이다. 그러나 미성년자로서 사건 사고 당시 현실로 수입을 얻고 있었고, 그러한 수입을 계속 얻을 수 있으리라는 사정이 인정된다면, 사건 사고 발생일부터 성년이 되기 전까지 일실수입을 인정할 수 있다고 봄이 타당하다.(대구지방법원 김천지원 2018. 4. 5. 선고 2016가단30629 판결 등 참조)

문08 S상사에서 제조 및 판매한 자전거를 구매하여 라이딩을 하던 홍길동은 자전거 브레이크 불량으로 내리막길에서 정지하지 못하고 가드레일을 충격하였다. 홍길동은 ㈜이패스의 직원으로 해당 회사의 취업규칙에는 직원에 대하여 퇴직금 지급 규정이 있다. 다음의 내용을 기초로 하여 생산물 하자로 인해 S상사가 피해자인 홍길동에게 지급할 일실퇴직금을 산정하시오. ★★★★★

[홍길동 인적 및 피해 사항]

사례1)
- 사고발생 : 2024년 06월 10일
- 생년월일 : 1984년 06월 10일
- 입 사 일 : 2014년 06월 10일
- 정   년 : 60세
- 과   실 : 무과실
- 노동능력상실 : 50%[21]
- 평균임금 : 월 500만원
- 소득상승분은 계산 시 고려하지 않음

사례2)
- 사고발생 : 2024년 12월 10일
- 생년월일 : 1984년 06월 10일
- 입 사 일 : 2014년 06월 10일
- 정   년 : 60세
- 과   실 : 무과실
- 노동능력상실 : 100%(현장사망)
- 평균임금 : 월 500만원
- 소득상승분은 계산 시 고려하지 않음

문제풀이

Ⅰ 사례1의 일실퇴직금

1. 예상 총 퇴직금 (입사 ~ 정년 ⇨ 총 재직가능기간 30년) :
   2044년(퇴직)-2014년(입사)=30년

   500만원 × 30년 = 150,000,000원

2. 기수령 퇴직금 (입사 ~ 사고 ⇨ 실제 재직기간 10년) :
   2024년(사고)-2014년(입사)=10년

   500만원 × 10년 = 50,000,000원

3. 일실 퇴직금 (사고 ~ 정년 ⇨ 일실 재직기간 20년) :
   2044년(퇴직)-2024년(사고)=20년

---

21) 가해자의 불법행위로 인하여 피해자의 가동 능력이 일부나마 상실된 이상 일실퇴직금을 구하는 피해자의 임금 또한 그만큼 감소 될 것이고, 그 퇴직금 또한 이와 같이 감소된 임금을 기초로 하여 산정될 것임은 논리상 명백한 것이므로, 일실퇴직금을 구하는 피해자가 변론 종결 당시 실제로 퇴직하지 않았다고 하더라도 특단의 사정이 없는 한 그 피해자는 남은 가동 능력을 가지고 그 사업장에서 정년까지 근무할 것이라고 보아 노동능력상실률 상당의 일실퇴직금을 인정하는 것이 타당하다(대법원 1994. 9. 30. 선고 93다58844 판결).

$$[150{,}000{,}000원 \times 1/(1+0.05\times20년) - 50{,}000{,}000원] \times 50\%$$

여기서 분모 $(1+0.05\times20년) = 1$

= 12,500,000원

Ⅱ 사례2의 일실퇴직금

1. 예상 총 퇴직금 (입사~정년 ⇨ 총 재직가능기간 30년 :
   2044년6월(정년)-2014년6월(입사)=30년

$$\underbrace{(500만원 \times 30년)}_{150{,}000{,}000원} = 150{,}000{,}000원$$

2. 기수령 퇴직금 (입사~사고 ⇨ 실제 재직기간 10년 6개월) :
   2024년12월(사고)-2014년6월(입사)=10년6월

$$\underbrace{(500만원 \times 10년)}_{50{,}000{,}000원} + (500만원 \times \underbrace{6개월/12개월}_{0.5}) = 52{,}500{,}000원$$

3. 일실퇴직금 (사고~정년 ⇨ 일실재직기간 19년 6개월)
   2044년6월(정년)-2024년12월(사고)=19년6월

방법 ① $[150{,}000{,}000원 \times 1/\{1+\underbrace{(0.05\times19년)}_{0.95}+\underbrace{(0.05\times6개월/12개월)}_{0.025}\}$

　　　$- 52{,}500{,}000원] \times 100\% ≒ 23{,}445{,}000원$

방법 ② $[150{,}000{,}000원 \times 1/\underbrace{\{1 + 0.05\times(19년+6개월/12개월)\}}_{0.975}$

　　　$- 52{,}500{,}000원] \times 100\% ≒ 23{,}445{,}000원$

문09 다음의 예시 손해액을 기준으로 보험자가 지급할 보상금액을 산정하시오. ★★

[보험자 보상한도]
- 사례1 : 1인당 1억
- 사례2 : 부상 : 3,000만원(1급) ~ 50만원(14급)
  장해 : 15,000만원(1급) ~ 1,000만원(14급)
  사망 : 15,000만원

[피해자 손해액]
- 치료비 : 1,000만원
- 휴업손해 : 1,500만원
- 장해상실수익 : 3,000만원
- 위자료 : 5,000만원
- 총 손해액 : 10,500만원

문제풀이

Ⅰ. 보험자가 보상할 금액을 산정하시오

> 보상한도) 1인당 1억

➡ 적극적 손해액 : 1,000만원
  소극적 손해액 : 4,500만원
  정신적 손해액 : 5,000만원

■ 10,500만원 (손해액) 〉 10,000만원 (보상한도) ▶ 10,000만원 보상

Ⅱ. 보험자가 보상할 금액을 산정하시오.

> 보상한도) 부상 : 3,000만원(1급) ~ 50만원(14급)
>   장해 : 15,000만원(1급) ~ 1,000만원(14급)
>   사망 : 15,000만원
> 피해자의 부상 및 장해급수 : 부상1급, 장해 1급

➡ 부상 손해액 : 2,500만원
  장해 손해액 : 8,000만원

■ 2,500만원(손해액) 〈 3,000만원 (부상한도) ▶ 2,500만원 보상

8,000만원(손해액) < 15,000만원 (장해한도) ▶ 8,000만원 보상

합계 : 10,500만원 보상

문10 다음 보상한도 예시를 적용하여 보험자가 보상할 금액을 산정하시오. *****

보상한도							
부상 (단위: 만원)	1급	2급	3급	4급	5급	6급	7급
	3,000	1,500	1,200	1,000	900	700	500
	8급	9급	10급	11급	12급	13급	14급
	300	240	200	160	120	80	80
장해 (단위: 만원)	1급	2급	3급	4급	5급	6급	7급
	15,000	13,500	12,000	10,500	9,000	7,500	6,000
	8급	9급	10급	11급	12급	13급	14급
	4,500	3,800	2,700	2,300	1,900	1,500	1,000

문제풀이

Ⅰ 보험자가 지급할 부상 보험금을 산정하시오

1. 피해자 홍길동에게 우측 슬개골의 인대가 파열(부상 4급)되고 시신경 손상으로 우측 눈이 실명(부상 8급)되는 사고가 발생하였다.

   손해액) 치료비 : 500만원, 휴업손해 : 600만원

   ➡ 4급 (5급, 6급, 7급)[22] : 4급 적용 (보상한도 1,000만원)
   1,100만원(부상손해액) 〉 한도 1,000만원 ▶ 1,000만원 보상

2. 피해자 홍길동에게 우측 대퇴골이 골절(부상 4급)되고 좌측 거골이 골절(부상 5급)되는 사고가 발생하였다.

   손해액) 치료비 : 500만원, 휴업손해 : 600만원

   ➡ 4급 (⑤급, 6급, 7급) : 3급 적용 (보상한도 1,200만원)
   1,100만원(부상손해액) 〈 한도 1,200만원 ▶ 1,100만원 보상

---

[22] 두 가지 이상의 부상이 중복된 경우에는 가장 높은 등급에 해당하는 부상으로부터 하위 3등급 사이의 부상이 중복된 경우에만 가장 높은 부상 내용의 등급보다 한 등급 높은 금액 지급

3. 피해자 홍길동에게 시신경 손상으로 우측 눈이 실명(부상 8급)되고 치아 보철(부상 9급)이 필요한 사고가 발생하였다.

> 손해액) 치료비 : 일반 200만원/ 치아보철 200만원, 휴업손해 : 300만원

- ➡ 8급, 9급 한도 합산액[23] 보상 : 300만원+240만원 (보상한도 540만원)
  700만원(부상손해액) 〉 한도 540만원 ▶ 540만원 보상

4. 피해자 홍길동에게 우측 다리에 개방성 골절(부상 7급) 사고가 발생하였다.

> 손해액) 치료비 : 400만원, 휴업손해 : 800만원

- ➡ 6급 적용[24] (보상한도 700만원)
  1,200만원(부상손해액) 〉 한도 700만원 ▶ 700만원 보상

5. 피해자 홍길동에게 이번 사고로 각각 다른 부위에 10급과 12급에 해당하는 외상 사고가 발생하였다.

> 손해액) 치료비 : 150만원, 휴업손해 : 200만원

- ➡ 10급 적용[25] (보상한도 200만원)
  350만원(부상손해액) 〉 한도 200만원 ▶ 200만원 보상

Ⅱ 보험자가 지급할 후유장해 보험금을 산정하시오

1. 피해자 홍길동에게 우측 견관절(장해 8급) 발생하고 왼쪽 다리가 짧아지는(장해 13급) 사고가 발생하였다.

> 손해액) 상실수익 : 3,000만원, 위자료 : 4,000만원

- ➡ 7급 적용[26] (보상한도 6,000만원)
  7,000만원(장해손해액) 〉 한도 6,000만원 ▶ 6,000만원 보상

---

23) 일반 외상과 치아 보철이 필요한 부상이 중복된 경우에는 1급의 금액을 초과하지 않는 범위에서 부상 등급별 해당 금액의 합산액 지급
24) 개방성 골절의 경우 한 등급 높은 금액으로 지급
25) 2급부터 11급까지의 부상 내용이 중복된 경우에만 조정하여 지급
26) 후유장해가 둘 이상 있는 경우에는 그중 심한 후유장해에 해당하는 등급보다 한 등급 높은 금액으로 지급

2. 피해자 홍길동에게 이번 사고로 두 다리를 잃고(장해 1급) 두 눈이 실명되는(장해 1급) 사고가 발생하였다.

> 손해액) 상실수익 : 8,000만원, 위자료 : 10,000만원

➡ 1급 적용[27] (보상한도 15,000만원)
　18,000만원(장해손해액) 〉 한도 15,000만원 ▶ 15,000만원 보상

---

[27] 후유장해가 둘 이상 있는 경우에도 1급 한도를 초과할 수 없음

memo.

제3장

배상책임보험 상품

제3장 1. 임의보험

I. 약술문제

문 01 배상책임보험의 영업배상책임보험 국문약관과 영문약관(C·G·L)을 비교하여 서술하시오. ★★★

▶ 2014년 제37회 기출문제

	개요
담보방식	1. 국문약관 　　기본적인 담보 사항에 각 위험에 대한 특약을 추가하는 형태 2. 영문약관 　　모든 위험을 포괄적으로 담보하고 부담보 특별약관을 추가하여 필요하지 않은 위험을 제외하는 형태
공제방식	1. 국문약관 　　손해배상금－자기부담금 ≤ 보상한도액 2. 영문약관 　　손해배상금－자기부담금 ≤ 보상한도액－자기부담금

문제풀이

정의

영업배상책임보험이란 사무 활동이나 그 시설에 관해 발생하는 피보험자의 손해배상책임을 담보하는 보험으로 일상생활에 따른 손해배상책임을 담보하는 일상생활 배상책임보험과 대비되는 개념이다.

Ⅱ 담보방식

1. 국문약관
국문영업배상책임보험은 보통약관에 특별약관을 첨부하여 담보한다. 즉 기본적인 담보 사항에 각 위험에 대한 특약을 추가하는 형태이다.

2. 영문약관
영문약관은 업종과 관계없이 모든 위험을 포괄적으로 담보하므로 필요하지 않은 위험을 부담보 특별약관을 추가하여 그 위험을 제외하는 형태이다.

Ⅲ L·O·L 설정방법

1. 국문약관
최대추정손해(P·M·L)를 기준으로 보험자의 보상한도액을 정한다. 대인, 대물, 포괄단일 보상한도 등 피보험자의 선택에 따라서 설정한다.

2. 영문약관
대인과 대물의 구분 없이 포괄단일 보상한도로 사고 당 또는 총보상한도로 구분된다.

Ⅳ 자기부담금 적용 방식

1. 국문약관
손해액에서 자기부담금이 공제된다.
즉, (손해배상금 - 자기부담금 ≤ 보상한도액)이다.

2. 영문약관
손해액뿐만 아니라 보상한도액에서도 자기부담금이 공제된다.
즉, (손해배상금 - 자기부담금 ≤ 보상한도액 - 자기부담금)이다.

문 02 C·G·L Policy에서 사용되는 다음 용어에 대하여 설명하시오. ★★★

> 문제풀이

I 정의

01. Accident / Occurrence 사고
02. Advertising Injury 광고침해
03. Aggregate limit 총 보상한도액
04. Assignment 보험목적의 양도
05. Assistance and Cooperation of the Insured 피보험자의 협조의무
06. Bodily Injury 신체장해
07. Claims Expenses 사고처리비용
08. Conditions 보험조건
09. Coverage 담보위험
10. Contractual Liability 계약상 가중책임
11. Contingent Liability 미필적배상책임
12. Completed Operations Hazard 완성작업위험
13. Cross Liability 교차배상책임
14. D·I·C Policy (Difference In Condition Policy) 기초보험, 초과보험 또는 포괄보험의 보험조건 차이로 보상되지 아니하는 손해를 보상하는 보험
15. Deductible 자기부담금
16. Employers' Liability 사용자배상책임
17. Excess Clause 자기부담금
18. E·R·P(Extended Reporting Period) 통지연장담보기간
19. Exclusions 면책조항
20. Insuring Agreements 보상하는 손해
21. Infringement 권리침해
22. L·O·L(Limit of Liability) 보상한도액
23. Non-Payment of Premium 보험료 불지급과 계약해지
24. Other Insurance 타보험과의 관계
25. Owner's Protective Liability 발주자 미필적 배상책임

26. Personal Injury 인격침해
27. Persons Insured 피보험자
28. Policy Period 보험기간
29. Policy Year 보험년도
30. Policy Territory 담보지역
31. Policy Proportion 책임비율
32. Professional Liability 전문직배상책임
33. Products 생산물
34. Premium 보험료
35. Property Damage 재물손해
36. Products Recall Insurance 생산물회수비용보험
37. Products Guarantee Legal Liability Insurance 생산물자체 손해보험
38. Products Hazard 제조물위험
39. Punitive (Vindictive, Exemplary) Damage 징벌적 손해
40. Save Harmless Clause / Hold Harmless Clause 계약상 가중책임
41. Supplementary Payments 비용보상
42. Subrogation 대위권
43. Statute of Repose 제척기간
44. Statute of Limitation 소멸시효기간
45. Strick Liability 엄격책임
46. Vendor's Endorsement 생산물배책에서 판매인을 피보험자로 추가하는 추가피보험자특약

문 03. C·G·L의 Strict Liability(엄격책임) 관하여 설명하시오. ★★

	개요
개념	제조물의 결함 책임으로 제조업자의 과실을 요하지 않음
적용대상	영리를 목적으로 제조 또는 공급된 제조물

문제풀이

I. 정의

Strict Liability는 제조물 결함에 기인 된 사고로 발생한 손해에 대하여 과실이 없어도 배상책임을 부담하여야 하는 영미법상의 법리로써 엄격책임주의이다. Strict Liability는 제조물의 결함을 전제로 하되(결함책임) 제조물의 결함에 대하여 제조업자의 과실을 요하지 아니하는 점에서는 무과실책임주의이다. 우리나라의 제조물책임과 사실상 동일한 법리를 취하고 있다.

II. 적용대상

Strict Liability의 적용대상은 영리를 목적으로 제조 또는 공급되는 것만을 말하며 무상으로 제공 된 경우 결함제품 사고일지라도 Strict Liability 책임법리가 적용되지 아니한다.

Memo

문 04. C·G·L(Commercial General Liability Policy)약관의 Medical Payments'에 대하여 약술하시오. ★★

▶ 2023년 제46회 기출문제

요점정리

	개요
담보위험	피보험자의 과실 유·무와 상관없이 치료비를 담보
치료비의 정의	응급처치 비용, 치료, 수술, X 선검사, 보철기구를 포함한 치과치료비, 구급차, 입원, 전문 간호, 장례비

문제풀이

Ⅰ 보상하는 손해

피보험자가 소유 또는 임차하는 시설, 소유 또는 임차하는 시설에 인접하는 장소에서 발생한 사고, 피보험자의 사업 활동에 기인된 사고로 발생한 피해자의 치료비를 담보하며 피보험자의 과실 유·무와 상관없이 치료비를 담보한다.

Ⅱ 치료비의 정의

응급처치 비용, 치료, 수술, X선 검사, 보철기구를 포함한 치과치료비, 구급차, 입원, 전문 간호, 장례비이다.

문 05 영업배상책임보험의 시설소유관리자 특별약관에 관하여 서술하시오.★★★

영업배상책임보험(시설소유(관리)자 특별약관)의 약관상 '보상하는 손해'에 대하여 약술하시오.
▶ 2023년 제46회 기출문제

요점정리

	개요
담보위험	시설(Premises)로 인한 책임과 그 시설의 업무활동(Operations)으로 인한 책임
추가특약	1. 구내치료비담보 2. 비행담보 3. 물적손해확장담보 4. 운송위험담보

문제풀이

Ⅰ. 의의

피보험자가 소유, 사용 또는 관리하는 시설 및 그 시설의 용도에 따른 업무의 수행으로 생긴 우연한 사고로 일반 제3자에게 신체나 재물상의 손해를 입혔을 경우 부담하는 법률상 배상책임 손해를 담보하는 특별약관이다.

Ⅱ. 담보위험

1. 시설(Premises)로 인한 책임

피보험자가 소유, 사용, 관리 또는 임차한 시설로 인해 발생된 사고에 대한 책임이다. 시설이란 동산과 부동산을 말하며 건물, 기계설비와 같은 토지의 정착물과 인공적인 시설물, 하천과 같은 자연물 및 중장비, 가스용기 등과 같은 동적인 공작물 등이다.

2. 업무활동(Operations)으로 인한 책임

시설을 이용하여 수행하는 업무 활동으로 인해 발생된 사고에 대한 책임이다. 업무 활동은 완성된 시설을 본래의 용도에 따라 이용하는 행위이며 사무에 필수적 행위 및 이에 수반하는 활동을 포함한다.

Ⅲ. 배상책임 발생근거

시설소유·관리자 배상책임은 불법행위책임(민법 제750조), 사용자의 배상책임(민법 제756조), 공작물책임(민법 제758조), 안전배려의무 위반에 따른 채무불이행과 손해배상책임(민법 제390조) 등이 배상책임 발생의 근거가 된다.

Ⅳ. 추가담보

1. 구내치료비추가특별약관
2. 비행추가특별약관
3. 물적손해확장추가특별약관
4. 운송위험추가특별약관

문 06 영업배상책임보험(시설소유관리자특약)의 고유 면책손해에 관하여 서술하시오.
★★★

개요	
주요면책	1. 고의사고 2. 거대위험 3. 타보험 영역 4. 시설의 수리, 개조, 신축, 철거로 생긴 손해에 대한 배상책임 　(단, 통상적인 유지, 보수작업으로 생긴 손해는 보상한다.)

: 문제풀이

I 보상하지 않는 손해

1. 무체물에 입힌 손해에 대한 배상책임
2. 공해물질의 배출, 방출, 누출, 넘쳐흐름, 유출로 생긴 손해에 대한 배상책임 및 **오염제거 비용**
3. **피보험자의 근로자가 입은 신체장해**에 대한 손해배상책임
4. 시설의 수리, 개조, 신축 또는 철거공사로 생긴 손해에 대한 배상책임
　(통상적인 유지, 보수작업으로 생긴 손해에 대한 배상책임은 보상)
5. 피보험자가 소유, 점유, 임차, 사용 또는 관리하는 자동차, 항공기, 선박으로 생긴 손해에 대한 배상책임
　가. 피보험자의 시설 내에서 피보험자가 소유, 임차 또는 사용하지 아니하는 자동차의 주차로 생긴 손해에 대한 배상책임
　나. 피보험자의 시설에 양륙되어 있는 선박 또는 피보험자가 요금을 받지 아니하고 여객이나 물건을 운송하는 길이 26피트 이하의 피보험자 소유가 아닌 소형선박으로 생긴 손해에 대한 배상책임
6. 피보험자가 양도한 시설로 생긴 손해에 대한 배상책임
7. 아래의 사유로 생긴 손해에 대한 배상책임과 그러한 음식물이나 재물 자체의 손해에 대한 배상책임
　가. 피보험자의 시설 내에서 사용, 소비되는 피보험자의 점유를 벗어난 음식물이나 재물

나. 피보험자의 점유를 벗어나고 시설 밖에서 사용, 소비되는 음식물이나 재물
   (다만, 혼유 사고로 인해 발생한 손해에 대해서는 보상)
8. 작업의 결과로 부담하는 손해에 대한 배상책임 및 작업 물건 자체의 손해에 대한 배상책임
9. **전문직업인의 직업상 과실**로 생긴 손해에 대한 배상책임
10. 피보험자가 의무적으로 가입하여야 하는 보험에서 보상하는 손해에 대한 배상책임
11. 지하매설물로 생긴 손해에 대한 배상책임

문07. 시설소유·관리자특별약관과 도급업자특별약관에 관하여 비교 설명하시오. ★★

	개요
시설	1. 시설소유·관리자 특별약관 : 공사가 완료된 시설 2. 도급업자 특별약관 : 공사가 진행 중인 시설
보험기간	1. 시설소유·관리자 특별약관 : 1년 2. 도급업자 특별약관 : 공사 기간

문제풀이

I 담보위험

1. 시설소유·관리자 특별약관

피보험자가 소유, 사용, 관리하는 시설에 기인한 사고 및 그 시설의 업무수행으로 생긴 우연한 사고로 피보험자가 부담하는 법률상 손해배상책임

2. 도급업자 특별약관

피보험자가 수행하는 도급공사작업 또는 작업수행을 위해 소유, 사용, 관리하는 시설로 생긴 사고로 피보험자가 부담하는 법률상 손해배상책임

II 차이점

1. 시설의 정의

시설소유·관리자 특별약관은 공사가 완료된 이후 시설에서 발생하는 위험을 담보하나, 도급업자 특별약관은 공사가 진행 중인 시설에서 발생하는 위험을 담보

2. 보험기간

시설소유·관리자 특별약관은 1년을 기준으로 보험기간을 정하는데 반하여, 도급업자 특별약관에서는 개별계약인 경우 보험기간은 공사 기간과 비례

3. 보험료

시설소유·관리자 특약은 보험기간 및 보상한도가 보험료와 비례하지만, **도급업자특별약관은 도급공사 금액에 의해 보험료가 결정**

4. 배상책임 발생 근거

시설소유·관리자 특별약관, 도급업자 특별약관은 불법행위책임(민법 제750조), 사용자의 배상책임(민법 제756조), 공작물책임(민법 제758조)이 주된 배상책임 발생의 근거가 된다.

문 08 도급업자특별약관에 관하여 설명하고 보상하지 않는 손해 중 '피보험자가 수행하는 공사가 전체공사의 일부일 경우 그 공사에 참여하는 모든 근로자에게 입힌 손해'를 면책으로 규정하는 이유에 관하여 서술하시오.★★★

	개요
피보험자	도급계약28)에서 공사를 맡은 도급업자(수급인) ➡ 도급인이 피보험자가 아님
면책위험	하나의 공사에 참여한 다른 수급인의 근로자에게 입힌 신체 손해와 피보험자의 근로자가 입은 신체 손해에 대한 배상책임

문제풀이

Ⅰ 담보위험

피보험자인 도급업자(수급인)가 수행하는 **도급공사작업 또는 작업수행을 위해 소유, 사용, 관리하는 시설로 인한 사고**로 타인의 신체 또는 재물에 입힌 손해에 대한 법률상배상책임으로 인한 손해를 담보한다.

Ⅱ 배상책임 발생 근거

도급업자특별약관은 불법행위책임(민법 제750조), 사용자의 배상책임(민법 제756조), 공작물책임(민법 제758조) 등을 근거로 피보험자의 법률상책임으로 인한 손해를 담보한다.

Ⅲ 보험기간

1. 개별공사의 경우 도급계약서상의 공사 기간을 보험기간으로 한다.
2. 포괄공사의 경우(모든 공사를 가입한 경우) 보험기간을 1년 단위로 한다.

---

28) 도급계약의 개념
    수급인(도급업자)이 일의 완성을 약속하고 도급인이 그 일의 결과에 대하여 보수를 지급할 것을 약정하는 계약

Ⅳ 면책사유

계약의 형태[29]에 따라 작업에 투입된 근로자가 피보험자에게 소속된 근로자일 수도 있고 다른 사용자에게 소속된 근로자일 수도 있다. **도급업자특별약관은** 하나의 공사에 따른 피보험자의 배상책임손해를 담보하는 것을 전제로 하고 있어 하나의 공사에 참여한 다른 수급인의 근로자에게 입힌 신체 손해에 대한 배상책임은 면책으로 규정하고 있다. 또한 피보험자의 근로자라 할지라도 그 근로자가 입은 신체 손해는 근로자재해보장책임보험의 담보 분야이기 때문에 도급업자특별약관에서는 모든 근로자에게 입힌 신체 손해는 면책으로 규정하고 있는 것이다.

Ⅴ 일부공사추가특별약관

일부공사 추가 특별약관의 가입으로 **피보험자가 수행하는 공사가 전체공사의 일부일 경우 전체공사에 참여한 모든 근로자에게 입힌 신체 장해에 대한 손해배상책임을 담보할 수 있다.** (단, 근로자재해보상책임보험으로 보상되는 **피보험자의 근로자는 제외**한다.)

---

29) 〈공사계약의 유형〉
　　유형1) 하나의 공사에 발주자가 단일 수급인과 공사계약을 체결하여 그 수급인이 모든 공사를 수행하는 경우
　　유형2) 발주자가 다수의 도급계약을 체결하거나 단일 수급인과 계약을 체결하였어도 그 수급인이 다수의 하도급계약을 체결함으로 하나의 공사에 대해 사용자가 다른 다수의 근로자가 공사에 참여하는 경우

문 09. 영업배상책임보험의 도급업자특별약관과 국문건설공사보험 보통약관의 제3자 배상책임조항에서 보상하는 손해를 각각 설명하고 그 차이점을 비교하시오. ★★

▶ 2009년 제32회 기출문제

요점정리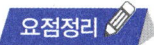

	개요
담보위험	1. 도급업자특별약관 　도급공사에 따른 배상책임을 담보 2. 제3자 배상책임 　건설공사에 관한 배상책임

문제풀이

I 서언

영업배상책임보험 (도급업자특별약관)은 피보험자인 도급업자(수급인)가 도급공사로 기인한 작업의 수행 또는 작업의 수행을 위하여 소유, 사용, 관리하는 시설로 생긴 사고에 대한 법률상배상책임으로 인한 손해를 담보하는 보험이며 건설공사(제3자배상책임)보험은 피보험자가 수행하는 건설공사로 생긴 사고에 대한 법률상배상책임으로 인한 손해를 담보하는 보험이다.

II 차이점

1. 담보위험

영업배상책임보험(도급업자특별약관)의 경우 건설공사를 비롯한 모든 형태의 도급공사에 따른 배상책임을 담보하는 한편 건설공사(제3자 배상책임)보험의 경우 건설공사에 관한 배상책임만을 담보하는 차이점이 있다.

2. 담보하는 형식

영업배상책임보험의(도급업자 특별약관)의 경우 도급업자배상책임위험만을 독립적으로 담보할 수 있는데 반하여 건설공사(제3자 배상책임)보험의 경우 이를 독립적으로 담보할 수 없고 건설공사보험에 추가적으로 선택하여 가입 가능하다.

3. 특별약관

1) 도급업자특별약관

(1) 운송위험담보추가특별약관

(2) 폭발, 붕괴 및 지하매설물 추가특별약관

(3) 일부공사담보추가특별약관

2) 건설공사 제3자 특별약관

(1) 교차책임배상특별약관

(2) 유지담보특별약관

문 10. 영업배상책임보험(학교경영자특별약관)에 관하여 서술하시오. ★★★

영업배상책임보험(학교경영자특별약관)에서 보상하는 손해와 학교 업무의 범위에 관하여 서술하시오.
▶ 2015년 제38회 기출문제

	개요
담보위험	학교시설과 학교 업무에 기인된 배상책임
추가특약	1. 구내치료비추가특별약관 　피보험자의 법률상책임이 없는 학교 내에서 학생에게 일어난 사고담보 2. 치료비추가특별약관 　피보험자의 법률상책임이 없는 학교 외에서 학생에게 일어난 사고담보 3. 신입생추가특별약관 　학교 행사에 참석한 입학 이전의 신입생에게 일어난 사고로 피보험자의 법률상책임이 없는 치료비 담보

문제풀이

Ⅰ. 정의

「유아교육진흥법」이나 「교육법」에 규정한 정규교육기관을 운영하는 **피보험자가 소유, 사용, 관리하는 학교시설 및 학교 업무의 수행으로 생긴 사고로 학생이나 제3자에게 부담하는 법률상 배상책임 손해를 담보**하는 특별약관이다.

Ⅱ. 보상하는 손해

1. 학교시설에 기인 된 배상책임

학교시설이란 교실, 강당, 도서관 등으로 학생의 교육과 직접적인 관련이 없는 학교 소유인 임야, 구내식당, 대학병원은 포함되지 아니한다.

2. 학교 업무에 기인 된 배상책임

학교 업무는 교육에 직접적으로 관련된 업무뿐 아니라 학교관리에 필수적, 부수적인 업무를 포함한다. 또한 학교 밖에서의 교육과 관련된 업무를 포함한다.

Ⅲ 추가특별약관

1. 구내치료비추가특별약관

1) 정의

    구내치료비추가특별약관은 제3자의 범위를 학생으로 제한하여 학교 내에서 발생한 사고 중 피보험자의 법률상책임이 없는 학생의 치료비를 보상하며 피해일로부터 180일을 넘을 수 없다.

2) 보상하지 아니하는 손해

    (1) 피보험자에게 법률상의 배상책임이 있는 치료비
    (2) **운동선수로 등록된 학생**의 훈련, 연습경기, 운동경기, 시합 중에 입은 신체 장해에 대한 치료비
    (3) 음식물이나 재물 사고
    (4) **학교 구내 밖에서 생긴 신체 장해**에 대한 치료비
        ▶ "치료비 추가특별약관" 가입 시 담보가능
    (5) 피해일로부터 180일을 넘긴 치료비

2. 치료비추가특별약관

학교 구내에서 발생하는 사고로 한정하는 구내치료비추가특별약관과 달리 학교 내의 사고는 물론 학교 업무와 관련된 지역에서 학교 업무의 수행으로 생긴 우연한 사고 중 피보험자의 법률상책임이 없는 사고로 학생의 치료비를 보상하며 피해일로부터 180일을 넘을 수 없다.

3. 신입생추가특별약관

신입생이 입학식 이전에 학교에서 주최하는 학교행사30)에 참석 중 피보험자의 법률상책임이 없는 사고의 치료비를 보상하며 피해일로부터 180일을 넘을 수 없다. 신입생이란 해당 학교의 **입학전형에 합격하여 입학금 및 등록금 등을 납입한 자로서, 학교가 확정한 자**를 말한다.

---

30) 반드시 학교 측의 인솔이 있어야 하며, 학교행사에 참석하기 위해 이동하거나 학교행사 종료 후 이동하는 동안은 제외

문 11 영업배상책임보험(학교경영자특별약관)에서 보험자의 보상책임이 발생하는 피보험자의 책임 법리에 관하여 서술하시오. ★★

	개요
책임법리	민법 제755조, 민법 제756조, 민법 제758조 등이 발생함
(구내)치료비특약	보상책임

문제풀이

I 책임법리

1. 학교시설물로 인한 사고

    민법 제750조(불법행위책임), 민법 제758조(공작물책임)

2. 학교 업무 활동으로 인한 사고

    1) 가해자가 교직원인 경우

        민법 제756조(사용자의 배상책임))

    2) 가해자가 학생인 경우

        민법 제755조(책임무능력자의 감독자의 책임)

II (구내)치료비 추가특별약관

학교 측의 귀책사유가 없는 경우 치료비를 보상하는 보상책임주의

문 12 구내치료비담보추가특별약관에 대하여 설명하시오. ★★

국문영업배상책임보험의 "구내치료비담보 추가특별약관"의 도입취지, 담보위험 및 주요 면책위험을 영문약관(C·G·L Policy)의 "Medical Payments"와 비교, 설명하시오.
▶ 2008년 제31회 기출문제

요점정리

	개요
개념	피보험자에게 법률상 책임이 없는 사고에서 피해자의 치료비만을 보상
필요성	1. 책임소재의 불분명 2. 업소의 이미지 관리

문제풀이

I 정의

구내치료비담보특별약관이란 피보험자가 소유, 사용, 관리하는 구내에서 피보험자에게 법률상 책임이 없는 사고로 고객이 상해를 입은 경우 보상한도액 내에서 치료비만을 보상하는 특별약관이다.

II 필요성

1. 책임소재의 불분명

구내에서 고객의 상해사고가 발생하면 그 책임이 고객에게 있는 것인지, 피보험자에게 있는지 명확하지 않다. 이러한 때 고객과의 분쟁을 피하고자 치료비를 보상할 필요성이 있다.

2. 업소의 이미지 관리

업소는 대중의 이미지가 영업에 중대한 영향을 미치므로 고객의 신체 사고에 대해 피보험자가 치료비를 보상함으로써 업소의 이미지를 관리할 필요성이 있다.

Ⅲ 담보방법

영업배상책임보험에서는 동 특약은 추가특별약관으로 기본적 특별약관 없이 첨부할 수 없으므로 단독으로 사용될 수 없다. 시설소유관리자 특별약관, 학교경영자특별약관 등에 추가 첨부한다.

Ⅳ 담보범위

동 특약은 피보험자의 구내에서 발생한 고객의 신체 사고에 대해 피보험자에게 책임이 없는 경우에 치료비만을 담보하며, 치료비 이외의 휴업손해, 일실수익 등은 담보하지 않는다.

Ⅴ 주요면책사항

1. 사고일로부터 1년 후에 발생한 치료비 (학교경영자특별약관의 동 특약의 경우 피해일로부터 180일을 넘길 수 없다.)
2. **피보험자에게 법률상의 배상책임이 있는 치료비**
3. 피보험자나 피보험자 구내의 상주자 또는 이들의 근로자가 입은 신체장해에 대한 치료비
4. 근로기준법, 국민건강보험법 기타 유사한 법률에 의하여 보상되는 치료비
5. 각종의 훈련, 운동경기 또는 시합 참가 중 입은 신체장해에 대한 치료비

문 13. 영업배상책임보험(발주자미필적배상책임특별약관)에 관하여 설명하시오. ★★★★

▶ 2010년 제33회 기출문제

요점정리

	개요
개념	도급계약에 있어 하청을 받는 수급인이 일감을 주는 발주자(도급인)의 법률상책임을 담보할 보험을 대신 가입하는 것이다.

문제풀이

I. 서언

도급계약에 있어 수급인이 업무수행 중 발생시킨 사고에 관하여 도급인과 수급인이 연대책임을 부담하거나 실질적으로 수급인이 단독책임을 부담하는 경우에 수급인이 배상 능력이 없어 발주자인 도급인이 책임을 부담하는 경우가 있다.
이러한 경우 **도급공사에 관하여 발주자인 도급인의 법률상 책임을 담보하는 취지의 약관이 발주자미필적배상책임특별약관**이다.

II. 담보위험

피보험자의 수급인이 작업의 수행 또는 그에 대한 피보험자의 감독 부주의로 생긴 우연한 사고에 관하여 법률상책임을 부담하므로 입은 손해를 담보

III. 계약형태

1. **보험계약자**: 수급인(도급업자)

2. **피보험자**: 도급인(발주자)

문 14. 영업배상책임보험(건설기계업자특별약관)에 관하여 설명하시오. ★★

개요	
개념	중장비 및 중기의 용도에 따른 업무수행에 기인 된 사고로 발생한 법률상배상책임을 담보하는 보험
해당건설기계	9종 건설기계를 제외한 일반 건설기계

문제풀이

Ⅰ. 담보위험

피보험자가 소유, 사용, 관리하는 중장비 및 중기의 용도에 따른 업무 수행에 기인 된 사고로 타인에게 지는 법률상배상책임으로 인한 손해를 담보

Ⅱ. 가입대상

1. 중기를 운영하는 업체 및 개인 중기 소유자
2. 중기를 임차하여 건설, 설비, 토목공사 등을 수행하는 업체 및 개인 중기 임차자

Ⅲ. 해당 건설기계

일반 건설기계를 포함한 기타의 장비 (단, 자배법 적용대상인 9종 건설기계 제외)

Ⅳ. 보상하지 않는 손해

1. **중기자체의 결함**으로 생긴 손해로써 중기 제작자에게 배상책임이 있는 손해로 인한 배상책임
2. **통상적인 중기의 용도에 따르지 않은 작업이나 중기의 허용된 사용 능력을 뚜렷이 초과하여 사용함으로써 발생 된 손해**에 대한 배상책임
   (단, 피보험자가 손해 발생의 원인이 사용 능력의 초과와 무관함을 입증할 때는 보상)

문 15. 영업배상책임보험(인격침해특별약관)에 관하여 설명하시오. ★★★

개요	
개념	피보험자가 타인의 인격을 침해하여 발생하는 법률상배상책임을 담보 ➡ 신체장해 및 재물에 대한 배상책임 부 담보

I. 서언

피보험자가 타인의 인격을 침해하는 사고로 부담하는 법률상배상책임으로 인한 손해를 담보

1. 불법적인 체포, 구류, 유치, 구금 또는 무고
2. 출판물이나 구두 기타 비방 수단에 의한 명예훼손 또는 사생활 침해
3. 불법침입, 축출 기타 다른 사적 점유권의 침해

II. 보상하지 않는 손해

1. **신체장해에 대한 손해배상책임**
2. 피해자의 재물에 입힌 손해에 대한 배상책임
3. 피보험자가 행하거나, 알고 있거나 동의하에 형사 법규를 위반함으로써 발생한 인격 침해에 대한 배상책임
4. 피보험자의 근로자가 입은 인격 침해에 대한 배상책임
5. 피보험자가 허위인 사실을 알면서도 출판물, 구두 기타 다른 수단으로 피해자의 명예를 훼손하거나 사생활을 침해함으로써 발생한 인격 침해에 대한 배상책임
6. **광고, 라디오 또는 텔레비전 방송으로 생긴 인격 침해에 대한 배상책임**

문 16. 영업배상책임보험(계약상가중책임특별약관)에 관하여 설명하시오. ★★★

	개요
개념	당사자 간의 약정에 의해 피보험자가 부담하는 법률상 책임으로 인한 손해를 보상하는 보험

문제풀이

Ⅰ 서언

배상책임보험의 경우 담보위험은 채무불이행책임 또는 불법행위책임 등으로 인해 발생한 피보험자의 법률상책임을 담보한다. 그러나 이 **특별약관은 당사자 간의 약정에 의해 발생하는 책임을 부담하는 특별약관**이다. 배상책임을 전가한 당사자의 행위가 반사회질서의 법률행위에 해당하지 않는 전가책임이어야 하며 상대의 궁핍, 경솔 등에 의한 현저하고 불공정한 행위에 해당되어서도 아니 된다.

Ⅱ 담보위험

계약사항, 계약 명칭, 계약당사자, 성명, 계약기간, 계약 내용 등에 따라 피보험자가 책임을 부담하는 우연한 사고를 담보한다.

문 17. 생산물배상책임보험에 관하여 서술하시오. ★★★★

요점정리

	개요
정의	타인에게 양도 된 후 그 생산물의 결함으로 타인에게 입힌 손해로 부담하는 법률상책임을 담보하는 보험
가입대상	제조업자, 공급업자, 수급업자 및 기타 제조물 판매 관련자

문제풀이

Ⅰ. 정의

피보험자가 제조, 판매, 공급, 시공한 생산물이 타인에게 양도 된 후 그 생산물의 결함으로 타인에게 입힌 손해로 부담하는 법률상책임을 담보하는 보험으로 제조물을 포함한 생산물위험과 각종 공사 및 수리완성작업 등의 완성작업 위험을 담보

Ⅱ. 가입대상

제조업자, 공급업자, 수급업자 및 기타 제조물 판매 관련자

Ⅲ. 입증책임

제조물책임은 불법행위의 한 분야이기 때문에 입증책임은 일차적으로 피해자에게 있으나 제조업자가 제조물의 결함이 없거나 본인의 과실이 없음을 입증하지 못하면 법률상책임을 진다.

Ⅳ. 생산물 결함의 유형

1. **제조업자 책임**

    1) **설계상의 결함**
    2) **제조상의 결함**
    3) **표시상의 결함**

2. **판매업자 책임**

    1) 사용방법에 대한 설명상의 하자
    2) 상품인도상의 하자

3. **기타**

    1) 제조물의 생산, 유통, 판매와 관련한 당사자 및 제조물책임의 주체
    2) 생산된 제품을 설치, 수리, 보수하는 작업이나 완성작업 위험

문 18
제조물책임법의 제조물과 생산물 배상책임보험의 생산물에 대하여 설명하고 이에 대한 하자로 발생하는 법률상 배상책임을 담보하는 보험에 관하여 서술하시오. ★★

요점정리

	개요
정의	1. 제조물 　제조 또는 가공된 동산 2. 생산물 　제조 또는 가공된 동산, 가공되지 아니한 1차 생산물, 완성작업인 부동산이나 서비스

문제풀이

I 정의

「제조물 책임법」상의 제조물이란 노동력이 가해진 제조 또는 가공된 동산을 말하며 생산물 배상책임보험의 생산물이란 「제조물책임법」상의 제조 또는 가공된 동산을 포함한 가공되지 아니한 1차 생산물(농·림 축산물 및 수산물) 이와 더불어 완성작업(Completed Operation)인 부동산이나 서비스를 포함하고 있다.

II 생산물배상책임보험

1. 가입대상
제조업자, 공급업자, 수급업자 및 기타 제조물 판매 관련자

2. 적용대상
생산물은 농·수·축산물 등 1차 생산물과 제조·가공된 동산 등의 제조물을 포함한 모든 생산물을 말하며 피보험자가 양도되지 않아 실질적으로 점유하거나 아직 완성되지 않은 미완성 생산물로 인한 법률상배상책임은 담보에서 제외

3. 책임법리
제조물은 「제조물책임법」에 의해 결함 책임이 적용되며 생산물은 생산업자의 고의·과실을 책임 발생 요건으로 하는 일반불법행위책임(민 제750조)이 적용

4. 입증책임

피해자는 제조물 또는 생산물로 인해 손해가 발생하였음을 입증하는 것으로 족하고 제조업자 또는 생산업자가 그에 관한 결함이 없거나 본인의 과실이 없음을 입증하지 못하면 법률상책임을 진다.

Ⅲ 생산물 결함의 유형

1. 제조업자 책임

1) 설계상의 결함
   제조업자가 합리적 **대체 설계를 채용하지 않아 당해 제조물이 안전하지 못하게 된 경우**

2) 제조상의 결함
   제조업자의 제조물에 대한 제조·가공 상의 주의의무에도 불구하고 **제조물이 원래 의도한 설계와 다르게 제조, 가공됨으로써 안전하지 못하게 된 경우**

3) 표시(경고·지시) 상의 결함
   제조업자가 합리적인 설명, 지시, 경고 기타의 표시를 하였더라면 당해 제조물에 의하여 발생 될 수 있는 피해나 위험을 줄이거나 피할 수 있었음에도 이를 아니한 경우 수 있는 피해나 위험을 줄이거나 피할 수 있었음에도 이를 아니한 경우

2. 판매업자 책임

1) 사용 방법에 대한 설명상의 결함

2) 상품 인도상의 결함

3. 수급업자책임

생산된 제품의 설치, 수리, 보수하는 작업 및 서비스를 제공하는 업체의 결함

문 19 의사 및 병원배상책임보험 보통약관의 의료과실 배상책임 담보조항에서 말하는 담보하는 의료과실(사고)의 정의, 법률상 의료과실의 판단기준, 보상하지 아니하는 손해(일반조항의 보상하지 아니하는 손해 제외)에 대하여 약술하시오. ★

▶ 2018년 제41회 기출문제

요점정리

	개요
의료과실	의료인이 선량한 관리자로서의 주의의무를 이행하지 않고 그 결과 환자에게 신체손해를 야기시키는 행위

문제풀이

Ⅰ. 의료과실의 정의

의사 또는 전문 의료인이 선량한 관리자로서의 주의의무를 이행하지 않고 그 결과 환자에게 신체 손해를 발생시키는 행위를 말한다.

Ⅱ. 판단기준

그 기준은 해당 의학을 전공하고 일정 수준의 경력을 갖춘 의사가 수행할 수 있는 정도의 통상적인 의술 또는 주의의무를 기준으로 판단한다. 주의의무의 판단기준은 진료환경 및 조건, 의료행위의 특수성 등을 고려하여 규범적인 수준으로 파악해야 하며 이러한 주의의무를 위반한 결과로 사고가 발생하였다면 손해배상책임을 진다.

Ⅲ. 보상하지 아니하는 손해

1. **무면허 또는 무자격자의 의료행위**로 생긴 손해
2. 의료결과를 보증함으로써 가중된 배상책임
3. 피보험자의 친족에게 입힌 손해
4. 피보험자의 지시에 따르지 아니한 피용인 및 의료기사의 행위로 생긴 손해
5. **미용 또는 이에 준한 것을 목적으로 한 의료행위** 후 그 결과에 관하여 생긴 손해
6. **타인의 명예를 훼손하거나 비밀을 누설**함으로써 생긴 손해

7. **공인되지 아니한 특수 의료행위**를 함으로써 생긴 손해
8. 재물손해에 대한 배상책임
9. 후천성 면역결핍증(AIDS)에 기인하여 발생하는 손해
10. 피보험자의 부정, 사기, 범죄, **음주 상태나 약물복용 상태에서 의료행위**를 수행함으로써 생긴 손해

문 20 의사 및 병원 배상책임보험의 약관 구성 및 담보기준에 관하여 설명하시오. *

▶ 2023년 제46회 기출문제

	개요
약관의 구성	전문직배책 + 일반배책 (시설소유관리자배책 등)
배상청구요건	1. 환자에게 나쁜 결과 발생 2. 결과에 대한 예견과 회피 가능성 존재 3. 손해와 원인 사이에 상당인과관계가 성립

문제풀이

Ⅰ 정의

의사 및 병원배상책임 보험이란 의사(병원)와 환자간의 의료분쟁이 발생하였을 때 의사(병원)에게는 소송 및 방어를 대행하며 피해자에게는 합의 및 판결에 따른 손해배상금 등을 지급함으로써 피보험자 자위 수단 및 피해자 구제 수단의 기능을 하는 비행배상책임보험을 말한다.

Ⅱ 의료과실책임

1. 의료과실의 개념
의사 또는 전문 **의료인이 선량한 관리자로서의 주의의무를 이행하지 않고 그 결과 환자에게 신체 손해를 발생시키는 행위**를 의료과실이라 한다.

2. 판단기준
통상적으로 갖추어야 할 의술 또는 해당 의학을 전공하고 일정 수준의 경력을 갖춘 의사가 수행할 수 있는 정도의 의술과 주의의무를 기준으로 판단한다.

3. 손해배상청구의 요건
1) 의료행위의 결과 환자에게 나쁜 결과가 발생할 것
2) 그러한 결과는 객관적으로 예견하고 회피할 수 있을 것
3) 발생한 손해와 귀책 원인 사이에 상당인과관계가 성립할 것

4. 입증책임의 전환

의사의 과실이 아니라 환자의 특이체질 등 다른 원인으로 의료사고가 발생하였다는 사실을 입증하지 않는 한 의료과실과 손해와의 인과관계를 추정하여 의사 측에 손해배상책임을 지우도록 입증책임이 전환되는 추세이다.

Ⅲ 약관의 구성

1. 기본담보 (의사배상책임)
1) 의료과실에 따른 전문직업상의 법률상 배상책임손해를 담보한다.
2) 법률비용 및 피보험자의 방어비용

2. 선택담보 (일반배상책임)
1) 시설소유 및 배상책임
2) 주차장 배상책임
3) 생산물 배상책임

3. 추가특별약관
1) 고용주배상책임담보 특약
2) 경호비용담보 특약
3) 초빙의 및 마취의 담보 특약
4) 형사방어비용담보 특약
5) 관습상의 비용 및 형사합의금 담보 특약
6) 벌금담보 특약
7) 외래진료 휴업손해담보 특약
8) 의료사고로 인한 폭행 및 악의적 파괴행위 특약

Ⅳ 기준증권

소급담보인자를 포함한 보험기간 중에 발생한 사고에 대하여 보험기간 중에 최초로 제기된 손해배상청구가 보상의 대상이며, 배상청구기준이므로 약관상 보고기간연장 조항이 있다.

손해배상청구일자는 피보험자나 보험자가 청구를 받은 경우 먼저 받은 날짜를 청구일자로 보며, 피보험자가 접수한 경우에는 명백한 입증자료가 없는 한, 보험자에게 알린 날로 본다. 하나의 사고로 여러 배상청구가 제기된 경우에는 그 중 최초로 제기된 날을 기준으로 한다.

Ⅴ. 주요면책사항★★★★★

1. 의료배상책임담보
   1) **무면허 또는 무자격의 의료행위**로 생긴 손해
   2) 의료결과를 보증함으로써 가중된 배상책임
   3) 피보험자의 친족에게 입힌 손해
   4) 피보험자의 지시에 따르지 아니한 피용인이나 의료기사의 행위로 생긴 손해
   5) **미용 또는 이에 준한 것을 목적으로 한 의료행위** 후 그 결과에 관하여 생긴 손해
   6) **타인의 명예를 훼손하거나 비밀을 누설**함으로써 생긴 손해
   7) **공인되지 아니한 특수 의료행위**를 함으로써 생긴 손해
   8) 재물손해에 대한 배상책임
   9) 후천성 면역결핍증(AIDS)에 기인하여 발생하는 손해
   10) 피보험자의 부정, 사기, 범죄, **음주 상태나 약물복용 상태에서 의료행위**를 수행함으로써 생긴 손해

문 21. 장기종합보험의 가족일상생활배상책임의 피보험자의 범위를 열거하고 책임능력이 없는 미성년자의 불법행위에 대한 책임법리를 약술하시오. ★

▶ 2017년 제40회 기출문제

요점정리

	개요
가족일배책피보험자	1. 기명피보험자 2. 기명피보험자의 가족관계등록 또는 주민등록상에 기재된 배우자 3. 기명피보험자나 기명피보험자의 배우자와 생계를 같이하고 있는 동거친족 (민 제777조) 4. 기명피보험자나 기명피보험자의 배우자와 생계를 같이하는 별거중인 미혼자녀
책임능력이 없는 미성년자의 책임법리	다른 자에게 손해를 가한 사람이 민법 제753조에 따라 책임이 없는 경우에는 그를 감독 할 법정의무자가 민법 제755조에 의해 그 손해를 배상할 책임이 있다.

문제풀이

I 의의

피보험자가 주거용으로 사용하는 보험 증권에 기재된 주택(부지내의 동산 및 부동산 포함) 또는 주택의 소유자인 피보험자가 주거를 허락한 자가 살고 있는 보험 증권에 기재된 주택의 소유, 사용 관리로 인한 우연한 사고 및 피보험자의 일상생활(주택 이외의 부동산의 소유, 사용 또는 관리는 제외)에 기인하는 우연한 사고를 담보하는 보험

II 가족일상생활배상책임보험의 피보험자

1. 기명피보험자
2. 기명피보험자의 가족관계등록 또는 주민등록상에 기재된 배우자
3. 기명피보험자나 기명피보험자의 배우자와 생계를 같이하고 있는 동거친족(민법 제777조)
4. 기명피보험자나 기명피보험자의 배우자와 생계를 같이하는 별거 중인 미혼자녀

Ⅲ 책임능력 없는 미성년자의 불법행위에 대한 책임

1. 책임능력의 의의

책임능력이란 자신의 행위에 대한 책임을 인식할 수 있는 능력을 의미하며 불법행위에서 고의 또는 과실을 인정하기 위한 전제로 책임능력이 없는 경우 불법행위는 성립하지 않는다.

2. 미성년자의 책임능력

책임능력이 없는 미성년자는 불법행위책임을 지지 않는다. 판례는 대개 12~14세 이상이면 책임능력이 있다고 보고 있으나 이는 고정적인 것이 아니므로 그 기준은 행위의 내용이나 책임의 경중 등을 고려하여 판단한다.

3. 책임무능력자의 감독자책임 (민법 제755조)

1) 다른 자에게 손해를 가한 사람이 「민법 제753조」 또는 「민법 제754조」에 따라 책임이 없는 경우에는 그를 감독할 법정의무가 있는 자가 그 손해를 배상할 책임이 있다. 다만, 감독의무를 게을리하지 아니한 경우에는 그러하지 아니한다.
2) 감독의무자를 갈음하여 「민법 제753조」 또는 「민법 제754조」에 따라 책임능력이 없는 사람을 감독하는 자도 제1항의 책임이 있다.

4. 불법행위의 요건

1) 책임무능력자의 불법행위 존재
   책임무능력자의 행위가 다른 불법행위의 요건을 모두 충족하여야한다.
2) 감독의무의 해태
   감독의무자 또는 대리감독자가 감독의무를 게을리한 과실이 존재하여야 한다. 법정감독자는 친권자 등이 해당되며 대리감독자는 교육활동과 밀접한 관계가 있는 교사, 교장 및 운영자 등이 해당된다.

5. 감독자책임과 자녀일상생활배상책임특약과의 관계

책임능력이 없는 자녀의 친권자는 자녀의 행위로 부담하는 법률상책임은 자신이 피보험자로 가입되어있는 일상생활배상책임보험에서 담보 받을 수 있고 책임능력이 있는 자녀의 행위로 자녀 자신에게 법률상 책임이 발생하면 자녀 자신이 피보험자로 가입되어있는 일상생활배상책임보험에서 담보가 가능하다.

그러므로 자녀일상생활배상책임특약의 경우는 사실상 보험가입의 실효성이 떨어진다. 그러나 **자녀일상생활배상책임보험에서는 피보험자에 법정 감독자를 추가함으로 보험 가입의 실효성을 높였다.**

문 22 일상생활배상책임보험의 일상생활의 정의 및 보상요건과 면책사유에 대하여 서술하시오. ★★

장기보험에서 특별약관으로 판매하고 있는 "일상생활 중 배상책임보장 특별약관"의 담보위험과 주요 면책위험을 약술하시오. ▶ 2008년 제31회 기출문제

요점정리

	개요
개념	피보험자가 일상생활 중 타인의 신체 또는 재물에 손해를 입혀 법률상 배상책임을 부담함으로써 입은 손해를 보상하는 보험
보상하지 않는 손해	1. 피보험자의 직무수행으로 인한 배상책임 2. 보험 증권에 기재된 주택을 제외한 부동산 3. 피보험자가 소유, 사용, 관리하는 재물

문제풀이

Ⅰ 일상생활의 정의

일상생활이란 의식주의 기본생활과 가벼운 취미생활을 의미하는 것으로 고도의 전문지식과 기능을 요하는 직무수행 행위, 고도의 기능을 요하는 전문 스포츠 활동은 일상생활에서 제외된다.

Ⅱ 보상요건

피보험자가 보험기간 중 아래의 사고로 타인의 신체 또는 재물에 손해를 입혀 법률상 배상책임을 부담함으로써 입은 손해를 보상한다.

1. 피보험자가 주거용으로 사용하는 보험 증권에 기재된 주택(부지 내의 동산 및 부동산 포함) 또는 주택의 소유자인 피보험자가 주거를 허락한 자가 살고 있는 보험증권에 기재된 주택의 소유, 사용 관리로 인한 우연한 사고
2. 피보험자의 일상생활(주택 이외의 부동산의 소유, 사용 또는 관리는 제외)에 기인하는 우연한 사고

Ⅲ 주요면책사항

1. 피보험자의 직무수행으로 인한 배상책임 (영업배상책임보험 분야)
2. 보험 증권에 기재된 주택을 제외한 피보험자가 소유하는 부동산으로 기인 된 배상책임 (시설소유자배상책임보험 분야)
3. 종업원에 대한 책임 (근재보험 분야)
4. 세대를 같이하는 친족에 대한 배상책임
5. 항공기, 선박, 차량, 총기의 소유, 사용, 관리에 기인하는 배상책임 (자동차보험 등의 분야)
6. 피보험자가 소유, 사용, 관리하는 재물이 손해를 입었을 경우에 그 재물에 대하여 정당한 권리를 가진 사람들에게 부담하는 배상책임(보관자배상책임 분야) (단, 호텔 등 숙박시설의 객실이나 객실내의 동산에 끼친 손해에 대하여는 그러하지 아니함)
7. 폭행 행위에 기인한 배상책임

Ⅱ. 계산문제

문 01 영업배상책임보험 (시설소유관리자특별약관) 계산하기 Ⅰ *****

> **착안점**
> 1. 독립책임액비례분담
> 2. 자기부담금 공제방법
> 3. 비용손해 보상방법

이패스 카페의 손님 홍길동이 2층 카페 계단에서 내려오던 중 불상의 자가 떨어뜨린 음식물을 밟고 넘어지면서 골절상을 입는 사고를 당하였다. 아래 〈별표〉의 내용을 참고하여, 각 보험사의 지급보험금을 산정하고, 그 산출과정을 기재하시오.

▶ 2016년 기출 응용문제

> **별표**

[호텔 보험가입사항]

보험사	보험종목	보상한도액 (대인)	자기부담금
A	(국문)영업배상책임보험 - 시설소유(관리)자특별약관	1사고당 / 100,000,000원	1사고당 / 1,000,000원
B	장기종합보험 - 시설소유(관리)자특별약관	1사고당 / 100,000,000원	1사고당 / 10,000,000원

[전제조건]

피해자에 대한 손해배상금(법원판결금)	120,000,000원
응급처치 및 호송비용	500,000원
합 계	120,500,000원

> 문제풀이

Ⅰ. A, B 보험사별 독립적 지급 가능 금액 산출

1. A보험사 (영업배상책임보험 시설소유관리자 특약)

12,000만원(손해배상금) − 100만원(자기부담금)[31] = 11,900만원 〉 한도 10,000만원

10,000만원 + 50만원(손해방지비용)[32] = 100,500,000원

2. B보험사 (장기종합보험 시설소유관리자 특약)

12,000만원(손해배상금) − 1,000만원(자기부담금) = 11,000만원 〉 한도 10,000만원

10,000만원 + 50만원(손해방지비용) = 100,500,000원

Ⅱ. 분담보험금

1. A보험사

120,500,000원 × 10,050만원 / 10,050만원 + 10,050만원 = 60,250,000원

▶ 60,250,000원 보상

2. B보험사

120,500,000원 × 10,050만원 / 10,050만원 + 10,050만원 = 60,250,000원

▶ 60,250,000원 보상

---

[31] 손해배상금은 보상한도액을 한도로 보상하되, 자기부담금이 약정된 경우에는 자기부담금을 초과한 부분만 보상함
[32] 손해방지 비용은 한도와 상관없이 비용의 전액을 보상

문02 영업배상책임보험(시설소유관리자특별약관) 계산하기 II ★★★★★

착안점
1. 독립책임액비례분담
2. 자기부담금 공제방법

이패스 노래방 고객 홍길동이 노래방 계단을 내려오면서 낙상하여 사망하는 사고가 발생하였다. 사고 당시 외부 날씨는 비가 내리고 있었고 계단은 빗물에 젖어있던 상태였으나 계단은 미끄럼방지 매트가 깔려 있거나 빗물을 청소하여 낙상을 방지하는 등의 사고방지가 전혀 이루어지지 않은 상태였다. 다음의 사항을 참고하여 법률상책임 및 보험자의 보상책임과 각 보험자가 지급해야 할 보험금을 산정하시오.

별표

[노래방 보험가입사항]

보험사	보험종목	보상한도액 (대인)	자기부담금
A	(국문)영업배상책임보험 - 시설소유(관리)자 특별약관	1인당 /100,000,000원 1사고당 /200,000,000원	1사고당 /1,000,000원
B	(국문)영업배상책임보험 - 시설소유(관리)자 특별약관	1사고당 /200,000,000원	1사고당 /10,000,000원

[전제조건]
- 사고발생 : 2024. 10. 1
- 현실소득 : 월 500만원
- 과실 : 20%
- 일용임금 : 건설보통인부 15만원 (일용근로자 월 근로일수는 20일을 적용할 것)
- 호프계수 : (계산편의를 위한 임의 계수)
  - 사고일 ~ 정년까지 : 36개월(30)
  - 사고일 ~ 가동기간종료까지 : 96개월(70)
- 장례비 : 500만원
- 위자료 : 8,000만원 (사망 또는 장해 100% 위자료 기준)
- 일실퇴직금 산정은 생략하기로 한다.

문제풀이

I 법률상책임

본 사안은 피보험자가 운영하는 노래방에서 고객 홍길동이 시설의 관리상의 하자로 사상 된 사고이다. 노래방 측은 고객이 업소를 이용하는 동안 안전하게 그 시설을 이용할 수 있도록 하여야 할 안전배려의무가 존재함에도 이를 소홀히 한 과실이 인정된다. 이에 피해자 홍길동에 대하여 민법 제390조 채무불이행으로 인한 손해배상책임, 민법 제750조 불법행위책임, 민법 제758조 공작물책임으로 인한 법률상책임을 부담한다.

II 보험자의 보상책임

시설소유·관리자특별약관은 피보험자가 소유, 사용, 관리하는 시설 및 그 시설의 용도에 따른 업무 활동으로 인하여 발생된 사고로 피보험자가 제3자에게 부담하는 법률상배상책임으로 인한 손해를 담보하는 보험이다. 피보험자의 면책사유가 존재하지 않으므로 보험자는 보상책임이 발생하며 A와 B 보험사에 가입된 보험은 중복보험으로 각 보험자는 독립책임액비례분담으로 피보험자의 법률상책임을 부담한다.

III 각 보험자 보상금액

1. 피해자 손해액산정

1) 적극적 손해
   - 장례비 : 5,000,000원 × (1-20%) = 4,000,000원

2) 소극적 손해
   - 사고 ~ 정년까지
     500만원 ×100% × 30H×(1-20%)×(1-1/3) =80,000,000원
   - 정년이후 ~ 가동연한 종료까지
     (15만원 × 20일) ×100% × 40H(70-30)×(1-20%)×(1-1/3)
     = 64,000,000원
   - 소계 : 144,000,000원

3) 정신적 손해

- 위자료 : 8,000만원 × 100% × (1-6/10×20%) = 70,400,000원

4) 합계

218,400,000원

2. 각 보험자 보상금액

1) A보험사

218,400,000원 - 100만원 〉 1인당 한도 1억 ▶ 최고 1억 가능

⇒ 218,400,000원 × 1억/1억 + 2억 = 72,800,000원 보상

2) B보험사

218,400,000원 - 1,000만원 〉 1사고당 한도 2억 ▶ 최고 2억 가능

⇒ 218,400,000원 × 2억/1억 + 2억 = 145,600,000원 보상

Memo

문 03 영업배상책임보험(시설소유관리자특별약관) 계산하기 Ⅲ ★★★★★

착안점
1. 보험금 분담
2. 의무보험 미가입 시 보험자 보상책임

다중이용업소인 이패스 목욕탕에서 발생한 화재 사고로 손님 홍길동과 이몽룡이 현장에서 사망하였다. 다중이용업소의 업주는 화재 사고로 타인이 사상 된 경우 그로 인한 손해를 담보하는 화재보험에 의무적으로 가입을 해야 하나 해당 업주는 사고 당시 의무보험에 미가입한 상태였다.
다음의 사항을 참고하여 보험자가 지급해야 할 보험금을 산정하시오.

별표

[목욕탕 보험가입사항]
보험종목 : 영업배상책임보험(시설소유관리자특별약관)
- 한도금액 - 1인당 10,000만원 (사고당 5억/ 자기부담금 1사고당 100만원)

[전제조건]

피해자	손해액
홍길동	25,000만원
이몽룡	18,000만원

* 피해자과실 : 무과실

문제풀이

Ⅰ 의무보험 초과 금액 산출

의무보험에서 지급해야 할 금액을 제외하고 초과 손해를 보상함[33]

---

33) 약관에서 규정하는 의무보험과의 관계 : 회사는 피보험자가 다른 법률에 의하여 의무적으로 가입하여야 하는 보험(공제계약을 포함)에서 보상되는 손해가 발생한 경우에는 의무보험에서 보상하는 금액(의무보험에 가입하여야함에도 불구하고 가입하지 않은 경우에는 의무보험에서 보상될 수 있는 금액)을 초과할 때에 한하여 그 초과액만을 보상한다.

1. 홍길동

    1) 사망

        25,000,000원 > 사망 한도 15,000만원 ▶ 초과 손해 1억원

    2) 의무보험 초과 손해액

        100,000,000원

2. 이몽룡

    1) 사망

        18,000,000원 > 사망 한도 15,000만원 ▶ 초과 손해 3,000만원

    2) 의무보험 초과 손해액

        30,000,000원

Ⅱ 보험자보상책임

1. **홍길동** : 100,000,000원 ≤ 영배책 한도 1억 ▶ 100,000,000원
2. **이몽룡** : 30,000,000원 < 영배책 한도 1억 ▶ 30,000,000원
3. **보험자지급액** : 130,000,000원 − 100만원(자기부담금) < 사고당한도 5억

    ▶ 129,000,000원 보상

> Memo

문 04 영업배상책임보험 (도급업자 특별약관) 계산하기 I ★★★★★

> **착안점**
> 1. 자기부담금 공제방법
> 2. 비용손해보상방법

> 행인 홍길동은 이패스 건설㈜의 작업 현장을 지나가던 중 현장에서 떨어진 낙화물에 충격 당하여 상해를 입는 사고를 당하였다. 그로 인해 이패스 건설㈜를 상대로 소송을 제기하여 다음과 같은 판결을 받았다. 아래 〈별표〉의 내용을 참고하여 법률상책임 및 보험회사가 지급해야 할 보험금을 산정하고, 그 산출과정을 기술하시오.
> ▶ 2017년 기출 응용문제

> **별표**
>
> [이패스건설 보험가입사항]
>   보험 종목 : 영업배상책임보험(도급업자특별약관)
>   보상한도액 : 1인당 1억 / 자기부담금 (1사고당) 1,000만원
>
> [손해사항]
>   판결금액 : 100,000,000원
>   사고 시 응급 호송비용 : 1,000,000원
>   상해 및 장해진단서 발급비용 (피해자 부담) : 300,000원
>   사고원인 등 필요조사비용 (피보험자 부담) : 2,000,000원
>   제3자에 대한 권리행사를 위한 비용 : 100,000원
>   변호사비용 (피보험자 부담) : 5,000,000원
>   인지대, 송달료 (피보험자 부담) : 500,000원
>   신체감정비용 (피해자 부담) : 1,000,000원

> **문제풀이**

I 법률상책임

사안은 이패스 건설의 작업 현장에서 행인이 사상 된 사고이다. 이패스 건설은 작업 현장 주변에서 발생할 수 있는 사고를 예방하기 위해 안전조치 및 주의의무를 이행하여야함에도 불구하고 이를 소홀히 한 과실이 인정된다. 그로 인해 피해자 홍길동에 대하여 민법 제750조 불법행위책임 및 민법 제758조 공작물책임에 의한 법률상배상책임이 발생한다.

Ⅱ 보험자 보상책임

영업배상책임보험 도급업자특별약관은 도급계약의 수급인인 피보험자가 수행하는 도급공사 작업 또는 작업의 수행을 위하여 소유, 사용, 관리하는 시설로 인해 발생한 사고로 타인이 사상되거나 재물에 손해가 발생하여 피보험자가 부담하는 법률상책임을 담보하는 특별약관으로 보험자는 피보험자인 이패스 건설의 법률상배상책임으로 인한 손해를 보상한다.

Ⅲ 보험금 산정

1. 피해자 손해배상금

1) 판결금 : 100,000,000원
2) 상해 및 진단서 발급 비용 : 300,000원[34]
3) 계 : 100,300,000원

2. 비용손해

1) 손해방지비용(응급·호송비용) : 1,000,000원
2) 협력비용(조사비용) : 2,000,000원
3) 권리보전비용(권리행사비용) : 100,000원
4) 소송비용(변호사, 인지대, 송달료, 신체감정비용) : 6,500,000원
5) 계 : 9,600,000원

3. 보험자 보상금액

1) 법률상손해배상금
[100,300,000원 - 1,000만원(자기부담금)[35]] < 1사고당 한도 1억 ▶ 90,300,000원 보상 가능

---

[34] 상해 및 진단서 발급 비용은 피해자가 객관적 자료를 토대로 손해배상을 청구하기 위해 발급한 비용이기 때문에 손해배상금의 일부로 보는 것이 타당함
[35] 보험자의 보상책임 범위는 한도 내에서 이루어지는데 자기부담금이 설정되어 있는 경우라면 자기부담금을 초과한 법률상손해배상금액을 한도 내에서 지급한다. 즉, 당사자 간 특별한 약정이 없다면 비용손해를 포함하여 공제하지 않는다.

2) 비용손해
   (1) 방어비용 (한도 내 지급 가능)
      6,500,000원 〈 970만원 (1사고당 한도 1억에서 남은 잔액) ▶
      6,500,000원 보상 가능
   (2) 기타비용 (한도를 초과해도 지급 가능)
      ① 손해방지비용 : 1,000,000원
      ② 협력비용 : 2,000,000원
      ③ 권리보전비용 : 100,000원
      ④ 합계 : 3,100,000원 보상 가능

3) 결론
   (1) 피해자에게 지급할 금액
      90,300,000원(자기부담금을 초과한 판결금 및 서류비용) +
      1,000,000원(신체감정비용) = 91,300,000보상
   (2) 피보험자에게 지급할 금액
      3,100,000원(손해방지, 협력, 권리보존) + 5,500,000원 (변호사, 인지대, 송달료) = 8,600,000원
   (3) 합계 : 99,900,000원 보상

문 05 영업배상책임보험 (도급업자 특별약관) 계산하기 II ★★★★★

> **착안점**
> 1. 피보험자의 공사가 전체 공사의 일부인 경우 보험자의 보상책임

이패스 건설은 H건설의 아파트 공사 일부인 창문 공사를 도급받은 업체이다. 사고는 2024년 4월 20일에 발생하였으며 이패스 건설의 근로자 홍길동의 과실로 행인 변학도와 H건설로 부터 다른 공사를 도급받은 업체 S건설의 근로자 이몽룡이 사상 되었다. 보험자의 보상책임 및 보험자가 지급할 금액에 관하여 기술하시오.

> **별표**

[이패스건설 보험가입사항]
  보험 종목 : 영업배상책임보험(도급업자특별약관)
  보상한도액 : 1인당 2억 / 자기부담금 1,000만원

[전제조건 : 피해자들의 손해액을 동일하게 볼 것]
  현실소득 : 월 500만원
  치료비 : 1,000만원
  과실 : 20%
  노동능력상실율 : 50%
  호프만계수(계산 편의를 위한 임의 계수임)
    - 사고 ~ 치료종결 : 5개월 (4H)
    - 사고 ~ 정년까지 : 55개월 (44H)
    - 사고 ~ 가동연한종료까지 : 115H (84H)
  일용임금 : 건설 보통인부 15만원 (일용근로자 근로일수는 월 20일로 적용할 것)
  위자료 : 1억원 (서울중앙지방법원 자동차사고 사망 또는 장해 100% 위자료 기준)
  일실퇴직금 산정은 생략하기로 한다.

> **문제풀이**

I 보험자 보상책임

영업배상책임보험 도급업자특별약관은 도급계약의 수급인인 피보험자가 수행하는 도급공사 작업 또는 작업의 수행을 위하여 소유, 사용, 관리하는 시설로 인해 타인이 사상되거나 재물에 손해가 발생하여 피보험자가 부담하는 법률상책임을 담보하는 보험이다. 사안의 경우 이패스 건설이 도급받은 공사는 전체 공사의 일

부로 해당 보험의 약관에서는 보상하지 아니하는 손해에 피보험자의 공사가 전체 공사의 일부인 경우 그 공사에 참여하고 있는 모든 근로자의 손해는 보상하지 아니하는 손해로 규정하고 있다. 그로 인해 전체 공사에 참여한 다른 업체의 근로자 이몽룡에게 지는 법률상책임에 관하여는 보상되지 않는다. 다만, 행인 변학도의 손해에 관하여는 보상하는 손해에 해당하므로 보험자는 피보험자가 부담하는 법률상책임을 담보한다.

Ⅱ 보험금 산정

1. 피해자의 손해배상금

1) 적극적 손해

치료비 : 1,000만원 × (1-20%) = 8,000,000원

2) 소극적 손해

- 사고 ~ 치료종결까지
500만원 × 100% × 4H × (1-20%) = 16,000,000원
- 치료종결이후 ~ 정년까지
500만원 × 50% × 40H(44-4) × (1-20%) = 80,000,000원
- 정년이후 ~ 가동연한종료까지
(15만원×20일) × 50% × 40H(84-44) × (1-20%) = 48,000,000원
- 계 : 144,000,000원

3) 정신적손해

위자료 : 1억 × 50% × (1-6/10×20%) = 44,000,000원

4) 합계 : 196,000,000원

2. 보험자보상금액

1) 변학도 : 186,000,000원 보상

⇒ 196,000,000원 - 1,000만원 < 한도 2억 ▶ 186,000,000원 보상

2) 이몽룡 : 면책 (피보험자의 공사가 전체 공사의 일부)

문06 영업배상책임보험(도급업자, 건설기계업자 특별약관) 계산하기 ★★★★★

착안점

1. 운전기사와 함께 건설기계를 임대한 경우 해당 계약을 임대차 계약으로 볼 것인지 도급계약으로 볼 것인지에 관한 법원 판결에 따른 도급업자 특별약관의 보상에 관한 내용 이해하기[36]

이패스 건설의 S호텔 신축공사 현장에서 크레인 운전자인 H중기 소속 운전자 홍길동이 굴삭기를 이용하여 작업을 하던 중 중심을 잃고 굴삭기와 함께 쓰러지면서 재해를 입는 사고가 발생하였다. 해당 사고는 이패스 건설이 H중기를 통해 건설기계와 운전자를 함께하여 임대하는 것으로 계약하고 작업을 하던 중 발생한 사고이다. 다음 사항을 참고하여 각 보험자 보상책임 및 보험자가 보상할 보험금을 산정하시오. (해당 사고는 운전자 본인의 과실과 이패스 건설 및 소속 전도방지 유도자의 과실이 경합하면서 발생한 것으로 그들의 과실은 각각 50%로 판단할 것)

별표

[보험가입사항]
- A보험사(피보험자 – H중기)
  보험 종목 : 영업배상책임보험(건설기계업자특별약관)
  보상한도액 : 1인당 1억
- B보험사(피보험자 – 이패스건설)
  보험 종목 : 영업배상책임보험(도급업자특별약관)
  보상한도액 : 1인당 1억/ 1사고당 자기부담금 100만원

---

36) 중기를 그 운전자와 함께 임차하여 사용하는 것과 같은 계약의 법적 성질은 일률적으로 정하기 어렵고 계약서의 내용이나 계약체결 경위 등을 종합적으로 고려하여 판단하여야 한다. 위 기중기로 위 공사 현장에서 작업을 하기로 하는 것으로서, 그 계약서의 명칭 자체도 중기임대차계약서로 되어있고, 계약당사자의 지위도 임대인과 임차인, 장비 사용료도 임대료로 표시되어 있을 뿐만 아니라, 위 계약의 실질적인 내용에 비추어 보아도 기중기의 특성이나 이용 시간에 중점을 두고 그에 따라 그 이용가격을 정하고 있으며, 그 외에 유류대, 운전원 숙식비 등도 임차인이 부담하기로 하고 있음을 알 수 있으므로, 이러한 사항들이 계약의 주된 요소일 뿐 일의 내용이 구체적으로 무엇인지 또는 기중기의 운전자가 누구인지 등의 문제는 부수적인 것이라고 판단된다. 따라서 위 계약의 성질을 도급 또는 노무도급이라고 볼 수는 없다(대전고등법원 2007. 10. 24. 선고 2007나5760 판결 참조).

```
[전제조건]
    현실소득 : 월 500만원
    치료비 : 1,000만원
    과실 : 50%
    노동능력상실율 : 20%
    호프만계수(계산 편의를 위한 임의 계수임)
        - 사고 ~ 치료종결까지 : 3개월 (3H)
        - 사고 ~ 정년까지 : 133개월 (103H)
        - 사고 ~ 가동연한종료까지 : 193H (153H)
    일용임금 : 건설 보통인부 15만원 (일용근로자 근로일수는 월 20일로 적용할 것)
    위자료 : 1억원 (서울중앙지방법원 자동차사고 사망 또는 장해 100% 위자료 기준)
    일실퇴직금 산정은 생략하기로 한다.
```

문제풀이

I. 보험자 보상책임

영업배상책임보험(건설기계업자특별약관)은 피보험자가 소유, 사용 또는 관리하는 중장비 및 그 중기의 용도에 따른 업무의 수행으로 생긴 우연한 사고로 피보험자가 지는 법률상책임으로 인한 손해를 담보하는 보험이다. 그러나 피보험자의 근로자에게 업무상 발생한 손해는 담보하지 않기 때문에 보험자는 피해자 홍길동에게 지는 피보험자의 법률상책임으로 인한 손해를 담보하지 않는다.

영업배상책임보험(도급업자특별약관)은 도급계약의 수급인인 피보험자가 수행하는 도급공사의 작업 또는 작업의 수행을 위하여 소유, 사용, 관리하는 시설로 인해 타인이 사상되거나 재물에 손해가 발생하여 피보험자가 부담하는 법률상책임을 담보하는 보험이다. 사안의 경우 건설기계와 운전자를 함께 임대하여 계약한 계약은 도급계약인 아닌 임대차 계약으로 임대차 계약에 있어 운전자인 홍길동은 피보험자의 근로자 및 수급인의 근로자가 아닌 타인에 해당하므로 보험자는 피보험자가 부담하는 법률상책임에 관한 손해를 보상할 책임이 있다. 또한 해당 사고는 약관에서 규정한 일부공사면책 규정에도 해당하지 않기 때문에 보험자는 보상책임을 면하지 못한다.

Ⅱ 보험금 산정

1. 적극적 손해

1) 치료비

1,000만원 × (1-50%) = 5,000,000원

2. 소극적 손해

- 사고 ~ 치료종결까지
  500만원 × 100% × 3H × (1-50%) = 7,500,000원
- 치료종결이후 ~ 정년까지
  500만원 × 20% × 100H(103-3) × (1-50%) = 50,000,000원
- 정년이후 ~ 가동연한종료까지
  (15만원×20일) × 20% × 50H(153-103) × (1-50%) = 15,000,000원
- 계 : 72,500,000원

3. 정신적 손해

1) 위자료

1억 × 20% × (1-6/10×50%) = 14,000,000원

4. 합계 : 91,500,000원

5. 보험자 보상금액

1) A보험자 : 면책 (피보험자의 근로자 면책)
2) B보험자 : 91,500,000원 - 100만원 < 한도 1억 ▶ 90,500,000원 보상

Memo

문 07 영업배상책임보험(건설기계업자 특별약관) 계산하기 ★★★★★

착안점
1. 건설기계업자특별약관의 보상하는 손해

이패스 건설의 여관 보수공사 현장에서 크레인 운전자인 H중기 소속 근로자 홍길동이 이동식 크레인을 이용하여 자재 인양작업 중 이패스 건설 근로자인 甲이 크레인 훅에 걸린 벨트 슬링을 잡고 있는 상태에서 크레인 와이어 로프가 전선(22.9kV)에 접촉하여 甲이 감전되어 현장에서 사망하였다. 특고압 전선 인근에서 작업을 할 때에는 작업 거리를 준수하고 절연용 방호구 설치 상태에서 작업을 시행하여야 함에도 이를 이행하지 않은 상태에서 작업을 실시하여 사고가 발생한 것이다. 다음 사항을 참고하여 법률상책임과 보험자 보상책임 및 보험자가 보상할 보험금을 산정하시오. (이패스 건설은 H중기에 운전기사와 함께 크레인을 사고 당일 임대한 것이었고 이패스 건설과 H중기는 공동불법행위로 인한 책임을 지는 자로 그들의 과실은 각각 50%로 판단할 것)

별표
[보험가입사항]
- A보험사(피보험자 – H중기)
  보험 종목 : 영업배상책임보험(건설기계업자특별약관)
  보상한도액 : 1인당 2억 / 1사고당 자기부담금 100만원
- B보험사(피보험자 – 이패스건설)
  보험 종목 : 영업배상책임보험(도급업자특별약관)
  보상한도액 : 1인당 1억

[전제조건]
현실소득 : 월 500만원
장례비 : 500만원
과실 : 40%
호프만계수(계산 편의를 위한 임의 계수임)
  - 사고 ~ 정년까지 : 34개월 (30H)
  - 사고 ~ 가동연한종료까지 : 94H (70H)
일용임금 : 건설 보통인부 15만원 (일용근로자 근로일수는 월 20일로 적용할 것)
위자료 : 1억원 (서울중앙지방법원 자동차사고 사망 또는 장해 100% 위자료 기준)
일실퇴직금 산정은 생략하기로 한다.

문제풀이

I. 법률상책임

사안은 특고압 전선 인근 작업 시 안전거리를 유지하지 않은 채 작업을 실시하여 사고를 유발한 작업자 홍길동의 과실 및 그의 선임감독자인 H중기와 절연용 방호구를 미설치한 채 작업을 시행한 피재근로자 甲 본인의 과실과 그의 사용자 이패스 건설의 과실이 경합된 사고이다. 이들은 공동불법행위자로서 피해자의 과실을 제외한 피해자의 손해 전부에 관하여 손해배상책임이 발생한다.37)

II. 보험자 보상책임

영업배상책임보험(건설기계업자특별약관)은 피보험자가 소유, 사용 또는 관리하는 중장비 및 그 중기의 용도에 따른 업무의 수행으로 생긴 우연한 사고로 피보험자가 지는 법률상책임으로 인한 손해를 담보하는 보험이다. 보험자는 피해자 甲에게 지는 피보험자의 법률상책임으로 인한 손해를 담보한다.

영업배상책임보험(도급업자특별약관)은 도급계약의 수급인인 피보험자가 수행하는 도급공사의 작업 또는 작업의 수행을 위하여 소유, 사용, 관리하는 시설로 인해 타인이 사상되거나 재물에 손해가 발생하여 피보험자가 부담하는 법률상책임을 담보하는 보험이다. 그러나 피보험자의 근로자가 업무에 종사 중 입은 신체장해에 대한 손해배상책임은 보상하지 않는 손해로 규정하고 있으므로 보험자는 보상하지 않는다.

---

37) 공동불법행위 책임은 가해자 각 개인의 행위에 대하여 개별적으로 그로 인한 손해를 구하는 것이 아니라 그 가해자들이 공동으로 가한 불법행위에 대하여 그 책임을 추궁하는 것이므로, 공동불법행위로 인한 손해배상책임의 범위는 피해자에 대한 관계에서 가해자들 전원의 행위를 전체적으로 함께 평가하여 정하여야 하고, 그 손해배상액에 대하여는 가해자 각자가 그 금액의 전부에 대한 책임을 부담하는 것이며, 가해자 1인이 다른 가해자에 비하여 불법행위에 가공한 정도가 경미하다고 하더라도 피해자에 대한 관계에서 그 가해자의 책임범위를 위와 같이 정하여진 손해배상액의 일부로 제한하여 인정할 수는 없다(대법원 1998. 10. 20. 선고 98다31691 판결, 2000. 9. 29. 선고 2000다13900 판결 각 참조).

Ⅲ. 보험금 산정

1. 적극적 손해

1) 장례비

500만원 × (1-40%) = 3,000,000원

2. 소극적 손해

1) 사고 ~ 정년까지

500만원 × 100% × 30H × (1-40%) × (1-1/3) = 60,000,000원

2) 정년이후 ~ 가동종료까지

(15만원×20일) × 100% × 40H(70-30) × (1-40%) × (1-1/3)
= 48,000,000원

3) 계 : 108,000,000원

3. 정신적 손해

1) 위자료

1억 × (1-6/10×40%) = 76,000,000원

4. 합계 : 187,000,000원

5. 보험자 보상금액

1) A보험자 : 187,000,000원 - 100만원 < 한도 2억 ▶186,000,000원 보상
⇒ A보험자 보상 후 이패스 건설 측을 대상으로 구상 가능
2) B보험자 : 면책 (피보험자의 근로자 면책)

Memo

문08 영업배상책임보험(발주자미필적배상책임 특별약관) 계산하기 ★★★★★

착안점
1. 발주자미필적배상책임보험의 면책손해 이해하기

A건설사로 부터 OO백화점 신축공사 중 토목공사를 도급받아 공사하던 이패스건설 근로자 홍길동의 과실로 행인 이몽룡이 사상되는 사고가 발생하였다. A건설사는 본사 직원 이몽룡을 관리자로 보내어 이패스 건설의 모든 작업에 관하여 업무를 지시하고 감독하게 하였다. 보험자의 보상책임 및 보험자가 지급할 금액에 관하여 기술하시오. (A건설사와 이패스 건설은 피해자에 관하여 공동불법책임을 부담하는 것으로 풀이하고 내부자 과실 분담 비율은 각각 50%를 적용할 것)

별표

[A건설 보험가입사항]
- 보험 종목 : 영업배상책임보험(발주자미필적배상책임보험)
- 보상한도액 : 1인당 2억 / 1사고당 5억 (1사고당 - 자기부담금 1,000만원)

[전제조건 : 피해자의 손해액을 동일하게 볼 것]
- 현실소득 : 월 500만원
- 치료비 : 1,500만원
- 노동능력상실율 : 20%
- 과실 : 20%
- 호프만계수(계산 편의를 위한 임의 계수임)
  - 사고 ~ 치료종료까지 : 10개월 (10H)
  - 사고 ~ 정년까지 : 238개월 (170H)
  - 사고 ~ 가동연한종료까지 : 298H (200H)
- 일용임금 : 건설 보통인부 15만원 (일용근로자 근로일수는 월 20일로 적용할 것)
- 위자료 : 1억원 (서울중앙지방법원 자동차사고 사망 또는 장해 100% 위자료 기준)
- 일실퇴직금 산정은 생략하기로 한다.

문제풀이

 법률상책임

사안은 이패스 건설 근로자 홍길동의 과실로 제3자인 이몽룡이 사상된 사건이다. 우리 민법 제757조에서는 도급인은 수급인이 그 일에 관하여 제삼자에게 가한 손해를 배상할 책임이 없다고 규정하고 있으나 도급 또는 지시에 관하여 도급인에게 중대한 과실이 있는 때에는 그러하지 아니하다는 예외 규정을 두어 그에 따른 도급인의 책임을 인정하고 있다[38]. A건설은 자신의 근로자를 통하여 모든 작업에 지시 관여하였고 수급인을 감독한 정황이 있다. 그로 인해 해당 사고에 관하여 이를 예방하고 공사관리 및 안전관리 등에 관한 감독책임이 발생한다 할 것이다. A건설은 홍길동의 사용자인 이패스 건설(민법 제756조, 甲의 사용자로서 민법 제390조), 불법행위 당사자인 홍길동(민법 제750조)과 함께 공동불법행위자로서 피해자들에게 법률상책임을 진다.

II. 보험자 보상책임

영업배상책임보험(발주자미필적배상책임특별약관)은 피보험자 및 피보험자의 수급인의 작업의 수행 또는 그에 대한 피보험자의 감독 부주의로 생긴 우연한 사고로 피보험자가 지는 법률상책임으로 인한 손해를 담보하는 특별약관이다. 그로 인해 보험자는 피해자의 손해에 관하여 이를 보상할 책임을 진다. 다만 보상 후 이패스건설 및 그의 근로자인 홍길동에 대하여 구상권을 행사할 수 있다.

III. 보험금 산정

1. 적극적 손해

    1) 치료비

    1,500만원 × (1-20%) = 12,000,000원

---

[38] 도급인이 수급인에 대하여 특정한 행위를 지휘하거나 특정한 사업을 도급하는 이른바 노무도급의 경우에는 도급인이라 하더라도 사용자로서 배상책임을 진다(대법원 1983. 2. 8. 선고 81다428 판결 등 참조).
도급인은 도급 또는 지시에 관하여 중대한 과실이 없는 한 수급인이 그 일에 관하여 제3자에게 가한 손해를 배상할 책임이 없으나(민법 제757조 참조), 「다만 도급인이 수급인의 일이 진행 및 방법에 관하여 구체저인 지휘감독권을 유보한 경우 도급인과 수급인의 관계는 실질적으로 사용자 및 피용자의 관계와 다름이 없으므로 수급인 또는 그 피용인의 불법행위로 인한 손해에 대하여 도급인은 민법 제756조에 의한 사용자책임을 면할 수 없는바, 여기에서 위와 같은 사용자 및 피용자 관계 인정의 기초가 되는 도급인의 수급인에 대한 지휘·감독은 건설공사의 경우에는 현장에서 구체적인 공사의 운영 및 시행을 직접 지시·지도하고 감시·독려함으로써 시공 자체를 관리함을 말하는 것이고, 단순히 공사의 운영 및 시공의 정도가 설계도 또는 시방서 그대로 시행되고 있는가를 확인하여 공정을 감독하는 데에 불과한 이른바 감리까지 포함하는 것은 아니다(대법원 1992. 6. 23. 선고 92다2615 판결 등 참조).

2. 소극적 손해

   1) 사고이후 ~ 치료종료까지

   500만원 × 100% × 10H × (1-20%) = 40,000,000원

   2) 치료종료이후 ~ 정년까지

   500만원 × 20% × 160H (170-10) × (1-20%) = 128,000,000원

   3) 정년이후 ~ 가동종료까지

   (15만원×20일) × 20% × 30H(200-170) × (1-20%) = 14,400,000원

   4) 계 : 182,400,000원

3. 정신적 손해

   1) 위자료

   1억 × 20% × (1-6/10×20%) = 17,600,000원

4. **합계 : 212,000,000원**

5. 보험자 보상금액

   212,000,000원 - 1,000만원 〉 한도 2억 ▶ 2억 보상

문09 영업배상책임보험 (주차장업자 특별약관) 계산하기 ★★★

별표
1. 주차장특별약관 보상하는 손해
2. 향후치료비 및 개호비 계산하기

이패스 주차장에서 주차 고객 홍길동이 바닥에 불상의 자가 흘린 오일을 밟고 넘어지면서 머리를 다치는 사고를 당하여 사고 발생 이후 남은 여명이 20년이라는 진단을 받게 되었다. 해당 주차시설은 이패스가 유상으로 운영하는 주차장으로 A보험사의 영업배상책임보험에 가입되어있던 상태였다. 다음 사항을 참고하여 보험자 보상책임 및 보험자가 보상할 보험금을 산정하시오.

별표

[주차장 보험가입사항]
　보험 종목 : 영업배상책임보험(주차장업자특별약관)
　보상한도액 : 1인당 2억/ 1사고당 5억

[전제조건]
　직업 : 무직
　사고발생 : 2024년 5월 10일
　생년월일 : 1964년 5월 10일
　여명기간 : 20년 (60세의 평균여명 20년)
　치료비 : 1,000만원
　개호비 및 간병비 : 사고 이후부터 여명 종료까지 1일 4시간 개호인의 도움 필요 판정
　　　　　　　　　　(계산 편의를 위해 개호비 등을 산정 시 월 일수는 30일로 적용할 것)
　과실 : 20%
　노동능력상실율 : 100%
　호프만계수(계산 편의를 위한 임의 계수임)
　　　- 사고 ~ 치료종결 : 12개월 (10H)
　　　- 사고 ~ 가동연한종료까지 : 60개월 (50H)
　　　- 사고 ~ 여명종료까지 : 240개월 (150H)
　일용임금 : 건설 보통인부 10만원 (일용근로자 월 근로일수는 20일로 산정할 것)
　위자료 : 1억원 (서울중앙지방법원 자동차사고 사망 또는 장해 100% 위자료 기준)

문제풀이

I. 보험자 보상책임

영업배상책임보험(주차장특별약관)은 피보험자가 소유, 사용, 관리하는 주차시설 및 그 시설의 용도에 따른 주차업무의 수행으로 생긴 우연한 사고로 피보험자가 지는 법률상책임을 담보하는 보험이다. 보험자는 피해자 홍길동에게 지는 피보험자의 법률상책임으로 인한 손해를 보상한다.

II. 보험금 산정

1. **피해자의 손해배상금**

    1) 적극적손해
        - 치료비
          1,000만원 × (1-20%) = 8,000,000원
        - 개호비 및 간병비
          (10만원 ×30일)×0.5인×150H × (1-20%) = 180,000,000
        - 계 : 188,000,000원

    2) 소극적손해
        - 사고 ~ 치료종결까지
          (10만원×20일) × 100% × 10H × (1-20%) = 16,000,000원
        - 치료종결이후 ~ 가동연한종료까지
          (10만원×20일) × 100% × 40H(50-40) × (1-20%) = 64,000,000원
        - 계 : 80,000,000원

    3) 정신적손해
        위자료 : 1억 × 100% × (1-6/10×20%) = 88,000,000원

    4) 합계 : 356,000,000원

2. **보험자보상금액**

    356,000,000원 〉한도 2억 ▶ 200,000,000원 보상

Memo

문 10. 생산물배상책임보험 계산하기 I ★★★★★

피해자 홍길동이 전기난로가 쓰러지면서 발생한 사고로 탈출 과정 중 화상과 골절상을 입게 되었다. 전기난로는 이패스 전자가 생산, 판매한 제품으로 해당 난로는 넘어지면 자동으로 꺼지는 안정장치가 부착되어있는 제품으로 안전 검사에 통과된 제품이었다. 그러나 난로는 사고 당시 안전장치가 제대로 작동 하지 않았다.
다음의 사항을 참고하여 보험자가 지급해야 할 보험금을 산정하시오.

별표

[생산자 보험가입사항]
보험종목 : 생산물배상책임보험 (손해사고기준증권)
- 보상한도액 : 1사고당 1억 / 사고당 자기부담금 100만원

[전제조건]
직업 : 주부
기왕치료비 : 1,000만원
향후치료비(현가적용) : 1,000만원
과실 : 20%
노동능력상실율 : 추상(40%-영구)/ 족관절 (10%-한시3년)
호프만계수(계산 편의를 위한 임의 계수임)
 - 사고 ~ 치료종결 : 5개월 (5H)
 - 사고 ~ 한시종결 : 41개월 (35H)
 - 사고 ~ 가동연한종료까지 : 135개월 (115H)
일용임금 : 건설 보통인부 10만원 (일용근로자 월 근로일수는 20일로 산정할 것)
위자료 : 1억원 (서울중앙지방법원 자동차사고 사망 또는 장해 100% 위자료 기준)
 - 위자료는 영구장해에만 적용하여 보상할 것
손해방지비용 : 300만원

문제풀이

I. 보험자 보상책임

생산물배상책임보험은 피보험자가 제조, 판매, 공급 또는 시공한 생산물이 타인에게 양도된 후 그 생산물로 인해 제3자의 신체 및 재물에 손해가 발생한 경우 피보험자가 지는 법률상책임으로 인해 발생한 손해를 담보하는 보험이다. 그로 인해 홍길동에게 지는 법률상책임으로 인한 손해를 보험자는 보상한다.

Ⅱ. 보험금 산정

1. **피해자의 손해배상금**

   1) 적극적손해
      - 기왕치료비

        1,000만원 × (1-20%) = 8,000,000원
      - 향후치료비

        1,000만원 × (1-20%) = 8,000,000원
      - 계 : 16,000,000원

   2) 소극적손해
      - 사고 ~ 치료종결까지

        (10만원×20일) × 100% × 5H × (1-20%) = 8,000,000원
      - 치료종결이후 ~ 한시종료까지

        ⇒ 노동능력상실율 : 40% + (1-40%) × 10% = 46%

        (10만원×20일) × 46% × 30H(35-5) × (1-20%) = 22,080,000원
      - 한시종료이후 ~ 가동연한종결까지

        (10만원×20일) × 40% × 80H(115-35) × (1-20%) = 51,200,000원
      - 계 : 81,280,000원

   3) 정신적손해

      위자료 : 1억 × 40% × (1-6/10×20%) = 35,200,000원

   4) 합계 : 132,480,000원

2. **보험자보상금액**

   132,480,000원 - 100만원 〉한도 1억 ▶ 100,000,000원

   100,000,000원 + 3,000,000원(손해방지) = 103,000,000원 보상

문 11 생산물배상책임보험 계산하기 II *****

2024년 3월 10일 이패스 상사가 제조한 식기세척기에서 시작된 화재로 아래층에 살던 홍길동이 치료 중 사망하는 사고가 발생하였다. 사고는 제조물의 결함으로 판명되어 이패스 상사의 전적인 과실로 종결되었다. 이패스 상사의 전적인 과실소 종결되었다. 유족은 홍길동의 사망 직후 생산업체를 상대로 손해배상을 청구하였다. 다음 사항을 참고하여 보험자가 지급해야 할 보험금을 산정하시오.

별표

[이패스상사 보험가입사항]
보험종목 : 생산물배상책임보험 (배상청구기준증권)
- 보상한도 : 1 사고당 2억 (자기부담금 1,000만원)
- 보험기간 : 2024년 1월 1일 ~ 2024년 12월 31일
- 소급담보일자 : 2023년 1월 1일

[전제조건]
사고발생일 : 2024년 3월 10일
현실소득 : 500만원
과실 : 무과실
치료비 : 500만원
장례비 : 500만원
호프만계수(계산 편의를 위한 임의 계수임)
 - 사고 ~ 치료종결 : 1개월 (1H)
 - 사고 ~ 정년까지 : 41개월 (31H)
 - 사고 ~ 가동연한종료까지 : 101개월 (61H)
일용임금 : 건설 보통인부 10만원 (일용근로자 월 근로일수는 20일로 산정할 것)
위자료 : 1억원 (서울중앙지방법원 자동차사고 사망 또는 장해 100% 위자료 기준)

문제풀이

I. 피해자 손해액

1. 피해자의 손해배상금

 1) 적극적 손해
  - 치료비 : 5,000,000원
  - 장례비 : 5,000,000원
  - 계 : 10,000,000원

2) 소극적손해
- 사고 ~ 치료종결까지
  500만원 × 100% × 1H = 5,000,000원
- 치료종결(사망)이후 ~ 정년까지
  500만원 × 100% × 30H(31-1) × (1-1/3) = 100,000,000원
- 한시종료이후 ~ 가동연한종결까지
  (10만원×20일) × 100% × 30H(61-31) × (1-1/3) = 40,000,000원
- 계 : 145,000,000원

3) 정신적손해
위자료 : 1억 × 100% = 100,000,000원

4) 합계 : 255,000,000원

Ⅱ. 지급보험금

255,000,000원 - 1,000만원(자기부담금) 〉 한도 2억 ▶ 200,000,000원

문 12 의사배상책임보험(배상청구기준증권) 계산하기 ★★★★★

착안점
1. 책임 제한
2. 배상청구기준증권의 보상 기간

피해자 홍길동은 이패스성형외과에서 비중격만곡증과 코 성형수술을 받던 중 사망하였다. 홍길동은 과거에도 성형수술 경험이 있었던 터라 평소 약물에 특별한 부작용이 없었던 것이 증명되었다. 사고는 병원 측의 의료과실로 판명되었다. 아래의 내용을 참고하여 보험자의 보상책임에 관하여 설명하시오.

별표

[병원 보험가입사항]
보험종목 : 의사 및 병원배상책임보험 (배상청구기준증권)
- 시설소유관리자특별약관
- 보상한도 : 1 사고당 2억 (자기부담금 1,000만원) / 총 보상한도액 10억
- 보험기간 : 2024.04.01 ~ 2025.03.31
- 소급담보일자 : 2023.04.01 / 자동보고연장기간 60일

[전제조건]
사고발생일 : 2024.03.25 / 배상청구 : 2025.04.03
책임제한[39] : 60%
상실수익 : 35,000만원
장례비 : 500만원 (책임제한 적용 후 금액)
위자료 : 6,000만원 (책임제한 적용 후 금액)

문제풀이

I. 보험자 보상책임

의사배상책임보험(배상청구기준증권)은 피보험자가 보험기간 중 의료행위와 관련하여 타인의 신체에 상해를 입힌 경우 그로 인해 발생한 법률상배상책임을 부담하는 보험으로 사안의 경우 소급담보일자 이후 발생한 사고의 청구가 자동보고

---

[39] 의료사고가 발생하면 피해자에게 과실이 없다 할지라도 의료행위에 내재 된 특수성을 이유로 의사의 책임을 100% 적용하지 않는 것이 판례의 일반적인 태도이다. 책임제한은 말 그대로 과실이 존재하는 의사의 책임을 제한한다는 의미이다. 간혹 피해자의 과실로 착각하는 수험생이 있는데 이점을 주의하자.

연장 기간 내에 들어왔으므로 보험자의 보상책임은 발생한다.

Ⅱ 지급보험금

1. 상실수익
35,000만원 × 60% = 210,000,000원

2. 장례비
5,000,000원

3. 위자료
60,000,000원

4. 합계
275,000,000원

5. 보험자보상책임
200,000,000원

⇨ 275,000,000원 − 1,000만원 (자기부담금) 〉 한도 2억 ▶ 200,000,000원

문 13 일상생활배상책임보험 계산하기 Ⅰ ★★★★★

착안점

1. 일상생활배상책임보험의 피보험자 이해하기

서산○○마을에서 생활하였던 이몽룡은 자신의 집 화목보일러 연료 마련을 위해 같은 동네에 살고있는 홍길동과 함께 나무를 하던 중 홍길동이 작업하던 나무에 머리를 충격당하여 사망하게 되었다. 다음의 사항을 참고하여 질문에 답하시오.

별표

[보험가입사항]
- A보험사 : 장기보험(가족일상생활배상책임특별약관)
  - 보상한도액 : 대인 1인당 / 5,000만원
  - 보험증권에 기재된 피보험자 : 홍길동
- B보험사 : 장기보험(가족일상생활배상책임특별약관)
  - 보상한도액 : 대인 1인당 / 1억원
  - 보험증권에 기재된 피보험자 : 홍길동과 생계를 함께하며 동거하는 홍길동의 장모

[전제조건]
현실소득 : 월 500만원
장례비 : 500만원
피해자과실 : 40%
호프만계수 : 계산상 편의를 위한 임의 계수임
 - 사고 ~ 정년까지 : 100개월(80)
 - 사고 ~ 가동종료까지 : 160개월(100)
일용임금 : 건설 보통인부 10만원 (일용근로자 월 근로일수는 20일로 산정할 것)
위자료 : 1억원 (서울중앙지방법원 자동차사고 사망 또는 장해 100% 위자료 기준)
일실퇴직금 산정은 생략하기로 한다.

Ⅰ. 보험자 보상책임

일상생활배상책임보험이란 피보험자가 주거용으로 사용하는 보험증권에 기재된 주택 또는 주택의 소유자인 피보험자가 주거를 허락한 자가 살고있는 보험증권에 기재된 주택의 소유, 사용 관리로 인한 우연한 사고 및 피보험자의 일상생활에 기인하는 우연한 사고를 담보하는 보험이다. 가족일상생활배상책임특별약관의 피보

험자는 보험증권에 기재된 피보험자, 그의 배우자, 기재된 피보험자 또는 배우자와 생계를 같이하며 동거하는 친족 또한 피보험자로 명시하고 있으므로 A보험사는 물론 B보험사의 가족일상생활배상책임특별약관에서도 홍길동은 장모의 동거친족으로 피보험자에 해당한다. 그로 인해 보험자 A, B 보험사는 이몽룡에게 발생한 법률상책임으로 인한 손해에 관하여 보상책임을 진다.

Ⅱ 피해자 손해액

1. 적극적손해

- 장례비

  500만원 × (1-40%) = 3,000,000원

2. 소극적손해

1) 사고~정년까지

   500만원 × 100% × 80H × (1-40%) × (1-1/3) = 160,000,000원

2) 정년이후 ~ 가동연한종료까지

   (10만원×20일) × 100% × 20H(100-80) × (1-40%) × (1-1/3) = 16,000,000원

3) 소계 : 176,000,000원

3. 정신적손해

1억 × 100% × (1-6/10×40%) = 76,000,000원

4. 합계

255,000,000원

Ⅲ 각 보험자 보상금액

1. A 보험사

255,000,000원 > 한도 5,000만원 ▶ 5,0000만원 보상

2. B보험사

255,000,000원 > 한도 10,000만원 ▶ 10,0000만원 보상

문 14. 일상생활배상책임보험 계산하기 II ★★★★★

착안점
1. 일상생활배상책임보험의 피보험자 이해하기

자신의 자동차를 빼기 위해 이중주차되어있던 차량을 밀던 홍길동의 과실로 이웃주민 이몽룡이 골절상을 입는 사고가 발생하였다. 다음의 사항을 참고하여 질문에 답하시오.

착안점

[보험가입사항]
- A보험사 : 장기보험(가족일상생활배상책임특별약관)
  - 보상한도액 : 대인 1인당 / 1억원
  - 보험증권에 기재된 피보험자 : 홍길동의 배우자 성춘향
- B보험사 : 장기보험(자녀일상생활배상책임특별약관)
  - 보상한도액 : 대인 1인당 / 1억원
  - 보험증권에 기재된 피보험자 : 홍길동의 딸 홍시

[전제조건]
현실소득 : 월 500만원
치료비 : 1,000만원
노동능력상실율 : 척추체 20% (사고 이전 동일부위에 10%장해가 있었음)
피해자과실 : 20%
호프만계수 : 계산상 편의를 위한 임의 계수임
 - 사고 ~ 치료종결까지 : 5개월(5)
 - 사고 ~ 정년까지 : 43개월(35)
 - 사고 ~ 가동종료까지 : 103개월(75)
일용임금 : 건설 보통인부 10만원 (일용근로자 월 근로일수는 20일로 산정할 것)
위자료 : 1억원 (서울중앙지방법원 자동차사고 사망 또는 장해 100% 위자료 기준)
일실퇴직금 산정은 생략하기로 한다.

문제풀이

 보험자 보상책임

일상생활배상책임보험이란 피보험자가 주거용으로 사용하는 보험증권에 기재된 주택 또는 주택의 소유자인 피보험자가 주거를 허락한 자가 살고있는 보험증권에 기재된 주택의 소유, 사용 관리로 인한 우연한 사고 및 피보험자의 일상생활에 기

인하는 우연한 사고를 담보하는 보험이다. 가족일상생활배상책임특별약관의 피보험자는 보험증권에 기재된 피보험자, 그의 배우자, 기재된 피보험자 또는 배우자와 생계를 같이하며 동거하는 친족 또한 피보험자로 명시하고 있으므로 A보험사는 보상책임이 발생한다. 그러나 B보험사에 가입된 자녀 일상생활배상책임특별약관에서는 홍시의 부모인 홍길동도 피보험자에 해당하나 해당 특별약관의 보상하는 손해는 자녀인 홍시로 인해 발생한 법률상책임 즉, 홍길동이 감독자로서 부담하게 되는 법적책임에 관한 손해배상책임을 담보하는 것이므로 불법행위의 직접적인 당사자인 홍길동이 발생시킨 사고에 관한 법률상책임은 담보하지 않는다.

Ⅱ 피해자 손해액

1. **적극적손해**
   - 치료비
     1,000만원 × (1-20%) = 8,000,000원

2. **소극적손해**

   1) 휴업손해

      500만원 × 100% × 5H × (1-20%) = 20,000,000원

      * 노동능력상실율

      20% - 10%(기왕장해) = 10%

   2) 상실수익

      • 치료종결 ~ 정년까지

      500만원 ×10%[40] × 30H(35-5) × (1-20%) = 12,000,000원

      • 정년이후 ~ 가동연한종료까지

      (10만원×20일)×10%× 40H(75-35) × (1-20%) = 6,400,000원

      • 계 : 18,400,000원

---

40) 피해자의 기왕증이 그 사고와 경합하여 악화됨으로써 피해자에게 특정 상해의 발현 또는 치료 기간의 장기화, 나아가 치료종결 후 후유장해 정도의 확대라는 결과 발생에 기여한 경우에는, 기왕증이 그 특정 상해를 포함한 상해 전체의 결과 발생에 대하여 기여하였다고 인정되는 정도에 따라 피해자의 전 손해 중 그에 상응한 배상액을 부담케 하는 것이 손해의 공평한 부담이라는 견지에서 타당하고, 법원이 기왕증의 상해 전체에 대한 기여도를 정함에 있어서는 반드시 의학상으로 정확히 판정하여야 하는 것은 아니며, 변론에 나타난 기왕증의 원인과 정도, 상해의 부위 및 정도, 기왕증과 전체 상해와의 상관관계, 치료경과, 피해자의 연령과 직업 및 건강상태 등 제반 사정을 고려하여 합리적으로 판단할 수 있다(대법원 2011. 5. 13. 선고 2009다100920 판결, 대법원 2010. 3. 25. 선고 2009다95714 판결 등 참조).

3) 소계 : 38,400,000원

3. 정신적손해

1억 × 10% × (1-6/10×20%) = 8,800,000원

4. 합계

55,200,000원

Ⅲ 각 보험자 보상금액

1. A : 55,200,000원 〈 1인당 한도 1억 ▶ 55,200,000원 보상

2. B : 면책 (보상하는 손해가 아님)

문 15 C·G·L Policy 계산하기 ★★★★★

> **착안점**
>
> 1. C·G·L 보험용어
>   [용어 해석]
>   - Commercial General Liability Insurance (영문배상책임보험)
>   - Insured : 갑(甲) (피보험자)
>   - Limits of Insurance (보상한도)
>   - General Aggregate Limit $ 500,000 (총 보상한도)
>   - Each Occurrence Limit $ 500,000 (1사고 당 보상한도)
>   - Fire Damage Limit $ 100,000 (any one fire) (화재로 인한 보상한도)
>   - Medical Expense Limit $ 5,000 (any one person) (의료비 보상한도)
>   - All Costs & Expenses Limit $ 20,000 (기타 비용한도)
>
> 2. 비용손해보상방법
>   ➡ 원래 C·G·L에서는 비용손해를 한도와 상관없이 전액 보상하지만, 사례의 경우 한도 ($ 20,000)를 정해 놓았다.

갑(甲)은 을(乙)소유의 건물에 사무실을 임차하여 사용 중이다. 2018년 5월 10일 갑(甲)의 사무실 내에서 화재사고가 발생하였으며, 외국인 내방객들 (A, B, C)이 대피하는 과정에서 상해를 입었다. 아래 〈별표〉의 내용을 참고하여 각각의 질문에 답하시오.

▶ 2018년 제41회 기출문제

> **별표**
>
> [보험가입사항]
>   - Commercial General Liability Insurance
>   - Insured : 갑(甲)
>   - Limits of Insurance
>   - General Aggregate Limit $ 500,000
>   - Each Occurrence Limit $ 500,000
>   - Fire Damage Limit $ 100,000 (any one fire)
>   - Medical Expense Limit $ 5,000 (any one person)
>   - All Costs & Expenses Limit $ 20,000

> **01** 피해자 A는 임차인 갑(甲)을 상대로 응급치료비 $ 3,000을 청구하였다. 피해자 B는 $ 1Million의 손해배상 청구의 소를 제기하였고, 임차인 갑(甲)은 변호사를 선임하여 변론한 결과 배상판결금 $ 200,000과 변호사 비용 $ 25,000이 발생하였다. 이 경우 지급보험금을 산정하고, 그 산출과정을 기재하시오.

문제풀이

Ⅰ 지급보험금

1. A
   1) 응급치료비 $ 3,000 < 한도 $ 5,000 (Medical Expense Limit)
   2) 지급 : $ 3,000

2. B
   1) 판결금 $ 200,000 < 한도 $ 500,000 (Each Occurrence Limit)
   2) 변호사선임비용 $ 25,000 > 한도 $ 20,000 (All Costs & Expenses Limit)
   3) 지급 : $ 220,000

> **02** 피해자 A와 B의 보험금이 지급된 후, 보험자는 갑(甲)과 을(乙)간의 합의된 건물화재손해 $ 135,000에 대하여 증권 상 보험금을 지급하였다. 이후 피해자 C는 $ 2Million의 손해배상 청구의 소를 제기하였고, 임차인 갑(甲)은 변호사를 선임하여 변론한 결과 배상 판결금 $ 300,000과 변호사 비용 $ 40,000이 발생하였다. 이 경우 지급보험금을 산정하고, 그 산출과정을 기재하시오.

문제풀이

Ⅰ 지급보험금

1. 을 (건물화재손해)
   1) $ 135,000(합의금액) > $ 100,000 (Fire Damage Limit)
   2) 지급 : $ 100,000

2. C (배상 판결금)

1) $300,000(판결금) < $500,000 (Each Occurrence Limit)

2) $500,000(General Aggregate Limit) - ($3,000 + $200,000
   　　　　　　　　　　　　　　　　　　　　A의 치료비　B판결금

   + $100,000) = $197,000
   　건물화재손해

3) 지급 : $197,000

3. 변호사 선임비용

1) $40,000(변호사비용) > 한도 $20,000 (All Costs & Expenses Limit)

2) $20,000(All Costs & Expenses Limit) - ($20,000) = 0(한도소진)
   　　　　　　　　　　　　　　　　　　　　　B의 판결변호사비용

3) 지급 : $0

제3장 2. 의무보험

보험종목	관련법규	담보 위험	보상한도
가스사고 배상책임보험	• 고압가스안전관리법 • 액화석유가스 안전관리 및 사업법 • 도시가스사업법	가스사고로 타인의 생명, 신체 또는 재산상에 손해가 발생하여 가스사업자 등이 부담하는 법률상배상책임	• 사망 : 1인당 8,000만원 • 부상 : 1인당 1,500만원(1급) ~ 20만원(14급) • 후유장해 : 1인당 8,000만원(1급) ~ 500만원(14급)
특약부화재보험	화재로 인한 재해보상과 보험가입에 관한 법률	특수건물의 화재로 타인의 생명, 신체 또는 재산상에 손해가 발생하여 그 건물의 소유자가 부담하는 법률상배상책임	• 사망 : 1인당 15,000만원 • 부상 : 1인당 3,000만원(1급) ~ 50만원(14급) • 후유장해 : 1인당 15,000만원(1급) ~ 1,000만원(14급)
다중이용업소 화재배상책임보험	다중이용업소의 안전관리에 관한 특별법	다중이용업소의 화재, 폭발로 타인의 생명, 신체 또는 재산상에 손해가 발생하여 다중이용업소의 업주가 부담하는 법률상 배상책임	• 사망 : 1인당 15,000만원 • 부상 : 1인당 3,000만원(1급) ~ 80만원(14급) • 후유장해 : 1인당 15,000만원(1급) ~ 1,000만원(14급)
재난배상책임보험	재난 및 안전관리 기본법	피보험자가 소유, 사용 또는 관리하는 시설에서 발생한 화재, 폭발, 붕괴로 타인이 사망하거나 사상하여 부담하는 법률상배상책임	• 사망 : 1인당 15,000만원 • 부상 : 1인당 3,000만원(1급) ~ 50만원(14급) • 후유장해 : 1인당 15,000만원(1급) ~ 1,000만원(14급)
유·도선업자 배상책임보험	유선 및 도선 사업법	유·도선에 탑승한 승객에게 손해가 발생하여 유·도선업자가 부담하는 법률상 배상책임	「자동차손해배상보장법시행령」 제3조 1항에 따른 금액이상 • 1인당 15,000만원이상
낚시터 및 낚시어선 배상책임보험	낚시관리 및 육성법	낚시터 이용자와 낚시어선의 승객에게 손해가 발생하여 낚시터업자와 낚시어선업자가 부담하는 법률상 배상책임	「자동차손해배상보장법시행령」 제3조 1항에 따른 금액이상 • 1인당 15,000만원이상
선주배상책임보험	해운법	여객선에 탑승한 승객에게 손해가 발생하여 해상여객운송사업자가 부담하는 법률상배상책임	법률상 규정 없음
수련시설 배상책임보험	청소년활동진흥법	수련시설의 이용자에게 발생한 생명, 신체상의 손해로 수련시설업자가 부담하는 법률상배상책임	• 사망 : 1인당 15,000만원 • 부상 : 1인당 3,000만원(1급) ~ 50만원(14급) • 후유장해 : 1인당 15,000만원(1급) ~ 1,000만원(14급)
청소년활동 배상책임보험	청소년활동진흥법	숙박형 등 청소년활동계획을 신고하려는 자가 청소년활동 참가자에게 손해가 발생하여 부담하는 법률상배상책임	• 사망 : 1인당 15,000만원 • 부상 : 1인당 3,000만원(1급) ~ 50만원(14급)

보험종목	관련법규	담보 위험	보상한도
			• 후유장해 : 1인당 15,000만원 (1급) ~ 1,000만원(14급)
체육시설업자 배상책임보험	체육시설의 설치 및 이용에 관한 법률	체육시설의 설치·운영과 관련되거나 그 체육시설 안에서 발생한 사고로 타인에게 손해가 발생하여 체육시설업자가 부담하는 법률상배상책임	「자동차손해배상보장법시행령」제3조 1항에 따른 금액이상 • 1인당 15,000만원이상
옥외광고물 배상책임보험	옥외광고물 등의 관리와 옥외광고산업 진흥에 관한 법률	옥외광고물의 생산물위험과 작업위험으로 타인의 생명, 신체 또는 재산상에 손해가 발생하여 피보험자가 부담하는 법률상배상책임	• 사망 : 1인당 15,000만원 • 부상 : 1인당 3,000만원(1급) ~ 50만원(14급) • 후유장해 : 1인당 15,000만원(1급) ~ 1,000만원(14급)
학원배상책임보험	학원설립운영 및 과외교습에 관한 법률	학원 및 교습소의 수강생에게 발생한 생명, 신체상의 손해로 운영자가 부담하는 법률상배상책임	각 지자체 조례로 정한 금액이상 • 사망 : 1인당 1억원 • 1사고당 : 10억원 (단, 교습소는 5억원)
어린이놀이시설 배상책임보험	어린이놀이시설 안전 관리법	어린이 놀이시설의 관리주체 및 안전 검사기관의 어린이 놀이 시설 사고로 어린이의 생명, 신체 또는 재산상에 손해가 발생하여 피보험자가 부담하는 법률상배상책임	• 사망 : 1인당 8,000만원 • 부상 : 1인당 1,500만원(1급) ~ 60만원(14급) • 후유장해 : 1인당 8,000만원(1급) ~ 500만원(14급)
승강기사고 배상책임보험	승강기 안전 관리법	승강기사고로 타인의 생명, 신체 또는 재산상에 손해가 발생하여 승강기관리주체가 부담하는 법률상배상책임	• 사망 : 1인당 8,000만원 • 부상 : 1인당 1,500만원(1급) ~ 20만원(14급) • 후유장해 : 1인당 8,000만원(1급) ~ 500만원(14급)
사회복지시설 배상책임보험	사회복지사업법	사회복지시설의 화재 및 안전사고로 타인의 생명, 신체 또는 재산상에 손해가 발생하여 운영자가 부담하는 법률상배상책임	법률상 규정 없음
야영장사고 배상책임보험	관광진흥법	야영장의 사고로 타인의 생명, 신체 또는 재산상에 손해가 발생하여 운영자가 부담하는 법률상배상책임	• 사망 : 1인당 10,000만원 • 부상 : 1인당 2,000만원(1급) ~ 80만원(14급) • 후유장해 : 1인당 10,000만원(1급) ~ 630만원(14급)
임상시험 배상책임보험	약사법	제조 또는 수입한 의약품의 임상시험으로 피험자의 신체에 손해가 발생하여 피보험자가 부담하는 법률상배상책임	법률상 규정 없음
맹견 배상책임보험	동물보호법	맹견의 행위에 기인한 사고로 타인의 생명, 신체 타인 소유의 동물에 손해를 입혀 피보험자인 맹견소유자가 부담하는 법률상배상책임	• 사망 : 1인당 8,000만원 • 부상 : 1인당 1,500만원(1급) ~ 20만원(14급) • 후유장해 : 1인당 8,000만원(1급) ~ 500만원(14급)

I. 약술문제

문 01 특정 법에서는 가스를 취급하는 자에게 가스사고로 인하여 타인이 사상하는 경우 그로 인해 발생하는 손해를 담보할 의무보험 가입을 규정하고 있는데 가스사고의 개념 및 보상한도에 관하여 서술하시오. ★★

> 가스사고배상책임보험에서 보험을 가입해야 하는 사업자 및 담보하는 가스 사고는 무엇인지 약술하시오.
> ▶ 2018년 제41회 기출문제

요점정리

	개요
사고의 개념	가스로 인한 폭발, 파열, 화재, 가스 누출로 인한 신체상해
가입대상	1. 가스사용자 2. 용기 등 제조업자 3. 가스사업자

문제풀이

Ⅰ 정의

각종 **가스 사고로 인해 타인의 신체나 재물에 피해를 입혀 법률상 배상책임을 부담함으로써 입은 손해를 보상**하는 가스사고배상책임보험은 「고압가스안전관리법」, 「도시가스사업법」, 「액화석유가스의 안전관리 및 사업법」에 의해 가스사업자, 용기 등 제조업자 및 일정 규모 이상의 가스 사용자는 의무적으로 가입하여야 한다.

Ⅱ 가스사고의 개념

가스로 인한 폭발, 파열, 화재, 가스 누출[41]로 타인의 신체에 상해를 입히거나 재물을 훼손 또는 오손케 하는 것을 말한다.

---

41) 유독가스를 우연히 흡인, 흡수, 섭취하여 발생한 중독 증상 포함

Ⅲ. 보상한도

1. 법률상배상책임

피보험자가 피해자에게 지급할 책임을 지는 법률상의 손해배상금 매회의 사고마다 아래의 금액을 한도로 보험금을 지급한다.

1) 사망 : **피해자 1인당 8,000만원** (실 손해액이 2천만원 미만인 경우에는 2천만원지급)
2) 부상 : **피해자 1인당 부상 등급 1급 (1,500만원) ~ 14급(20만원)**
3) 후유장해 : **피해자 1인당 후유장해 등급 1급 (8,000만원) ~ 14급(500만원)**
4) 재산피해의 경우에는 1사고 당 증권에 기재된 금액을 한도로 한다.

2. 비용손해

1) 손해방지비용, 권리보전비용(대위권보존비용), 협력비용은 전액을 보상한다.
2) 소송비용, 공탁 보증보험료는 보상한도 내에서 손해배상금과의 합계액을 보상한다.

문 02 가스사고배상책임보험의 후유장해 1급 장해 유형에 관하여 서술하시오. ★★

가스사고배상책임보험에서 피해자의 후유장해가 1등급일 경우, 그 해당 신체장해 유형 9가지 및 1인당 지급 가능한 보험금액을 약술하시오.

▶ 2019년 제42회 기출문제

개요	
1등급 장해유형	1. 두 눈이 실명된 사람 2. 말하는 기능과 음식물을 씹는 기능을 완전히 잃은 사람 3. 신경계통의 기능 또는 정신에 뚜렷한 장해가 남아 항상 보호를 받아야 하는 사람 4. 흉·복부 장기에 뚜렷한 장해가 남아 항상 보호를 받아야 하는 사람 5. 반신불수가 된 사람 6. 두 팔을 팔꿈치관절 이상에서 잃은 사람 7. 두 팔을 완전히 사용하지 못하게 된 사람 8. 두 다리를 무릎관절 이상에서 잃은 사람 9. 두 다리를 완전히 사용하지 못하게 된 사람

문제풀이

Ⅰ 1등급 신체장해

1. 두 눈이 실명된 사람
2. 말하는 기능과 음식물을 씹는 기능을 완전히 잃은 사람
3. 신경계통의 기능 또는 정신에 뚜렷한 장해가 남아 항상 보호를 받아야 하는 사람
4. 흉·복부장기에 뚜렷한 장해가 남아 항상 보호를 받아야 하는 사람
5. 반신불수가 된 사람
6. 두 팔을 팔꿈치관절 이상에서 잃은 사람
7. 두 팔을 완전히 사용하지 못하게 된 사람
8. 두 다리를 무릎관절 이상에서 잃은 사람
9. 두 다리를 완전히 사용하지 못하게 된 사람

문 03. 가스사고배상책임보험 액화석유가스소비자보장특별약관의 책임법리 및 보상하지 아니하는 손해를 기술하시오. ★★

액화석유가스소비자보장특별약관에서 보상하는 손해와 보상하지 아니하는 손해를 약술하시오.
▶ 2018년 제41회 기출문제

	개요
법적책임	특별약관 : 보상책임 (신체손해에 한하여)
보상하지 않는 손해	1. 소비자 등의 고의로 인한 손해 2. 공급자 소유의 설비를 임의로 철거하거나 변경하는 행위로 인한 손해 3. 점검 결과로 지적, 통지된 부분을 개선치 않는 행위로 인한 손해

문제풀이

I. 보상하는 손해

「액화석유가스의 안전관리 및 사업법시행령」에 의해 액화석유가스판매사업자 및 충전사업자가 가입하는 의무보험으로 가스 사고로 인해 타인의 신체나 재물에 피해를 입혀 법률상 배상책임을 부담함으로써 입은 손해를 보상하는 보험이다. 다만, 신체 손해는 소비자 또는 타인의 과실 여부를 불문하고 보상한다. 보험자는 **매회의 사고마다 법률에서 정한 금액을 한도로 보험금을 지급**한다.

1. **사망** : 피해자 1인당 8,000만원 (실 손해액이 2천만원 미만인 경우에는 2천만원지급)
2. **부상** : 피해자 1인당 부상 등급 1급(1,500만원) ~ 14급(20만원)
3. **후유장해** : 피해자 1인당 후유장해 등급 1급(8,000만원) ~ 14급(500만원)

II. 보상하지 않는 손해

보험자는 보통약관의 보상하지 않는 손해에 추가하여 아래의 손해는 보상하지 않는다.

1. **소비자 등의 고의로 인한 손해**. 다만, 사고를 야기한 소비자 등을 제외한 제3자에게 발생한 손해는 보상한다.
2. 판매사업자, 충전사업자와 사전 협의 없이 공급자 소유의 **설비를 임의로 철거하거나 변경하는 행위로 인한 손해**
3. 판매사업자, 충전사업자가 소비설비의 **점검 결과 불비한 것으로 지적, 통지된 부분을 개선치 않는 행위로 인한 손해**

문 04 화재로 인한 재해보상과 보험가입에 관한 법률(화재보험법)에 의해 특수건물소유자가 의무적으로 가입하여야 하는 배상책임보험에 관하여 서술하시오. ★★★

특약부화재보험과 다중이용업소화재배상책임보험에서 "타인"의 적용범위를 설명하시오.

▶ 2021년 제44회 기출문제

요점정리

	개요
특약부 화재보험	피보험자인 특수건물 소유자가 가입하는 의무보험으로 특수건물의 화재로 인해 타인이 사상된 경우 소유자의 과실이 없는 경우[42]에도 부담하는 법률상배상책임으로 인한 손해를 담보하는 보험
타인	특수건물의 소유자 및 그 주거를 같이하는 직계가족 이외의 사람 (종업원도 타인에 해당)

문제풀이

I. 의의

특수건물 소유자는 해당 근거법인 「화재로 인한 재해보상과 보험 가입에 관한 법률」에 따라 특수건물의 화재 사고로 타인의 신체 및 재물에 손해가 발생한 때 과실이 없는 경우에도 법률에서 정한 범위 내에서 그 손해를 배상할 책임이 발생하며, 그 손해를 담보할 특약부화재보험에 의무적으로 가입하여야 한다. 다만, **피보험자의 종업원에 대해서는 산재보험에 가입되어있는 경우에 한해 종업원배상책임 부담보 특별약관을 가입함으로 담보를 배제시킬 수 있다.**

---

42) 제4조(특수건물 소유자의 손해배상책임) ① 특수건물의 소유자는 그 특수건물의 화재로 인하여 다른 사람이 사망하거나 부상을 입었을 때 또는 다른 사람의 재물에 손해가 발생한 때에는 과실이 없는 경우에도 제8조제1항제2호에 따른 보험금액의 범위에서 그 손해를 배상할 책임이 있다.

Ⅱ 용어의 정의

1. 특수건물
특수건물이란 국유건물, 공유건물, 교육시설, 시장, 등 그 밖에 여러 사람이 출입 또는 근무하거나 거주하는 건물로써 화재의 위험이나 건물의 면적 등을 고려하여 대통령령이 정하는 건물을 말한다.

2. 특수건물소유자의 배상책임
특수건물의 소유자는 무과실책임주의에 의해 손해배상책임을 진다.

3. 타인
특수건물의 소유자 및 그 주거를 같이하는 직계가족 이외의 사람을 말한다. 종업원도 타인에 해당하나 종업원에 대해서는 산재보험에 가입한 경우에 한하여 종업원배상책임 부담보 특별약관에 가입할 수 있다.

Ⅲ 담보위험

1. 법률상 손해배상금

2. 비용손해
1) 손해방지비용 : 비용 전액 보상
2) 권리보전비용 : 비용 전액 보상
3) 방어비용 : 보상한도액 내에서 보상
4) 공탁보증보험료 : 보상한도액 내에서 보상
5) 협력비용 : 비용 전액 보상

Ⅳ 보상한도

1. **사망** : 피해자 1인당 15,000만원(실 손해액이 2천만원 미만인 경우에는 2천만원)
2. **부상** : 피해자 1인당 부상 등급 1급 (3,000만원) ~ 14급 (50만원)
3. **후유장해** : 피해자 1인당 후유장해 등급 1급 (15,000만원) ~ 14급 (1,000만원)

V 산정방법

1. 사망 (한도 : 15,000만원 (최저 2,000만원지급))

1)과 2)의 금액을 더한 금액

1) 화재로 인하여 사망한 때의 월급액이나 월실수입액(月實收入額) 또는 평균임금에 장래의 취업가능 기간을 곱한 금액
2) 남자 평균임금의 100일분에 해당하는 장례비

2. 부상 (한도 : 1급 3,000만원 ~ 14급 50만원)

화재로 인하여 신체에 부상을 입은 경우에 그 부상을 치료하는 데에 드는 모든 비용으로 치료 관계비에 한해 보상된다.

3. 후유장해 (한도 : 1급 15,000만원 ~ 14급 1,000만원)

장해로 인한 노동력 상실 정도에 따라 피해를 입은 당시의 월급액이나 월실수입액 또는 평균임금에 장래의 취업가능기간을 곱한 금액

문05 다중이용업소 안전관리에 관한 특별법에 의해 다중이용업소의 업주가 의무적으로 가입하여야하는 화재배상책임보험에 관하여 서술하시오.★★

	개요
담보위험	다중이용업소의 화재, 폭발로 인해 타인에게 신체손해나 재물손해를 입혀 부담하는 법률상 배상책임으로 인한 손해를 담보
보상한도	1. 사망 : 15,000만원 (실손해액이 2천만원 미만인 경우에는 2천만원) 2. 부상 : 1급 3,000만원 ~ 14급 80만원 3. 후유장해 : 1급 15,000만원 ~ 14급 1,000만원

Ⅰ. 서언

「다중이용업소의 안전관리에 관한 특별법」에 의해 다중이용업소의 업주는 다른 사람이 사망·부상하거나 재산상의 손해를 입은 때에는 과실이 없는 경우[43]에도 피해자에게 대통령령으로 정하는 금액을 지급할 책임을 지는 책임보험에 가입하여 피해자의 손해를 보상하여야 한다.

Ⅱ. 가입대상

대통령령으로 정한 불특정다수인이 이용하는 영업소가 그 대상이며 휴게음식점, 제과점, 일반음식점(바닥면적 $100m^2$ 이상인 곳 중 지상 1층 및 지상과 직접 접하는 층이 아닌 곳), 단란주점, 유흥주점, 학원, 목욕탕, 골프연습장, 안마 시술소, 산후조리원, 고시원, 비디오감상실 등 22개 업종이다.

---

43) 특수건물의 다중이용업주에 대하여는 무과실책임을 지는 보험 가입 의무규정을 적용하지 아니한다.

Ⅲ 보상하는 손해

1. 법률상 손해배상금

2. 비용손해

   1) 손해방지비용 : 비용 전액

   2) 권리보전비용 : 비용 전액

   3) 방어비용 : 손해배상금과 합계액을 보상한도액 내에서 보상

   4) 공탁보증보험료 : 손해배상금과의 합계액을 보상한도액 내에서 보상

   5) 협력비용 : 비용 전액

Ⅳ 보상한도

1. 사망 : **피해자 1인당 15,000만원**(실손해액이 2천만원 미만인 경우에는 2천만원)
2. 부상 : **피해자 1인당 부상 등급 1급 (3,000만원) ~ 14급 (80만원)**
3. 후유장해 : **피해자 1인당 후유장해 등급 1급 (15,000만원) ~ 14급 (1,000만원)**

Ⅴ 다중이용업주의 안전사고 보고의무

다중이용업주는 다중이용업소의 화재, 영업장 시설의 하자 또는 결함 등으로 사고가 발생했거나 발생한 사실을 알게 된 경우 소방본부장 또는 소방서장에게 그 사실을 즉시 보고하여야 할 의무가 있다.

1. 사람이 사망한 사고
2. 사람이 부상당하거나 중독된 사고
3. 화재 또는 폭발 사고
4. 그 밖에 대통령령으로 정하는 사고

Memo

문 06 재난 및 안전관리 기본법에 따라 의무적으로 가입해야 하는 재난배상책임보험의 의무가입 대상 시설과 가입 의무 면제 시설을 열거하고 담보위험과 대인사고에 대한 보상한도를 기술하시오. ★★

▶ 2017년 제40회 기출문제

	개요
가입대상	1. 가입대상 시설의 소유자와 점유자가 동일한 경우 : 소유자 2. 가입대상 시설의 소유자와 점유자가 다른 경우 : 점유자 3. 소유자와 점유자와의 계약으로 관리책임과 권한을 부여 받은 자가 있는 경우 : 관리자
한도	1. 사망 : 1인당 15,000만원 2. 부상 : 1급(3,000만원) ~ 14급(50만원) 3. 후유장해 : 1급(15,000만원) ~ 14급(1,000만원)

문제풀이

I. 의의

재난배상책임보험은 「재난 및 안전관리 기본법」에 의해 사고 발생이 높은 「시설물의 안전관리에 관한 특별법」에서 정한 19종 시설이 화재로 인해 타인이 사상된 경우 그로 인한 손해를 담보하는 의무보험이다. 19종 시설은 숙박시설, 과학관, 박물관, 물류창고, 미술관, 휴게음식점 및 바닥면적의 합계가 100제곱미터 이상인 **일반음식점**[44], **장례식장**, 경륜장, 경정장, 장외매장, 국제회의 시설, 지하상가, 도서관, 주유소, 여객자동차터미널, 전시시설, **15층 이하의 아파트**, 경마장, 장외발매소이다.

---

44) 휴게음식점 및 바닥면적의 합계가 100제곱미터 이상인 일반음식점 중 영업장의 주된 출입구가 건축물 외부의 지면과 직접 연결되는 곳(① 지상 1층, ② 지상과 직접 접하는 층)에 위치하고 있다면 이는 다중이용업소화재배상책임보험의 가입대상이 아닌 재난배상책임보험의 가입대상 시설에 해당된다.

Ⅱ 보험가입의무자

1. 가입대상 시설의 소유자와 점유자가 동일한 경우 : **소유자**
2. 가입대상 시설의 소유자와 점유자가 다른 경우 : **점유자**
3. 소유자와 점유자와의 계약으로 관리책임과 권한을 부여 받은 자가 있는 경우
 : **관리자**

Ⅲ 가입의무 제외대상

1. 「다중이용업소의 안전관리에 관한 특별법」에 따라 **다중이용업으로 화재배상 책임보험에 가입해야하는 시설**
2. 「화재로 인한 재해보상과 보험가입에 관한 법률」에 따라 **특수건물로 특약부화재보험에 가입해야 하는 시설**
3. 「국유재산법」, 「공유재산 및 물품관리법」에 따라 보험 또는 공제 등에 가입해야 하는 국·공유시설

Ⅳ 보상하는 손해 및 범위

1. 보상하는 손해

 재난취약시설의 화재, 폭발, 붕괴로 인한 사고로 타인에게 발생한 손해에 관하여 **피보험자의 과실 여부를 불문하고 책임을 지는 무과실책임주의**에 따라 발생하는 법률상 손해배상금

2. 보상한도

 1) 사망 : 피해자 1인당 15,000만원 한도 내에서 실손 보상
  (단, 실 손해액이 2,000만원미만인 경우 최저보험금 2,000만원보상)
 2) 부상 : 피해자 1인당 부상 등급 1급(3,000만원) ~ 14급(50만원)
 3) 후유장해 : 피해자 1인당 후유장해 등급 1급(15,000만원) ~ 14급(1,000만원)
 4) 보험금 병급
  (1) 부상한 자가 치료 중 그 부상이 원인이 되어 사망한 경우에는 사망과 부상에 따른 한도 금액의 합산액 (1.8억) 범위에서 피해자에게 발생한 손해액

(2) 부상한 자에게 후유장해가 생긴 경우에는 부상과 후유장해 따른 금액의 합산액

(3) 후유장해에 따른 금액을 지급한 후 그 부상이 원인이 되어 사망한 경우에는 사망에 따른 금액에서 후유장해에 따른 금액 중 사망한 날 이후에 해당하는 손해액을 뺀 금액

문 07 특약부화재보험, 다중이용업소화재배상책임보험, 재난배상책임보험에서 종업원의 보상책임에 관하여 서술하시오. ★★

	개요
종업원부담보 추가특별약관	종업원이 사망하거나 부상함으로써 피보험자가 지는 법률상 책임에 따라 부담할 손해를 보상하지 않도록 추가하는 특약으로 이 추가특별약관은 종업원이 산업재해보상보험에 가입되어 보상이 가능한 경우 가입할 수 있다.

Ⅰ 타인 및 제3자

특약부화재보험의 경우 타인에 관하여 정확히 특수건물 소유자 및 그 주거를 같이하는 직계 가족(법인인 경우 이사 또는 업무집행기관)을 제외한 모든 사람으로 정의하고 있다. 반면 다중이용업소화재배상책임보험, 재난배상책임보험의 경우 타인에 관한 명확한 규정은 없다. 다만 종업원에 대한 담보를 배제하는 특약이 있는 것으로 보아 타인의 범주에 종업원도 포함되어 있음을 알 수 있다.

Ⅱ 종업원에 대한 보상

사고가 발생하면 사용자인 피보험자는 타인에 속하는 종업원의 손해에 관하여도 법률상 책임이 발생하고 보험자는 그로 인한 손해를 보상할 책임을 진다.

Ⅲ 종업원부담보추가특약

보상하는 규정에도 불구하고, 종업원에 대한 부담보 추가특별약관에 가입되어있으면 종업원이 사망하거나 부상함으로써 피보험자에게 발생하는 법률상책임으로 인한 손해는 담보하지 않는다. 다만, 이 추가특별약관은 사용자가 종업원에 대하여「산업재해보상보험법」에 따른 산업재해보상보험에 가입하고 있는 경우에 한해 가입이 가능하다.

문08 특약부화재보험, 다중이용업소화재배상책임보험, 재난배상책임보험 비교

	특약부화재보험	다중이용업소화재보험	재난배상책임보험
근거법	화재로 인한 재해보상과 보험가입에 관한법률	다중이용업소의 안전관리에 관한 특별법	재난 및 안전관리 기본법
가입대상	특수건물소유자	다중이용업소의 업주	시설의 소유자 / 점유자 / 관리자
담보위험	화재	화재, 폭발	화재, 폭발, 붕괴
책임법리	무과실책임	무과실책임	무과실책임
보상한도	사망 : 1.5억원 부상 : 3,000만원 ~ 50만원 장해 : 1.5억원 ~ 1,000만원	사망 : 1.5억원 부상 : 3,000만원 ~ 80만원 장해 : 1.5억원 ~ 1,000만원	사망 : 1.5억원 부상 : 3,000만원 ~ 50만원 장해 : 1.5억원 ~ 1,000만원
추가특약	• 종업원배상책임 부담보	• 종업원배상책임 부담보 • 다중이용업소 배상책임 초과손해보장	• 종업원배상책임 부담보

Memo

문09 승강기배상책임보험의 담보위험과 책임 법리 등에 관하여 서술하시오. ★★★

요점정리

	개요
가입대상 및 담보위험	승강기 관리주체가 의무적으로 가입하여야하는 보험으로 피보험자가 소유, 사용, 관리하는 승강기 시설로 발생한 우연한 사고로 타인의 생명·신체에 발생한 손해에 대하여 피보험자가 지는 법률상책임을 담보
보상한도	1. 사망의 경우 피해자 1인당 8,000만원 2. 부상의 경우 피해자 1인당 1급(1,500만원) ~ 14급(20만원) 3. 후유장해가 생긴 때에는 1인당 1급(8,000만원) ~ 14급(500만원)

문제풀이

I 담보위험

「승강기안전관리법」에 의해 가입하는 의무보험으로 **피보험자가 소유, 사용 또는 관리하는** 승강기 시설로 발생한 우연한 사고로 타인의 생명·신체에 발생한 손해에 대하여 피보험자가 지는 법률상책임을 담보

II 보험가입대상

1. 승강기소유자
2. 다른 법령에 따라 승강기 관리자로 규정된 자
3. 위의 1. 2와 계약에 따라 승강기를 안전하게 관리 할 책임과 권한을 부여받은 자

III 보상한도

1. 사망의 : **피해자 1인당 8,000만원**(실 손해액이 2천만원 미만인 경우에는 2천만원)
2. 부상 : **피해자 1인당 부상 등급 1급(1,500만원) ~ 14급(20만원)**
3. 후유장해 : **피해자 1인당 후유장해 등급 1급(8,000만원) ~ 14급(500만원)**
4. 부상자가 치료 중에 당해 부상이 원인이 되어 사망한 경우에는 위 **사망과 부상에 따른** 한도금액을 더한 금액 범위에서 피해자에게 발생한 손해액[45]

5. 부상한 자에게 치료 중에 당해 부상이 원인이 되어 후유장해가 생긴 경우에는 위 **부상과 후유장해의 금액을 더한 금액**
6. 후유장해의 금액을 지급한 후 당해 부상이 원인이 되어 사망한 경우에는 **사망의 금액에서 후유장해의 규정에 의한 금액을 공제한 금액**

Ⅳ 승강기 종류

1. 엘리베이터
2. 에스컬레이터(자동보도 포함)
3. 휠체어리프트

---

45) 승강기안전관리법에 따른 보상책임은 부상당한 사람이 치료 중 그 부상이 원인이 되어 사망한 경우 부상에 따른 금액과 사망에 따른 금액을 더한 금액을 지급하도록 규정하고 있으나 보험약관에서는 부상당한 사람이 치료 중 그 부상이 원인이 되어 사망한 경우 부상과 사망에 따른 한도금액을 더한 금액 범위에서 피해자에게 발생한 손해액을 지급하도록 규정하고 있다. 실무상 약관에 따른 손해배상책임이 피해자에게는 유리한 부분이 있어 이를 적용하여도 무방하겠다.

문 10 청소년활동배상책임보험과 수련시설배상책임 보험을 비교 설명하시오. ★★★

요점정리

	개요
가입대상	수련시설 배상책임보험은 수련시설을 설치, 운영, 위탁 관리하는 자가 가입하여야 하고 청소년활동배상책임보험은 청소년활동 계획을 신고하려는 자가 가입하는 보험이다. 만약 수련시설을 설치·운영하는 자 또는 위탁운영 단체가 청소년활동을 계획하고 있다면 수련시설배상책임보험과 함께 청소년활동배상책임보험을 이중으로 가입하여야 한다.
보상기간	수련시설 배상책임보험 - 1년 청소년활동 배상책임보험 - 행사 시 매회 가입

문제풀이

I 가입대상

1. 수련시설 배상책임보험은 「청소년활동 진흥법 제10조」에서 정한 **청소년 수련시설**[46]을 설치, 운영, 위탁관리하는 자가 가입해야 한다.

2. 청소년활동 배상책임보험은 「청소년활동 진흥법 제9조 제2항」의 규정에 따라 **숙박형 청소년수련활동 및 비숙박형 청소년수련활동을 주최하려는 자는 가입의무**이다. (수련시설을 설치·운영하는 자 또는 위탁운영 단체가 청소년활동계획을 신고하려는 경우 수련시설배책 + 청소년활동배책을 모두 가입하여야 함)

II 보험기간

수련시설배상책임보험의 보험기간은 **대부분 1년이나, 청소년활동 배상책임보험은 행사보험의 형태로써 매회 가입**해야 한다.

---

46) 청소년수련관, 청소년수련원, 청소년문화의 집, 청소년특화시설, 청소년 야영장, 청소년의 숙박 및 체류에 적합한 유스호스텔

Ⅲ 보상한도47) (동일)

1. 사망 : **피해자 1인당 15,000만원**(실 손해액이 2천만원 미만인 경우에는 2천만원)
2. 부상 : **피해자 1인당 부상 등급 1급(3,000만원) ~ 14급(50만원)**
3. 후유장해 : **피해자 1인당 후유장해 등급 1급(15,000만원) ~ 14급(1,000만원)**
4. 부상자가 치료 중에 당해 부상이 원인이 되어 사망한 경우에는 위 **사망과 부상의 금액을 더한 금액**
5. 부상한 자에게 치료 중에 당해 부상이 원인이 되어 후유장해가 생긴 경우에는 위 **부상과 후유장해의 금액을 더한 금액**
6. 후유장해의 금액을 지급한 후 당해 부상이 원인이 되어 사망한 경우에는 **사망의 금액에서 후유장해의 규정에의한 금액을 공제한 금액**

Ⅳ 중복보험

청소년 수련시설을 설치·운영하는 자 또는 위탁운영 단체는 법률상배상책임으로 인한 손해를 담보하기 위해 의무보험인 수련시설 배상책임보험에 가입되어있을지라도 청소년활동을 계획하는 경우 청소년활동 배상책임보험에 가입하여야 한다.

---

47) 청소년활동진흥법 개정으로 23년 8월 이후 한도 변경

문 11. 의료기기 배상책임보험의 보상하는 손해 및 보험가입의무 대상 의료기기의 정의 등에 관하여 기술하시오. ★★

	개요
정의	인체이식형 의료기기가 타인의 인체에 이식된 후 그 인체이식형 의료기기를 사용하는 도중에 그 인체이식형 의료기기로 인하여 피해자에게 보험사고가 발생하고, 보험기간 중에 피보험자에 대하여 손해배상이 청구되어 법률상의 배상책임을 부담함으로써 입은 손해
보험가입대상	인체에 삽입되어 30일 이상 연속적으로 유지되는 의료기기의 제조업자·수입업자를 말한다.

문제풀이

I 정의

「의료기기법 제43조의6」에서는 의료기기 제조업자·수입업자는 의료기기를 사용하는 도중에 발생한 사망 또는 중대한 부작용 등으로 인하여 환자에게 발생한 피해를 배상하기 위하여 보험 또는 공제에 가입하도록 규정하고 있다.

의료기기배상책임보험의 보상하는 손해는 수입한 보험증권에 기재된 인체이식형 의료기기가 타인의 인체에 이식된 후 그 인체이식형 의료기기를 사용하는 도중에 그 인체이식형 의료기기로 인하여 피해자에게 보험사고가 발생하고, 보험기간 중에 피보험자에 대하여 손해배상이 청구되어 법률상의 배상책임을 부담함으로써 입은 손해를 보상한다.

II 보험가입대상

인체에 삽입되어 30일 이상 연속적으로 유지되는 의료기기의 제조업자·수입업자를 말한다. 다만, 다음의 인체이식형 의료기기 제조업자·수입업자는 제외한다.
1) 수출만을 목적으로 법 제6조제2항에 따른 제조허가 또는 제조인증을 받은 인체이식형의료기기 제조업자
2) 수출만을 목적으로 법 제15조제2항에 따른 수입허가 또는 수입인증을 받은 인

체이식형의료기기 수입업자

3) 다음의 기준을 모두 충족한 인체이식형의료기기를 수입하는 수입업자
  ① 해외의 인체이식형의료기기 제조업자 또는 판매업자가 가입 중인 보험 또는 공제가 의무보험 규정에 따른 보험금액 기준을 충족할 것
  ② "①"에 따른 보험 또는 공제가 국내 환자에게 발생한 피해까지 보장할 것

Ⅲ 보상한도

1. 사망 : 1인당 15,000만원 한도 내에서 실손보상
   (단, 실손해액이 2,000만원 미만인 경우 최저보험금 2,000만원 보상)
2. 부상 : 1급(3,000만원) ~ 14급(50만원)까지 급별 한도액 내에서 실손보상
3. 후유장해 : 1급(15,000만원) ~ 14급(1,000만원)까지의 급별 한도액 내에서 실손보상
4. 보험금 병급
   - 부상자가 치료 중 사망한 경우 : (1 + 2)한도금액의 합산액의 범위에서 실손해
   - 부상자가 당해 부상의 원인으로 후유장해가 생긴 경우 : (2 + 3)
   - 장해보험금 지급 후 당해 부상의 원인으로 사망한 경우 : (1 - 3)

문 12 야영장사고 배상책임보험의 담보위험 등에 관하여 서술하시오. ★★★★

	개요
담보위험	야영장 시설 및 그 시설의 용도에 따른 업무의 수행으로 생긴 사고
보상한도	1. 사망: 10,000만원 2. 부상: 1급(2,000만원) ~ 14급(80만원) 3. 후유장해: 1급(10,000만원) ~ 14급(630만원)

I 의의

「관광진흥법」 규정에 의해 야영장업의 등록을 한 자는 그 사업을 시작하기 전에 야영장 시설에서 발생하는 재난 및 안전사고로 인하여 야영장 이용자에게 피해를 준 경우 그 손해를 배상할 것을 내용으로 하는 책임보험 또는 공제에 가입하여야 한다.

II 담보위험 및 한도

1. 담보위험

피보험자가 소유, 사용, 관리하는 야영장 시설 및 그 시설의 용도에 따른 업무의 수행으로 생긴 사고로 타인의 신체 및 재물에 손해를 입혀 부담하는 법률상 배상책임을 **담보**한다.

2. 한도

1) 사망: **피해자 1인당 10,000만원**(실 손해액이 2천만원 미만인 경우에는 2천만원)
2) 부상: **피해자 1인당 부상 등급** 1급(2,000만원) ~ 14급(80만원)
3) 후유장해: **피해자 1인당 후유장해 등급** 1급(10,000만원) ~ 14급(630만원)

4) 부상자가 치료 중에 당해 부상이 원인이 되어 사망한 경우에는 위 **사망과 부상에 따른 한도금액을 더한 금액 범위에서 피해자에게 발생한 손해액**[48]

5) 부상한 자에게 치료 중에 당해 부상이 원인이 되어 후유장해가 생긴 경우에는 위 **부상과 후유장해의 금액을 더한 금액**

6) 후유장해의 금액을 지급한 후 당해 부상이 원인이 되어 사망한 경우에는 **사망의 금액에서 후유장해의 규정에 의한 금액을 공제한 금액**

---

[48] 관광진흥법에 따른 보상책임은 부상당한 사람이 치료 중 그 부상이 원인이 되어 사망한 경우 부상에 따른 금액과 사망에 따른 금액을 더한 금액을 지급하도록 규정하고 있으나 보험약관에서는 부상당한 사람이 치료 중 그 부상이 원인이 되어 사망한 경우 부상과 사망에 따른 한도금액을 더한 금액 범위에서 피해자에게 발생한 손해액을 지급하도록 규정하고 있다. 실무상 약관에 따른 손해배상책임이 피해자에게는 유리한 부분이 있어 이를 적용하여도 무방하겠다.

문 13. 맹견배상책임보험에 관하여 서술하시오. ★★★★

요점정리

	개요
담보위험	피보험자가 소유하는 맹견으로 인해 타인의 생명, 신체 및 재산상의 손해가 발생하는 경우 피보험자가 부담하는 법률상배상책임으로 인한 손해
보험가입대상 맹견	1. 도사견과 그 잡종의 개 2. 아메리칸 핏불테리어와 그 잡종의 개 3. 아메리칸 스태퍼드셔테리어와 그 잡종의 개 4. 스태퍼드셔불테리어와 그 잡종의 개 5. 로트와일러와 그 잡종의 개

문제풀이

I. 정의

맹견배상책임보험은 「동물보호법」에 의해 **피보험자가 소유하는 맹견으로 인해 발생한 다른 사람의 생명, 신체, 재산상의 피해를 보상하기 위해 가입하는 의무보험**이다.

II. 보험가입대상(피보험자)

맹견소유자

III. 보험가입대상 맹견의 종류

1. 도사견과 그 잡종의 개
2. 아메리칸 핏불테리어와 그 잡종의 개
3. 아메리칸 스태퍼드셔테리어와 그 잡종의 개
4. 스태퍼드셔불테리어와 그 잡종의 개
5. 로트와일러와 그 잡종의 개

Ⅳ 보상한도

1. 사망 : **피해자 1인당 8,000만원**(실 손해액이 2천만원 미만인 경우에는 2천만원)
2. 부상 : **피해자 1인당 부상 등급** 1급(1,500만원) ~ 14급(20만원)
3. 후유장해 : **피해자 1인당 후유장해 등급** 1급(8,000만원) ~ 14급(500만원)

문 14 옥외광고업자배상책임보험의 담보위험 등에 관하여 서술하시오. ★★★★

	개요
담보위험	옥외광고물 제조물 위험과 작업위험으로 생긴 손해
보상한도	1. 사망 : 15,000만원 2. 부상 : 1급(3,000만원) ~ 14급(50만원) 3. 후유장해 : 1급(15,000만원) ~ 14급(1,000만원)

문제풀이

I 의의

「옥외광고물법」 규정에 의해 옥외광고사업을 등록한 자는 광고물 등의 제작·표시 및 설치의 결함으로 인하여 생명·신체 또는 재산에 손해를 입은 자에게 그 손해를 배상할 수 있도록 손해배상 책임보험에 가입하여야 한다.

II 담보위험 및 한도

1. **담보위험**

   1) 옥외광고물제조물위험

   피보험자가 제조, 판매, 공급한 보험증권에 기재된 "옥외광고물"이 타인에게 양도된 후 보험기간 중에 그 옥외광고물로 생긴 우연한 사고이다.

   2) 옥외광고물작업위험

   - 피보험자가 제조, 판매, 공급 또는 시공한 보험증권에 기재된 "옥외광고물"이 타인에게 양도된 후 보험기간 중에 그 옥외광고물로 생긴 우연한 사고 중 옥외광고물 시공 작업[49]으로 인한 사고이다.
   - 피보험자가 옥외광고물 등의 작업의 수행 또는 작업의 수행을 위하여 소유, 사용 또는 관리하는 시설로 생긴 우연한 사고이다.

---

49) 표시, 설치, 해체, 수리, 점검 및 보수작업을 포함하며, 이하 작업이라 합니다

2. 한도

 1) 사망 : **피해자 1인당 15,000만원**(실 손해액이 2천만원 미만인 경우에는 2천만원)
 2) 부상 : **피해자 1인당 부상 등급 1급(3,000만원) ~ 14급(50만원)**
 3) 후유장해 : **피해자 1인당 후유장해 등급 1급(15,000만원) ~ 14급(1,000만원)**
 4) 부상자가 치료 중에 당해 부상이 원인이 되어 사망한 경우에는 위 **사망과 부상에 따른** 한도금액을 더한 금액 범위에서 피해자에게 발생한 손해액
 5) 부상한 자에게 치료 중에 당해 부상이 원인이 되어 후유장해가 생긴 경우에는 위 **부상과 후유장해의 금액을 더한 금액**
 6) 후유장해의 금액을 지급한 후 당해 부상이 원인이 되어 사망한 경우에는 **사망의 금액에서 후유장해의 규정에 의한 금액을 공제한 금액**

문 15. 임상시험 배상책임보험에 관하여 서술하시오. ★★★★

요점정리

	개요
담보위험	피보험자가 시행한 임상시험에서 피험자에게 발생한 사망, 장해, 질병 등으로 부담하는 법률상배상책임으로 인한 손해
보상하지 않는 손해	1. 표기된 의약품 외의 의약품 등으로 생긴 손해 2. 피험자 이외의 사람에게 입힌 신체장해로 인한 손해 3. 시험 동의서를 받지 아니한 피험자에게 입힌 신체장해 손해 4. 동물시험에 사용했던 것과 다른 의약품으로 생긴 손해 5. 임상시험 계획서상 예측되는 부작용으로 생긴 손해

문제풀이

I. 정의

임상시험배상책임보험은 **피보험자가 시행한 임상시험에서 피험자에게 발생한 사망, 장해, 질병 등에 대한 손해배상청구가 제기된 경우 보상한도액 내에서 손해배상금과 제반 비용을 보상해 주는 보험**이다.

II. 보험가입대상(피보험자)

제약회사(임상시약 제조 및 수입회사), 병원 및 연구기관(임상시험 실시기관)

III. 보상하는 손해의 범위

1. 손해배상금 : 피보험자가 피해자(피험자)에게 지급한 법률상의 손해배상금
2. 응급비용 : 피보험자가 피해자를 위하여 지급한 응급처치, 긴급호송, 긴급조치에 소요된 응급비용
3. 소송비용 : 피보험자가 보험회사의 동의를 얻어 지급한 소송비용, 변호사비용, 중재, 화해 또는 조정에 관한 비용
4. 공탁보증보험료 : 증권 상 보상한도액 내의 금액에 대한 공탁보증보험료
5. 협력비용 : 손해방지, 손해경감, 대위권보전 및 협력하는데 소요되는 비용

Ⅳ 보상의 전제조건

1. 보험기간 중 처음으로 손해배상청구가 제기되어야 한다.
2. 「약사법 시행규칙」에서 정한 **임상시험 제반 규정을 준수**해야 한다.
3. 보건복지부에 보고하거나 **보건복지부가 승인한 임상시험 계획서를 준수**해야 한다.
4. 임상시험 실시기관은 **임상시험에 관한 서류작성 및 임상시험 동의서를 확보 및 유지**해야 한다.

Ⅴ 면책손해

1. 임상시험 **계획서에 표기된 의약품 외의 의약품** 등으로 생긴 손해에 대한 배상책임
2. **피험자 이외의 사람에게 입힌 신체장해** 손해에 대한 배상책임
3. 임상시험 **동의서를 받지 아니한 피험자에게 입힌 신체장해** 손해에 대한 배상책임
4. 동물시험에 사용했던 것과 다른 의약품으로 생긴 손해에 대한 배상책임
5. 보건복지부 장관의 제조 또는 수입허가를 받지 아니한 의약품으로 생긴 손해에 대한 배상책임
6. 임상시험 계획서상 **예측되는 부작용**으로 생긴 손해에 대한 배상책임
7. 피보험자, 임상시험 관련자의 **고의 또는 범죄행위**로 인한 손해에 대한 배상책임
8. **생산물의 성질 또는 하자에 의한 생산물 자체의 손해**에 대한 배상책임

문 16 체육시설업자 배상책임보험 가입대상 및 책임법리 등에 관하여 서술하시오. ★★

	개요
피보험자의 법적책임	1. 체육시설의 설치 및 보존상의 결함으로 타인에게 입힌 손해에 대해 공작물책임 (민법 제758조) 2. 운영상(업무상)의 과실에 기인 된 사고로 타인에게 입힌 손해에 대해서는 일반 불법행위책임(민법 제750조), 채무불이행책임(민법 제390조)
보상한도	자동차손해배상 보장법 시행령 제3조제1항에 따른 금액 이상

문제풀이

I 의의

체육시설업자 배상책임보험의 근거가 되는 「체육시설의 설치·이용에 관한 법률 시행규칙 제25조」에 따라 피보험자가 소유, 사용, 관리하는 체육시설 및 그 시설의 용도에 따른 업무의 수행 등으로 생긴 우연한 사고로 제3자에게 인적 또는 물적 손해를 입힘으로써 피보험자가 법률상 배상하여야 할 손해를 보상하는 의무보험이다.

II 책임법리

체육시설업자는 체육시설의 설치 및 보존상의 결함으로 타인에게 입힌 손해에 대해 공작물책임(민법 제758조)에 근거한 무과실책임을 부담하며, 체육시설의 운영상(업무상)의 과실에 기인 된 사고로 타인에게 입힌 손해에 대해서는 일반불법행위책임(민법 제750조) 및 채무불이행책임(민법 제390조)으로 인한 손해배상책임이 발생한다.

III 가입대상

법률에서 정한 보험 가입 의무 체육시설은 아래와 같다. 그러나 동법 시행규칙에 정하는 소규모 체육시설업자는 제외한다.

1. 등록 체육시설업 : 골프장업, 스키장업, 자동차경주장업
2. 신고 체육시설업 : 요트장업, 조정장업, 카누장업, 수영장업 등
   * 소규모 체육시설업자 : 체육도장업, 골프연습장업, 체력단련장업, 당구장업

IV 보상한도

자동차손해배상 보장법 시행령 제3조 제1항에 따른 금액 이상(15,000만원 이상 가입)을 보장하는 손해보험에 가입하여야 한다.

문 17 선주배상책임보험, 유·도선사업자배상책임보험, 낚시어선업자 배상책임보험의 보상하지 않는 손해 및 대인담보 특별약관에 대하여 설명하시오. ★★

요점정리

	개요
면책손해	1. 승선한 승객 이외의 제3자에게 입힌 신체 장해에 대한 배상책임 2. 재물손해에 대한 배상책임 3. 피보험자(보험대상자)의 근로자가 입은 신체 장해에 대한 배상책임 4. 뚜렷한 정원 초과로 생긴 손해 5. 연락용 선박 이외의 운송용구로 승객을 운송하는 동안에 생긴 손해 6. 손해방지비용
특약	1. 구조비담보특약 2. 여객 외 제3자 담보 특별약관 3. 관습상비용

문제풀이

I 정의

「해운법」에 따라 해상에서 여객을 운송하는 운송업자와 「유선 및 도선 사업법」에 따라 하천 등에서 사람이나 선박을 운송하는 유·도선사업자, 「낚시 관리 및 육성법」에 따라 낚시터 업자, 낚시어선업자가 여객 등의 인명피해에 대한 배상책임을 담보할 수 있도록 가입하는 의무보험이다.

여객의 신체에 입은 손해를 기본담보로 하며, 여객 외 제3자의 신체 손해, 관습상의 비용 및 구조비용은 특별약관으로 담보한다.

II 보상하지 않는 손해

1. 승선한 승객 이외의 제3자에게 입힌 신체장해에 대한 배상책임
2. 재물손해에 대한 배상책임
3. 통상적이거나 급격한 사고에 의한 것인가의 여부에 관계없이 공해물질의 배출, 방출, 누출, 유출로 생긴 손해에 대한 배상책임 및 오염제거비용
4. 피보험자(보험대상자)의 근로자가 피보험자의 업무에 종사 중 입은 신체장해에

대한 배상책임

5. 계약자, 피보험자 또는 그 근로자가 고의나 법령위반(법령위반과 보험사고간 인과관계가 있는 경우에 한다)으로 인한 손해에 대한 배상책임
6. **선박이 습격, 포획, 나포, 억류됨으로써 생긴 손해에 대한 배상책임**
7. 선박 또는 선박에 승강시키는 연락용 선박의 **뚜렷한 정원초과로 생긴 손해에 대한 배상책임**. 그러나 뚜렷한 정원 초과로 생긴 손해가 아님을 피보험자가 입증한 때에는 정원을 한도로 보상한다.
8. **선박 또는 선박에 승강시키는 연락용 선박 이외의 운송용구로 승객을 운송하는 동안에 생긴 손해**에 대한 배상책임
9. 선박의 내항능력 유지의무를 이행하지 않아 발생한 손해에 대한 배상책임

Ⅲ 대인담보특별약관

1. 구조비담보 특별약관

1) 정의

선박이 침몰하거나 기타 사고로 재난을 당한 여객을 구조하거나 수색하는 데 소요되는 비용을 동 특약으로 담보[50]한다.

2) 담보범위

손해방지비용은 원칙상 보상한도액에 관계없이 추가 보상하여야 하나 **보험증권상 보상한도액을 한도로 담보**한다.

2. 여객 외 제3자 담보 특별약관

1) 정의

피보험자의 선박에 승선한 여객 이외의 제3자에게 입힌 인명피해에 대하여 피보험자의 배상책임 손해를 담보한다.

2) 담보범위

피보험자의 선박에 의한 타인의 **인명피해에 대한 배상책임손해만을 담보**하고 물적 손해에 대한 배상책임손해는 담보하지 않는다.

---

50) 선주배상책임보험, 유·도선사업자배상책임보험, 낚시어선업자 배상책임보험에서는 손해방지비용임에도 여객을 구조하거나 수색하는 비용 등은 보험자의 면책손해로 규정하고 있다. 이러한 손해는 그 비용이 거대하고 빈번히 발생하므로 보험기술상 면책으로 규정하는 것이다. 그로 인해 구조비 담보 특약가입으로 여객의 구조 및 수색 비용을 담보한다.

3. 관습상의 비용

1) 정의

   선박의 여객 사고 시 유족에게 지급하는 조의금, 위로금, 식대, 숙박비, 교통비 등을 제공하는 비용을 말한다.

2) 담보범위

   관습상 비용은 **피보험자의 책임이 없는 경우에 동 특약에서 담보하며, 보험증권상 보상한도액에 관계 없이 피해 여객 1인당 특별약관에서 정한 한도로 보상**한다.

문18 수상레져배상책임보험의 보상하는 손해설명하시오. ★★

	개요
보상하는 손해	수상레저배상책임보험은 피보험자가 소유, 사용 또는 관리하는 수상레저기구의 이용자(조종자, 탑승자 및 피견인수상레저기구의 탑승자를 말합니다)의 신체 사상 등으로 인한 피보험자의 법률상배상책임으로 인한 손해를 보상
특약	1. 인명구조담보 2. 치료비특별약관

문제풀이

정의

「수상레저안전법 제49조」에서는 동력수상레저기구의 소유자는 동력수상레저기구의 사용으로 다른 사람이 사망하거나 부상한 경우에 그에 대한 법률상책임을 담보하는 보험에 가입하는 규정을 두고 있으며 수상레저배상책임보험은 피보험자가 소유, 사용 또는 관리하는 수상레저기구의 이용자(조종자, 탑승자 및 피견인수상레저기구의 탑승자를 말합니다)의 신체 사상 등으로 인한 피보험자의 법률상 배상책임으로 인한 손해를 보상한다.

Ⅱ 보험가입자

1. 수상레저사업자
2. 업무용수상레저기구 소유자
3. 수상레저기구 개인소유자

Ⅲ 대인담보특별약관

1. 인명구조담보 특별약관
   1) 정의
      수상레저기구의 이용자(조종자, 탑승자 및 피견인수상레저기구의 탑승자) 또는 제3자를 구조 또는 수색하기 위하여 직접 지급한 필요하고 유익한 비

용을 보상한도액 내에서 보상

2) 담보범위

손해방지비용은 원칙상 보상한도액에 관계없이 추가 보상하여야 하나 **보험증권상 보상한도액을 한도로 담보**한다.

2. 치료비 담보 특별약관

1) 정의

수상레저기구의 이용자(조종자, 탑승자 및 피견인수상레저기구의 탑승자)에 대하여 피보험자에게 법률상의 배상책임이 없는 신체 상해에 대한 치료비를 담보기재된 보상한도액 내에서 보상

2) 담보범위

보험증권에 기재된 보상한도액내에서 보상

문 19 수렵배상책임보험의 보상하는 손해 및 보상한도 등에 관하여 설명하시오. ★★

개요	
정의	피보험자가 보험기간 중 수렵장 또는 사격장 내에서 하는 수렵 활동을 말하며, 경찰서 또는 관할 행정기관에서 총기 수령하는 시점부터 해당 기관으로 총기 반납하는 시점까지를 포함함.
담보하는 손해	수렵 활동 중 총기의 소유, 사용 또는 엽견에 의하여 피해자의 신체 및 재물에 대한 법률상의 배상책임을 부담함으로써 입은 손해를 보상한다.

문제풀이

Ⅰ 정의

「야생생물법 제51조」에서는 수렵장에서 다른 사람의 생명·신체 또는 재산에 피해를 준 경우에 이를 보상할 수 있도록 보험에 가입하도록 규정하고 있는데 수렵배상책임보험은 수렵 활동 중 총기의 소유, 사용 또는 엽견에 의하여 피해자의 신체 및 재물에 대한 법률상의 배상책임을 부담함으로써 입은 손해를 보상한다.

Ⅱ 수렵활동의 정의

수렵활동이라함은 피보험자가 보험기간 중 수렵장 또는 사격장 내에서 하는 수렵 활동을 말하며, 경찰서 또는 관할 행정기관에서 총기 수령하는 시점부터 해당 기관으로 총기 반납하는 시점까지를 포함함.

Ⅲ 보상한도

1. 수렵 중에 다른 사람을 사망하게 한 경우 : 1억5천만원 이상
2. 수렵 중에 다른 사람을 부상하게 하거나 다른 사람의 재산에 손해를 입힌 경우 : 3천만원 이상
3. 수렵 중에 다른 사람을 부상하게 하여 그 사람이 부상에 대한 치료를 마친 후 더 이상의 치료 효과를 기대할 수 없고 그 증상이 고정된 상태에서 그 부상이 원인이 되는 신체적 장해가 생긴 경우 : 1억5천만원 이상

Memo

Ⅱ. 계산문제

문 01 가스사고배상책임보험 (액화석유가스소비자보장특약) 계산하기★★★★★

착안점

1. 피해자의 신체 손해에 관하여 급별 한도로 보상하는 보험 상품의 한도액

항목	보상 한도
부상	1급 (1,500만원) ~ 14급 (20만원)
후유장해	1급 (8,000만원) ~ 14급 (500만원)
사망	8,000만원 (실손해액 2,000만원 미만 2,000만원 정액지급)

2. 각 항목(부상, 후유장해, 사망)에 해당되는 금원

항목	보상 금원
부상	치료비, 간병비, 보조기구비, 상실수익(휴업손해)
후유장해	개호비, 보조구비, 상실수익, 일실퇴직금, 위자료
사망	상실수익, 위자료

3. 비용손해보상방법

이패스 가스충전소에서 폭발 사고로 고객 홍길동이 사망하는 사건이 발생하였다. 사고는 시설 결함에 의해 누출된 가스로 인해 폭발 사고가 발생한 것으로 결론내려졌다. 상기 〈별표〉의 내용을 참고하여 홍길동에게 지급될 보험금을 산정하고, 그 산출과정을 기재하시오.

별표

[충전소 보험가입사항]
　　보험종목 : 가스사고배상책임보험(액화석유가스소비자보장특별약관)

[전제조건]
　　직업 : 무직
　　장례비 : 500만원
　　과실 : 무과실
　　호프만계수(H) : (계산상 편의를 위한 임의계수임)
　　　　　　사고일 ~ 가동종료일 : 48개월 (H : 40)
　　일용임금 : 건설보통인부 15만원 (일용근로자 월 근로일수는 20일을 적용할 것)
　　위자료 : 8,000만원

문제풀이

I. 손해액산정

1. 사망 (한도 8,000만원)

    1) 장례비

    5,000,000원

    2) 상실수익

    (15만원×20일) × 100% × 40H × (1-1/3) = 80,000,000원

    3) 위자료

    80,000,000원

    4) 합계

    165,000,000원 > 사망한도 8,000만원 ▶ 80,000,000원 보상

II. 보험자보상금액

80,000,000원

문 02 가스사고배상책임보험(액화석유가스소비자보장초과추가특별약관) 계산하기
★★★★★

착안점
1. 액화석유가스소비자보장특약의 책임법리
2. 액화석유가스소비자보장초과 추가 특약의 책임법리
3. 특약별 보험금지급방법과 순서
   - 소비자보장특약의 경우 신체 손해는 피해자의 과실까지 보상하는 보상책임 규정을 따르고 있으므로 과실 적용 없이 피해자의 실 손해액을 한도 내에서 모두 보상한다. 반면, 액화석유가스소비자보장 초과 추가 특약은 임의보험으로 의무보험에서 보상 후 초과한 손해를 보상하는 특약이며 피해자의 과실을 적용한다. 사안의 경우 의무보험인 소비자보장특약이 기초보험, 임의보험인 소비자보장초과 추가 특약이 초과보험이 된다.

이패스 가스충전소에서 대형가스폭발사고가 발생하였다는데 조사 결과 사고는 가스판매업자와 고객 홍길동의 공동 과실(과실 각 50%)로 인해 발생한 것이다. 이 사고로 고객 홍길동에게 부상 치료 후 장해가 발생하였다. 다음의 사항을 참고하여 보험자가 지급해야 할 보험금을 산정하시오.

별표

[충전소의 보험가입사항]
　보험종목 : 가스사고배상책임보험
　　- 액화석유가스판매업자·충전업자특별약관
　　- 액화석유가스소비자보장특별약관
　　- 액화석유가스소비자보장초과추가특별약관 (1인당 1억)

[전제조건]
　현실소득 : 월 500만원
　치료비 : 2,000만원
　과실 : 50%
　부상 및 장해급수 :
　　- 부상 : 2급과 3급
　　- 장해 : 2급과 4급
　노동능력상실율 : 추상 20%, 신경손상 50%
　일용임금 : 건설보통인부 15만원 (일용근로자 월 근로일수는 20일을 적용할 것)
　호프계수 : (계산 편의를 위한 임의 계수)
　　- 사고일 ~ 치료종결까지 : 6개월(5)
　　- 사고일 ~ 정년까지 : 75개월(65)
　　- 사고일 ~ 가동기간종료까지 : 135개월(105)
　위자료 : 1억원 (서울지방법원 자동차 사고 사망 및 장해 100% 위자료 기준금액)
　일실퇴직금 산정은 생략하기로 한다.

문제풀이

I. 피해자의 손해액 산정

1. 적극적 손해

치료비

20,000,000원 × (1 - 50%) = 10,000,000원

2. 소극적 손해

1) 사고일 ~ 치료종결일 (입원 기간 상실수익 : 휴업손해)
   500만원 × 100% × 5H × (1 - 50%) = 12,500,000원

2) 퇴원 이후 ~ 정년까지 (장해 상실수익 : 퇴직 이전)
   ⇨ 노동능력상실율 산정 : 50% + {20% × (1 - 50%)} = 60%
   500만원 × 60% × 60H(65 - 5) × (1 - 50%)
   = 90,000,000원

3) 정년 이후 ~ 가동연한 종료까지 (장해 상실수익 : 퇴직 이후)
   (15만원×20일) × 60% × 40H(105-65) × (1-50%) = 36,000,000원

4) 소계 : 138,500,000원

3. 정신적 손해

위자료

1억 × 60% × (1-6/10 × 50%) = 42,000,000원

4. 합계

190,500,000원

II. 각 특약별 보험자 보상책임

1. 소비자보장특별약관 보상금액 (과실 적용 안함)

1) 부상
   - 치료비 : 20,000,000원
   - 입원기간 상실수익 (휴업손해) : 25,000,000원

- 소계 : 45,000,000원
- 보상금액 : 45,000,000원 > 1급[51] 한도 1,500만원 ▶ 15,000,000원

2) 후유장해
- 장해 상실수익 (치료 종결이후 ~ 가동연한 종료까지) : 252,000,000원
- 위자료 : 60,000,000원
- 소계 : 312,000,000원
- 보상금액 : 312,000,000원 > 1급[52] 한도 8,000만원 ▶ 80,000,000원

3) 지급금액 : 95,000,000원

2. 소비자보장초과추가특별약관 보상금액 (과실 적용함)

190,500,000원(과실적용실제손해) − 9,500만원(소비자보장특약보상금)
= 95,500,000원

⇨ 95,500,000원 < 한도 10,000만원 ▶ 95,500,000원 보상

---

51) 2급과 3급 : 2급(③,4,5) ⇒ 1급 상향하여 2급을 1급으로
52) 2급과 4급 : 중복되면 1급 상향 ⇒ 1급 상향하여 2급을 1급으로

Memo

문 03 특약부화재보험 계산하기 ★★★★★

착안점

1. 화재보험법에서 정한 손해액산정 방법
2. 피해자의 신체 손해에 관하여 급별 한도로 보상하는 보험 상품의 한도액

항목	보상 한도
부상	1급 (3,000만원) ~ 14급 (50만원)
후유장해	1급 (15,000만원) ~ 14급 (1,000만원)
사망	15,000만원 (실손해액 2,000만원 미만 2,000만원 정액지급)

홍길동이 소유의 H 빌딩 5층에서 시작된 원인불명의 화재로 건물 내방객 甲과 H 빌딩의 소속 근로자인 乙이 사상되는 사고가 발생하였다. 다음의 내용을 참고하여 「화재로 인한 재해보상과 보험가입에 관한 법률」에 따른 특수건물소유자의 법률상책임 및 보험자가 지급할 보험금액을 산정하시오.

별표

[보험가입사항]
  계약자 / 피보험자 : 홍길동
  국문화재보험·신체손해배상책임 특별약관(종업원배상책임 부담보 특별약관)

[피해자의 피해 사항 전제조건 : 갑(甲)과 을(乙) 동일한 전제조건으로 볼 것]
  피해사항 : 부상1급/ 장해1급
  치료비 : 2,000만원
  월급액 : 500만원
  취업가능기간 : 사고~치료종결 10개월(H계수 10)
               사고~취업가능기간종료 20개월(H계수 – 19)
  남자평균임금 : 일 10만원

문제풀이

I 법률상책임

「화재로 인한 재해보상과 보험가입에 관한 법률」에서는 특수건물소유자는 그 건물의 화재로 타인이 사상되거나 또는 타인의 재물에 손해가 발생한 경우 소유자의 과실이 없는 경우에도 의무보험 한도 내에서 그 손해를 배상할 책임을 규정하고 있다. 사안의 경우 원인미상의 화재 사고가 발생하였으나 소유자는 무과실책임

을 부담하므로 홍길동은 타인성이 인정되는 내방객은 물론 종업원의 손해[53]에 관하여도 법률상 책임이 발생한다.

Ⅱ. 보험자 보상책임

1. 갑(甲)

   1) 부상
      - 치료비 20,000,000원 < 한도 3,000만원 ▶ 20,000,000원 보상

   2) 장해
      - 일실수익 5,000,000원 × 10개월(20개월-10개월)[54] = 50,000,000원
      - 상실수익 50,000,000원 < 한도 15,000만원 ▶ 50,000,000원 보상

   3) 합계 : 70,000,000원

   4) 보험자 보상금액

      70,000,000원 보상

2. 을(乙)

   면책(피보험자의 법적책임은 존재하나 종업원 배상책임 부담보 특별약관가입)

---

53) 종업원의 재해를 담보하지 않는 특별약관에 가입하였으므로 보험자는 보상하지 않는다.
54) 치료 기간 상실수익은 지급하지 않음

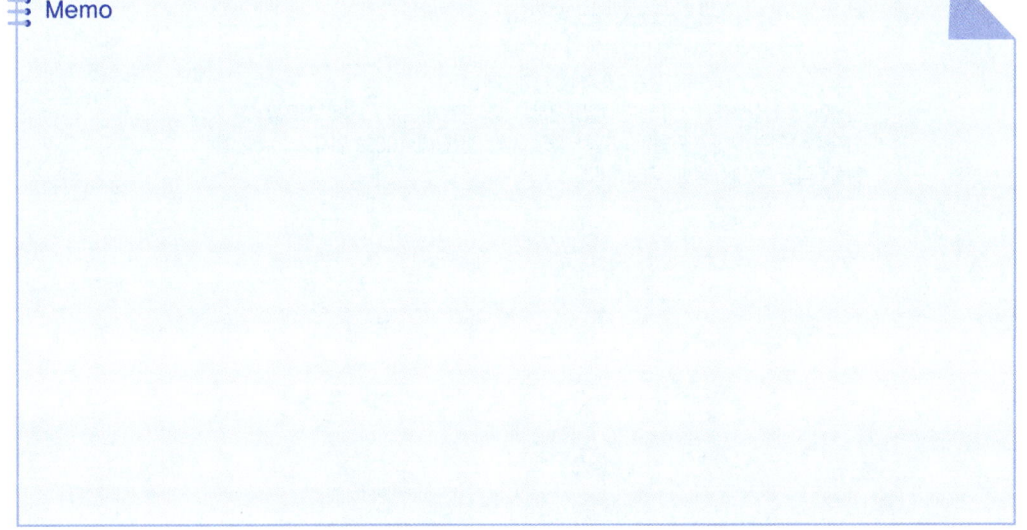

문 04 다중이용업소화재배상책임보험 계산하기 ★★★★★

착안점

1. 배상책임을 지는 타인의 범위
2. 피해자의 신체 손해에 관하여 급별 한도로 보상하는 보험 상품의 한도액

항목	보상 한도
부상	1급 (3,000만원) ~ 14급 (80만원)
후유장해	1급 (15,000만원) ~ 14급 (1,000만원)
사망	15,000만원 (실손해액 2,000만원 미만 2,000만원 정액지급)

이패스 카페에서 발생한 원인불명의 화재 사고로 고객 홍길동이 치료 중 사망하였다. 이패스 카페는 다중이용업소 화재배상책임보험 의무가입 대상시설이다. 다음의 내용을 참고하여 법률상책임 및 보험자가 지급할 보험금을 산정하시오.

별표

[카페 보험가입사항]
　보험종목 : 다중이용업소화재배상책임보험
　　　　　 - 의무보험가입한도액

[전제조건]
　현실소득 : 월 500만원
　과실 : 무과실
　치료비 : 500만원
　장례비 : 500만원
　호프만계수 : (계산 편의를 임의 계수)
　　　- 사고일 ~ 치료종결까지 : 1개월 (1H)
　　　- 사고일 ~ 정년까지 : 211개월 (121H)
　　　- 사고일 ~ 가동연한종료까지 : 271개월 (151H)
　일용임금 : 건설보통인부 15만원 (일용근로자 월 근로일수는 20일을 적용할 것)
　위자료 : 1억원 (서울지방법원 자동차 사고 사망 및 장해 100% 위자료 기준금액)
　일실퇴직금 산정은 생략하기로 한다.

문제풀이

I. 법률상책임

사안은 다중이용업소인 이패스 카페에서 원인을 알 수 없는 화재로 고객 홍길동이 사망한 사건이다. 「다중이용업소의 안전관리에 관한 특별법」에서는 다중이용업소의 화재 사고로 타인이 사상 된 경우 업주는 과실이 없는 경우에도 그에 관한 손해를 배상할 의무보험에 가입하도록 규정하고 있다. 그로 인해 고객 홍길동의 손해에 관하여 의무보험 한도 내에서 법률상 책임을 부담한다. 이와 함께 해당 시설의 점유자로써 본인에게 이번 사고의 과실 없음을 입증하지 못하는 한 공작물 점유자로써 민법 제758조 법률상책임 또한 부담할 것으로 판단된다.

II. 보험자보상책임

다중이용업소화재배상책임보험이란 다중이용업소의 업주가 가입하여야하는 의무보험으로 다중이용업소의 화재(폭발 포함)로 인해 타인에게 신체 및 재물손해가 발생한 경우 그로 인한 법률상 배상책임으로 인한 손해를 담보하는 보험이다. 보험자는 피보험자인 이패스 제과점의 업주가 부담하는 법률상책임으로 인한 손해를 보상한다.

III. 보험자 지급금액

1. 부상

1) 치료비 : 500만원
2) 휴업손해 : 500만원 × 100% × 1H = 500만원
3) 계 : 1,000만원
   ⇨ 1,000만원 < 한도 3,000만원 ▶ 10,000,000원 보상

2. 사망

1) 장례비 : 500만원
2) 상실수익
   - 치료종결(사망)이후 ~ 정년까지
     500만원 × 100% × 120H(121-1) × (1-1/3) = 40,000만원

- 정년이후 ~ 가동종료까지

  (15만원×20일) × 100% × 30H(151-121) × (1-1/3) = 6,000만원
- 계 : 46,000만원

3) 위자료 : 1억
4) 합계 : 56,500만원

   ⇨ 56,500만원 > 한도 15,000만원 ▶ 150,000,000원 보상

3. 총 지급금액

160,000,000원

문 05 재난배상책임보험 계산하기 ★★★★★

> **착안점**
> 1. 무과실책임[55]에 따른 피보험자의 법률상 책임담보
> 2. 피해자의 신체 손해에 관하여 급별 한도로 보상하는 보험 상품의 한도액
>
> | 항목 | 재난배상책임보험 보상 한도 |
> |---|---|
> | 부상 | 1급 (3,000만원) ~ 14급 (50만원) |
> | 후유장해 | 1급 (15,000만원) ~ 14급 (1,000만원) |
> | 사망 | 15,000만원 (실손해액 2,000만원 미만 2,000만원 정액지급) |
>
> 3. 의무보험과 임의보험 가입 시 보험자 보상책임

이패스 식당에서 화기 취급 부주의로 화재가 발생하여 고객 홍길동이 치료 중 사망하였다. 이패스 카페는 재난배상책임보험 의무가입 대상시설이다.
다음의 내용을 참고하여 법률상책임 및 보험자가 지급할 보험금을 산정하시오.

> **별표**
>
> [식당의 보험가입사항]
>   보험회사 A : 재난배상책임보험
>   보험회사 B : 장기재물보험(화재(폭발포함)배상책임 특별약관)
>   – 보상한도액 : 사망 1인당 150,000,000원, 부상 1인당 30,000,000원[56]
>
> [손해사항]
>   현실소득 : 월 500만원
>   과실 : 무과실
>   치료비 : 500만원
>   장례비 : 500만원
>   호프만계수 : (계산 편의를 임의 계수)
>   – 사고일 ~ 치료종결까지 : 1개월 (1H)
>   – 사고일 ~ 정년까지 : 211개월 (121H)
>   – 사고일 ~ 가동연한종료까지 : 271개월 (151H)
>   일용임금 : 건설보통인부 15만원 (일용근로자 월 근로일수는 20일을 적용할 것)
>   위자료 : 1억원 (서울지방법원 자동차 사고 사망 및 장해 100% 위자료 기준금액)
>   일실퇴직금 산정은 생략하기로 한다.
>
> [전제조건]
>   – 음식점 바닥면적은 165제곱미터이다.
>   – 경찰조사 및 국립수사연구원 화재감식결과 등에 따르면, 주방의 화기 취급 부주의 사고로 종결되었다.
>   – 음식점은 다중이용업소 화재배상책임보험 의무가입대상시설에는 해당하지 않는다.

---

55) 재난배상책임보험은 무과실책임주의로 약관에서 피보험자의 과실여부를 불문하고 피보험자에게 발생한 법률상 책임을 보상한다. 무과실책임주의는 피해자의 과실까지 보상하는 보상책임과는 다르다. 〈약관 제3조 1〉 피보험자가 피해자에게 지급할 책임을 지는 법률상의 손해배상금 (단, 피보험자의 과실여부를 불문합니다.)

| 01 | 각 보험종목별 보상하는 손해와 보상책임에 대하여 각각 약술하시오.

문제풀이

Ⅰ. 재난배상책임보험의 보상하는 손해 및 보상책임

재난배상책임보험이란 「재난 및 안전관리 기본법」에 따라 재난취약시설이 의무적으로 가입해야하는 보험으로 피보험자가 소유, 관리 또는 점유하는 시설에서 화재, 붕괴 또는 폭발로 발생한 타인의 신체 또는 재산상의 손해에 대하여 피보험자에게 과실이 없는 사고도 보상하는 의무보험으로 사안은 화기 취급 부주의로 시작되어 손님이 사망한 사안이므로 보험자는 피보험자에게 발생하는 법률상배상책임으로 인한 손해를 보상한다.

Ⅱ. 장기재물보험, 화재배상책임 특별약관의 보상하는 손해 및 보상책임

다중이용업소의 업주가 가입하는 장기재물보험 화재배상책임특별약관은 다중이용업소 화재배상책임보험과 동일한 역할을 하며 다중이용업주인 피보험자가 화재 또는 폭발사고로 부담하는 법률상 배상책임으로 인한 손해를 담보한다.
그러나 사안의 갑(甲)이 운영하는 다중이용업소는 1층 단독건물에 입주한 바닥면적은 165제곱미터의 음식점으로 다중이용업소화재배상책임보험 의무가입 대상이 아니므로 장기재물보험은 의무보험이 아닌 임의보험이 되는 것이다. 그로 인해 보험자는 의무보험인 재난배상책임보험에서 보상 후 초과한 손해만을 담보한다.

---

56) 장기재물보험(화재(폭발포함)배상책임특별약관)은 다중이용업소화재배상책임보험과 동일한 보험이다.

| 02 | 보험사별 지급보험금을 산정하고, 그 산출과정을 기재하시오.

문제풀이

I. A보험사 (재난배상책임보험)

1. 부상

   1) 치료비 : 500만원
   2) 휴업손해 : 500만원 × 100% × 1H = 500만원
   3) 계 : 1,000만원

2. 사망

   1) 장례비 : 500만원
   2) 상실수익
      - 치료종결(사망)이후 ~ 정년까지
        500만원 × 100% × 120H(121-1) × (1-1/3) = 40,000만원
      - 정년이후 ~ 가동종료까지
        (15만원×20일) × 100% × 30H(151-121) × (1-1/3) = 6,000만원
      - 계 : 46,000만원
   3) 위자료 : 1억
   4) 합계 : 56,500만원

3. 보험자 보상금액

   575,000,000원 〉 보상한도 18,000만원[57] ▶ 180,000,000원 보상

II. B보험사 (장기재물보험 화재배상책임 특별약관)

575,000,000원-1.8억(의무보험) 〉 사망한도 1.5억 ▶ 150,000,000원 보상

---

[57] 재난배상책임보험에서는 피해자가 치료 중 사망하는 경우 부상과 사망한도의 합계액에서 실손해를 보상하도록 규정하고 있다.

문 06. 의료기기[58] 배상책임보험 ★★★

이패스 정형외과에서 인공관절 수술을 받은 甲이 몸에 이식하는 의료기기의 하자로 장해를 입는 사고가 발생하였다. 해당 의료기기는 H상사가 제조하는 제품이다. 다음의 사항을 참고하여 법률상책임 및 보험자의 보상책임과 보상금액을 산정하시오.(사안은 의료기기의 하자로 발생한 사고이며 병원 측의 과실은 생각하지 않는다.)

[별표]

[H상사 보험가입사항]
   A보험사 : 의료기기배상책임보험
     – 한도 : 의무보험한도

[전제조건]
   현실소득 : 월 500만원
   과실 : 무과실
   치료비 : 기왕치료비 – 1,000만원 / 통원치료비 – 500만원
   부상 및 장해급수 : 2급(한도 – 1,500만원) / 8급(한도 – 4,500만원)
   노동능력상실율 : 20%
   호프만계수 : 계산 편의를 위한 임의 계수
        – 사고~퇴원까지 : 3개월 (3H)
        – 사고~치료종결까지 : 6개월 (5H)
        – 사고~정년까지 : 120개월 (105H)
        – 사고~가동연한종료까지 : 180개월 (135H)
   일용임금 : 건설보통인부 15만원 (일용근로자 근로일수 월 20일로 적용할 것)
   위자료 : 1억 (서울중앙지방법원 자동차사고 사망 또는 장해 100% 기준)

문제풀이

I. 법률상배상책임

사안은 H상사가 제조·판매한 인체이식형 의료기기의 하자로 이패스 병원의 환자 甲이 사상한 사건이다. 하자 있는 의료기기를 제조·판매한 H상사는 민법 제750조 책임으로 인한 손해배상책임을 부담한다.

---

[58] 해당 보험에서 의미하는 의료기기란? 인체 이식형 의료기기로 의료기기법에 따라 허가·인증을 받은 의료기기 중 인체에 30일 이상 연속적으로 유지되는 목적으로 인체에 삽입하는 의료기기를 의미

Ⅱ 보험자의 보상책임

의료기기 배상책임보험은 인체이식형 의료기기의 하자로 발생한 의료기기 판매업자 등 피보험자의 법률상책임을 담보하는 보험으로 사건은 피해자가 의료기기의 하자로 사망에 이른 사안이므로 보험자는 피보험자가 부담하는 법률상책임을 담보한다.

Ⅲ 보험자 보상금액

1. 적극적 손해
치료비 : 1,500만원

2. 소극적 손해

1) 치료 상실수익

① 사고 ~ 퇴원 : 500만원 × 100% × 3H = 1,500만원

② 퇴원이후 ~ 치료종료 : 500만원 × 20% × 2H(5-3) = 800만원

③ 계 : 2,300만원

2) 이후 상실수익

① 치료종료 ~ 정년 : 500만원 × 20% × 100H(105-5) = 10,000만원

② 정년이후 ~ 가동종료 : (15만원×20일) × 20% × 30H(135-5)
   = 1,800만원

③ 계 : 11,800만원

3) 소계 : 14,100만원

3. 정신적 손해
위자료 : 1억 × 20% = 2,000만원

4. 합계 : 176,000,000원

Ⅳ 보험자 보상책임

1. 부상 (총 치료비 + 치료 기간 상실수익)

3,800만원 〉 한도 1,500만원 ▶ 1,500만원 보상

2. 장해 (상실수익 + 위자료)

13,800만원 〉 한도 4,500만원 ▶ 4,500만원 보상

문 07 승강기 배상책임보험 계산하기★★★

홍길동이 탑승한 이패스 빌딩의 승강기가 갑자기 고속으로 추락하여 홍길동이 상해를 입은 사고가 발생하였다. 사고는 연결 볼트가 풀리면서 승강기의 하중을 견디지 못해 승강기가 추락한 것으로 밝혀졌다. 이패스 빌딩의 승강기는 H승강기가 전적인 관리주체이다. 보험자보상책임과 지급할 보험금액을 산정하시오.

[착안점]

[H승강기 보험가입사항]
A보험사 : 승강기배상책임보험
  – 보상한도 : 의무보험한도

[전제조건]
현실소득 : 500만원
과실 : 무과실
치료비 : 2,000만원
부상 및 장해급수 : 부상 1급/ 장해 1급
노동능력상실율 : 50%
일용임금 : 건설보통인부 15만원 (일용근로자 월 근로일수는 20일을 적용할 것)
호프만계수 : 계산 편의를 위한 임의계수
  – 사고 ~ 치료종결까지 : 12개월(10H)
  – 사고 ~ 정년까지 : 60개월(50H)
  – 사고 ~ 가동연한종료까지 : 120개월(90H)
위자료 : 1억 (서울중앙지방법원 자동차사고 사망 또는 장해 100% 기준)

문제풀이

I. 보험자 – 보상책임

승강기배상책임보험은 피보험자가 소유, 사용, 관리하는 승강기로 생긴 우연한 사고로 발생한 타인의 생명 또는 신체나 재산상의 손해에 대하여 피보험자가 부담하는 법률상배상책임으로 인힌 손해를 담보하는 의무보험이다. 보험사는 의무보험한도 내에서 피해자 홍길동의 손해를 보상한다.

Ⅱ 손해액산정 및 보험자보상금액

1. 적극적 손해
치료비 : 20,000,000원

2. 소극적 손해

1) 사고 ~ 치료종료

500만원 × 100% × 10H = 50,000,000원

2) 치료종료 ~ 정년까지

500만원 × 50% × 40H(50-10) = 100,000,000원

3) 정년이후 ~ 가동종료까지

(15만원×20일) × 50% × 40H(90-50) = 60,000,000원

4) 소계 : 210,000,000원

3. 정신적 손해
위자료 : 1억×50% = 50,000,000원

4. 합계 : 280,000,000원

Ⅲ 보험자보상책임

1. 부상 (치료비 + 휴업손해)
7,000만원 〉 부상한도 1,500만원 ▶ 15,000,000원 보상

2. 장해 (개호비 + 상실수익 + 위자료)
21,000만원 〉 장해한도 8,000만원 ▶ 80,000,000원 보상

3. 합계 : 95,000,000원 보상

문 08. 청소년활동 배상책임보험과 수련시설 배상책임보험 계산하기 ★★★★★

> **착안점**
> 1. 의무보험한도 변경사항 이해하기
> 2. 의무보험 + 의무보험 = 독립책임액비례분담방식
> 3. 신체의 상해 정도를 등급으로 나눈 보험의 지급 방법

이패스 수련원은 겨울방학을 맞이하여 청소년 영어 캠프를 주최하였다. 사고는 갑자기 내린 폭설의 무게를 감당하지 못한 건물 천장이 붕괴되면서 발생하였는데, 이 사고로 캠프참가자 홍길순이 장해를 입는 피해를 당하였다. 다음의 사항을 참고하여 법률상 책임 및 보험자가 지급해야 할 보험금을 산정하시오.

> **별표**
>
> [수련원 보험가입사항]
> A보험사 : 수련시설배상책임보험
>   - 보상한도 : 의무보험한도
> B보험사 : 청소년활동배상책임보험
>   - 보상한도 : 의무보험한도
>
> [전제조건]
> 사고발생 : 2023. 11. 05
> 생년월일 : 2006. 11. 05 (여)
> 과　　실 : 무과실
> 치료비 : 3,000만원
> 부상, 장해급수 : 1급
> 노동능력상실율 : 60%
> 일용임금 : 건설보통인부 15만원 (일용근로자 월 근로일수는 20일을 적용할 것)
> H계수 : (계산편의를 위한 임의 계수)
>   - 사고 ~ 치료종결까지 : 6개월(5H)
>   - 사고 ~ 가동개시까지 : 24개월(22H)
>   - 사고 ~ 가동연한종료 : 564개월(290H)
> 위자료 : 1억 (서울중앙지방법원 자동차사고 사망 또는 장해 100% 기준)

I. 법률상배상책임

행사의 주최 측 이패스 수련원은 캠프 일정 동안 행사에 참여하는 참가자들이 수련시설을 이용하거나 그 시설에서 이루어지는 모든 활동에 참여하는 동안 안전한 시설과 환경에서 모든 일정을 소화할 수 있도록 해야 할 안전배려의무가 발생한다. 그러나 그에 관한 의무를 이행하지 못하였으므로 수련원 측은 피해자에게 민법 제390조 채무불이행으로 인한 법률상책임과 민법 제750조 불법행위책임 및

민법 제758조 공작물책임으로 인한 법률상 책임을 부담한다.

Ⅱ 보험자보상책임

수련시설배상책임보험은 수련시설을 설치, 운영, 위탁 관리하는 피보험자가 수련시설 및 그 시설의 용도에 기인한 업무수행으로 타인의 신체 및 재물에 손해를 입힌 경우 발생하는 법률상 책임을 담보하는 의무보험이며 청소년활동배상책임보험은 이동·숙박형 청소년활동으로 기인한 피보험자가 부담하는 법률상 책임을 담보하는 의무보험이다. A, B보험자는 청소년수련시설이면서 청소년활동을 진행하던 이패스 수련원이 청소년 영어 캠프참가자 홍길순에게 부담하는 법률상 책임으로 인한 손해를 보상할 책임을 진다.

Ⅲ 손해액산정 및 보험자보상금액

1. 손해액산정

1) 적극적 손해
   치료비 : 30,000,000원

2) 소극적 손해
   (15만원×20일) × 60% × 262H[59] (290-22)[60] = 471,600,000원

---

59) 262H
   ▶ 290H(사고~가동연한종료)-22H(사고~가동개시까지) = 268H
   268H(가동개시~가동연한종료) - 240H = 28H
   290H - 28H = 262H

60) 미성년자의 상실수익을 산정할 때도 과잉배상을 방지하기 위해 240H를 적용하던 기존 판례와 상반된 대법원 판례가 나왔습니다.
   호프만식 계산법에 의하여 중간이자를 공제하는 경우, 단리 연금 현가율이 240을 넘는 경우의 일실이익의 산정방법 및 이때 피해자가 순이익을 얻을 수 없는 기간이 포함되어 있는 경우의 산정방법 (대법원 2022. 6. 16. 선고 2022다211393 판결).
   ▶ 원고가 사고 이후 성년에 이른 다음에야 일실수입을 얻을 수 있는 경우 즉, 사고 시부터 가동종료일의 중간에 원고가 순이익을 얻을 수 없는 기간이 포함된 경우에는 사고 시부터 가동종료일까지의 총기간인 603개월의 단리 연금 현가율 301.1613에서 순이익을 얻을 수 없는 기간인 51개월에 해당하는 단리 연금 현가율 46.1567을 공제한 수치(255.0046)와 240을 비교하여 그 결과에 따라 앞서 본 법리에 따라 중간이자를 공제하여 현가를 산정하여야 한다. 이 사건에서는 그 공제한 결과의 수치가 255.0046으로 240을 넘었으므로 그 초과분인 15.0046(= 255.0046-240)을 위 301.1613에서 차감한 286.1567을 적용하면 충분한데도 원심은 그보다 낮은 240을 적용하여야만 과잉배상의 문제가 발생하지 아니한다고 보아 결과적으로 중간이자를 과다하게 공제하고 말았으니, 원심판결에는 호프만식 계산법에 의한 일실수입 손해액 산정에 관한 법리를 오해하여 판결에 영향을 미친 잘못이 있다.

3) 정신적 손해

위자료 : 100,000,000원 × 60% (노동능력상실율) = 60,000,000원

4) 합계 : 561,600,000원

2. 보상금액

1) 부상 (1급)

치료비 30,000,000원

⇒ 분담

- A보험사 : 30,000,000원(실손해) ≦ 3,000만원(한도) ▶ 3,000만원
- B보험사 : 30,000,000원(실손해) ≦ 3,000만원(한도) ▶ 3,000만원

분담금액 : A와 B보험사 각각 15,000,000원 보상

2) 후유장해 (1급)

상실수익 + 위자료 : 531,600,000원

⇒ 분담

- A보험사 : 531,600,000원(실손해) > 15,000만원(한도) ▶ 150,000,000원보상
- B보험사 : 531,600,000원(실손해) > 15,000만원(한도) ▶ 150,000,000원보상

3) 결론

A, B보험사 각각 165,000,000원 보상

문 09 야영장배상책임보험 계산하기 ★★★★★

이패스 야영장에서 고객 홍길동이 야영장에 있는 철봉에서 운동 중 철봉의 하자로 떨어지면서 바닥에 있던 돌에 안면부를 부딪혀 상해를 입는 사고가 발생하였다. 다음의 사항을 참고하여 각 보험자가 지급해야 할 보험금을 산정하시오.

착안점

[야영장의 보험가입사항]
　보험종목 : 야영장배상책임보험

	5급	6급	7급	8급	9급	10급	11급	12급
부상	900	500	500	240	240	160	160	80
장해	6,000	5,000	4,000	3,000	2,250	1,880	1,500	1,250

[전제조건]
　현실소득 : 월 500만원
　피해자과실 : 무과실
　치료비 : 1,000만원
　부상급수 : 7급 - 일반외상, 10급 - 치아보철
　장해급수 : 12급 - 반흔장해, 9급 - 치아장해
　노동능력상실율 : 20%
　일용임금 : 건설보통인부 15만원 (일용근로자 근로일수는 월 20일로 적용할 것)
　호프만계수 : 계산 편의를 위한 임의 계수
　　　　- 사고 ~ 치료종결까지 : 2개월(2H)
　　　　- 사고 ~ 정년까지 : 150개월(112H)
　　　　- 사고 ~ 가동연한종료 : 210개월(152H)
　긴급 치료비 및 이송비 : 50만원(피보험자지출)
　위자료 : 1억 (서울중앙지방법원 자동차사고 사망 또는 장해 100% 기준)

문제풀이

I 보험자의 보상책임

야영장 배상책임보험은 피보험자가 소유, 사용 또는 관리하는 야영장 시설 및 그 야영장 시설의 용도에 따른 업무의 수행으로 생긴 우연한 사고로 발생한 타인의 생명·신체 나 재산상의 손해에 대하여 피보험자가 부담하는 법률상배상책임을 담보하는 의무보험이다. 보험자는 홍길동에게 지는 피보험자의 법률상책임으로 인한 손해를 보상한다.

Ⅱ 피해자의 손해액 산정

1. 적극적 손해
치료비 : 10,000,000원

2. 소극적 손해
1) 휴업손해 (사고 ~ 퇴원(치료종결)까지)
  500만원 × 100% × 2H = 10,000,000원

2) 상실수익
  500만원 × 20% × 110H(112-2) = 110,000,000원
  (15만원×20일) × 20% × 40H(152-112) = 24,000,000원
  계 : 134,000,000원

3) 소계 : 144,000,000원

3. 정신적 손해
위자료 : 1억 × 20% = 20,000,000원

4. 합계 : 174,000,000원

Ⅲ 보험자보상금액

1. 부상 (치료비 + 휴업손해)
2,000만원 〉 한도 660만원(7급한도+10급한도)[61] ▶ 6,600,000원 보상

2. 장해 (상실수익 + 위자료)
15,400만원 〉 8급한도 3,000만원[62] ▶ 30,000,000원 보상

3. 손방비용 : 500,000원 보상

4. 합계 : 37,100,000원 보상

---

[61] 일반 외상과 치아 보철이 필요한 부상이 중복된 경우에는 1급의 금액을 초과하지 않는 범위에서 부상 등급별 해당 금액의 합산액을 배상
[62] 후유장애가 둘 이상 있는 경우에는 그중 심한 후유장애에 해당하는 등급보다 한 등급 높은 금액으로 배상한다.

문10 맹견배상책임보험 계산하기 ★★★★★

착안점
1. 의무보험 보상 후 임의보험으로 보상하기
2. 의무보험 보상한도

2024년 1월 10일 홍길동이 키우던 도사견이 길가던 행인 이몽룡의 목을 물어 이몽룡이 치료 중 사망하는 사고가 발생하였다. 사고는 홍길동이 자신의 반려견과 산책 중 목줄을 놓치면서 발생한 것이다. 다음의 사항을 참고하여 각 보험자가 지급할 보험금을 산정하시오.

별표

[보험가입사항]
 A보험 : 맹견배상책임보험
  - 의무보험보상한도
 B보험사 : 장기보험(일상생활배상책임특별약관)
  - 보상한도 : 대인 1인당 1억

[전제조건]
 현실소득 : 월 500만원
 치료비 : 500만원
 과실 : 무과실
 일용임금 : 건설 보통인부 15만원 (일용근로자 근로일수는 월 20일로 적용할 것)
 호프만계수 (계산 편의를 위한 임의 계수)
  - 사고 ~ 치료종결(사망)까지 : 1개월(1)
  - 사고 ~ 정년까지 : 84개월(61H)
  - 사고 ~ 가동연한종료까지 : 144개월(91H)
 장례비 : 500만원
 위자료 : 1억원(서울지방법원 자동차사고 사망 또는 장해 100% 기준)

문제풀이

I. 보험자의 보상책임

맹견배상책임보험은 맹견소유자가 가입하는 의무보험으로 A보험자는 부상과 사망의 의무보험한도 내에서 실제 손해를 보상한다. 이후 B보험사에서 초과된 손해를 보상한다.

Ⅱ 각 보험자 보상금액

1. A보험사 (의무보험)

1) 부상
   - 치료비 : 5,000,000원
   - 휴업손해 : 500만원 × 100% × 1H = 5,000,000원
   - 계 : 10,000,000원
     ⇒ 10,000,000원 〈 부상1급한도 1,500만원 ▶ 10,000,000원 보상

2) 사망
   - 장례비 : 5,000,000원
   - 상실수익
     - 치료종결(사망)이후 ~ 정년까지
       500만원 × 100% × 60H(61-1) × (1-1/3) = 200,000,000원
     - 정년이후 ~ 가동연한종료까지
       (15만원×20일)×100% × 30H(91-61) × (1-1/3) = 60,000,000원
     - 계 : 260,000,000원
   - 위자료 : 100,000,000원
   - 소계 : 365,000,000원
     ⇒ 365,000,000원 〉 사망한도 8,000만원 ▶ 80,000,000원 보상

3) 합계 : 90,000,000원 보상

2. B보험사 (임의보험)

465,000,000원(실제손해) - 9,000만원(의무보험보상액) = 375,000,000원
⇒ 375,000,000원 〉 사망한도 1억원 ▶ 100,000,000원 보상

문 11 유·도선사업자배상책임보험 계산하기 *****

착안점
1. 의무보험 한도액 : 한도 150,000,000원 이상 가입
2. 책임법리
3. 구조비특별약관의 보상하는 손해

이패스호의 선장 甲의 과실로 배가 좌초되면서 승객 홍길동이 사망하는 사고가 발생하였다. 홍길동은 배가 암초에 부딪히면서 그 충격으로 바다에 빠졌고 실종된 홍길동을 찾기 위해 수색대를 동원해 수색하였으나 홍길동을 찾을 수 없어 결국 사망으로 사건이 종결되었다.
다음 사항을 참고하여 보험자의 보상책임과 피해자에게 지급할 보험금을 산정하시오.

별표

[이패스호 보험가입사항]
　보험종목 : 유·도선사업자 배상책임보험
　　－ 한도금액 : 1인당 2억원

[전제조건]
　현실소득 : 월 500만원
　과실 : 무과실
　H계수 : (계산편의를 위한 임의 계수)
　　－ 사고 ~ 정년까지 : 120개월(90H)
　　－ 사고 ~ 가동연한종료까지 : 180개월(120H)
　일용임금 : 건설 보통인부 15만원 (일용근로자 근로일수는 월 20일로 적용할 것)
　장례비 : 500만원
　위자료 : 1억(서울중앙지방법원 자동차사고 사망 또는 장해 100% 위자료 기준)
　피해자 수색비용 : 500만원 (피보험자 지출)
　일실퇴직금 산정은 생략하시오.

문제풀이

개요

유·도선사업자배상책임보험은 유도선에 탑승한 승객의 신체에 장해를 입혀 피해자에게 법률상의 배상책임을 부담함으로써 입은 손해를 담보하는 의무보험으로

보험자는 피보험자의 법률상책임으로 인한 손해를 보상한다. 다만, 수색 비용의 경우는 구조비특별약관의 가입으로 보상이 가능한 손해이므로 해당 사건의 경우 특별약관이 미가입되어있으므로 보험자의 보상책임이 발생하지 않는다.

Ⅱ 보상금액

1. 피해자 손해액

    1) 적극적 손해
        - 장례비 : 5,000,000원

    2) 소극적 손해
        - 사고 ~ 정년까지
          500만원 × 100% × 90H × (1-1/3) = 30,000만원
        - 정년이후 ~ 가동연한 종료까지
          (15만원 × 20일) × 100% × 30H(120-90) × (1-1/3) = 6,000만원
        - 소계 : 360,000,000원

    3) 정신적 손해
        - 위자료 : 100,000,000원

    4) 합계
        465,000,000원

2. 보험자 보상금액

    1) 피해자 손해배상금 : 465,000,000원

    2) 피보험자 지출금액 : 면책

    3) 합계 : 465,000,000원

    4) 보험자 보상금액
        465,000,000원 > 한도 2억 ▶ 200,000,000원 보상

문12 임상시험배상책임보험 계산하기 *****

착안점

1. 소급담보일자 및 보험기간 체크 하기

2022년 5월 10일 이루어진 이패스 제약의 다이어트 신약 개발 임상시험에 참가한 홍길동이 사망하였다. 예견된 부작용은 현기증, 두통, 졸음, 매스꺼움, 피로, 부종 등 비교적 가벼운 증상들이었다. 유족은 임상시험 때 사용하였던 약물의 부작용으로 피해자가 사망한 것이라며 제약회사를 상대로 손해배상 청구 소송을 하였고 법원은 홍길동의 사망과 약물 부작용의 인과관계를 인정하여 다음과 같이 판결하였다. 다음 사항을 참고하여 A보험사의 계약 a, b, c 중 보상이 이루어지는 계약과 피해자에게 지급할 보험금을 산정하시오.
다음 내용을 참고로 보험자가 피해자에게 지급할 금액에 관하여 기술하시오.

[별표]

[보험가입사항]

보험회사	A보험회사		
보험종목	임상시험배상책임보험 (배상청구기준증권)		
보험기간	a번) 2022.01.01.~ 2022.12.31.	b번) 2023.01.01.~ 2023.12.31.	c번) 2024.01.01.~ 2024.12.31.
소급담보일	-	2022.01.01.	2022.01.01.
보상한도액	총보상 한도 : 5억원 청구당 한도 : 1억원	총보상 한도 : 5억원 청구당 한도 : 1억원	총보상 한도 : 5억원 청구당 한도 : 1억원

[전제조건]
임상시험일 : 2022년 5월 10일
배상청구일 : 2024년 2월 10일
판결금 : 9,000만원
변호사비용 : 1,000만원
신체감정비용(부검비용) : 500만원

문제풀이

Ⅰ 법률상배상책임

사안은 임상시험 참가자인 홍길동이 약물 부작용에 의해 사망한 사안이다. 임상시험 참가자가 시험 참가로 인해 위험에 노출될 수 있음을 어느 정도 예견할 수 있었을지라도 사망에 이르는 위험까지 노출될 수 있었음을 알고서도 시험에 참여하였다고 볼 수 없으며 이를 이유로 회사의 책임을 면책할 수 없을 것으로 판단된다. 이에 제약회사는 피해자 홍길동에게 민법 제390조, 민법 제750조에 의한 법률상 배상책임을 부담한다.

Ⅱ 보험자의 보상책임

임상시험 배상책임보험은 임상시험에 참가한 피험자에게 피보험자가 부담하는 법률상의 배상책임으로 발생한 손해를 담보하는 의무보험이다. 보험자는 소급담보일자 이후 사고가 발생하고 보험기간에 배상청구가 들어온 경우 책임이 발생하는데 사안의 경우 C계약으로 보험자는 보상할 책임을 부담한다.

Ⅲ 보험자 보상금액

1. 손해액 합계

1) 법률상배상금 : 9,000만원
2) 비용손해(소송비용)63) : 1,500만원
3) 합계 : 10,500만원

2. C계약으로 보상하는 보험자 보상금액

1) 법률상손해배상금

   9,000만원 〈 청구당 한도 1억 ▶ 9,000만원 보상

2) 비용손해

   1,500만원 〉 남은 한도 1,000만원 ▶ 1,000만원 보상

---

63) 변호사비용+신체감정비용

Memo

문 13 체육시설업자배상책임보험 계산하기 *****

이패스 헬스장에서 운동 중이던 홍길동은 운동 첫날 바벨 운동 중 넘어지면서 상해를 입는 사고를 당하였다. 사고는 바벨의 무게를 감당하지 못한 홍길동이 넘어지면서 발생한 사고이나 사고 당시 헬스장에는 안전요원이 따로 있지 않았으며 피해자는 헬스 기구를 사용하기 전 사고 예방을 위해 알고 있어야 할 안전수칙에 관한 그 어떤 설명도 헬스장 측으로 부터 듣지 못한 상태였다. 다음의 사항을 참고하여 보험자가 지급해야 할 보험금을 산정하시오.

별표

[헬스장의 보험가입사항]
　　보험종목 : 체육시설업자배상책임보험
　　　　• 한도금액 – 1인당 15,000만원

[전제조건]
　　사고일자 : 2024년 4월 1일
　　생년월일 : 1974년 4월 1일
　　기대여명 : 60세의 평균여명 20년 (사고 일자를 기준으로 여명단축 50% 판단)
　　직업 : 무직
　　과실 : 50%
　　치료비 : 2,000만원
　　간호비 및 개호비 : 1일 8시간
　　(사고 ~ 여명종료까지 개호(간병)가 필요하며 계산편의를 위해 한 달은 30일로 산정할 것)
　　노동능력상실율 : 100%
　　일용임금 : 건설보통인부 15만원 (일용근로자 월 근로일수는 20일을 적용할 것)
　　호프만계수 : 계산 편의를 위한 임의계수
　　　　– 사고 ~ 치료종결까지 : 12개월(10H)
　　　　– 사고 ~ 가동연한종료 : 60개월(50H)
　　　　– 사고 ~ 여명종료 : 120개월(90H)
　　위자료 산정은 생략하기로 한다.

문제풀이

I. 피해자의 손해액 산정

1. 적극적 손해

1) 치료비 : 20,000,000원
2) 개호비 : (15만원×30일) × 90H × 1인 = 405,000,000원

3) 소계 : 425,000,000원

2. 소극적 손해

1) 사고~치료종료

   (15만원×20일) × 100% × 10H = 30,000,000원

2) 치료종료~가동종료

   (15만원×20일) × 100% × 40H(50-10) = 120,000,000원

3) 소계 : 150,000,000원

3. 합계 : 575,000,000원

Ⅱ 보험자보상책임

575,000,000원 > 보상한도 15,000만원 ▶ 150,000,000원 보상

문 14. 수렵배상책임보험 ★★★★★

홍길동은 수렵장으로 지정된 전남 소재의 수렵장에서 사냥하던 중 전방의 가시덤불이 움직이자 그 속에서 칡을 캐고 있던 甲을 사냥감으로 오인하여 엽총을 발사하였고 해당 총알이 甲의 목 부분을 관통하여 甲이 병원으로 이동 중 사망하였다. 다음의 사항을 참고하여 보험자의 보상책임 및 보상할 보상금액을 산정하시오.

별표

[보험가입사항]
A보험사 : 수렵보험
 - 한도[64] : 1인당 1.5억

[전제조건]
직업 및 현실소득
 - 칡을 캐던 자로 신고된 소득은 없으며 유족 측의 증언에 따르면 월 200만원 정도의 소득이 발생하였다고 주장.
과실 : 무과실
장례비 : 500만원
호프만계수 : 계산 편의를 위한 임의 계수
 - 사고~가동연한종료까지 : 46개월 (40H)
일용임금 : 건설보통인부 15만원 (일용근로자 한달 근로일수는 20일로 적용할 것)
위자료 : 5,000만원
긴급 이송비용 : 50만원

문제풀이

I. 보험자의 보상책임

해당 보험은 피보험자가 수렵행위 도중 총기의 소유, 사용 또는 엽총에 의하여 타인의 신체 및 재물에 대한 법률상 손해배상책임을 부담함으로써 입은 손해를 보상하기로 하는 내용의 의무보험이다. 사안의 경우 면책 사항이 없으므로 보험자의 보상책임은 발생한다.

---

[64] 2024년 3월 이후부터 한도 개정 후 시행되는 금액으로 해당 피보험자는 1.5억 이상의 금액으로 보험에 가입 가능한 것으로 이해하면 된다.
  1. 수렵 중에 다른 사람을 사망하게 한 경우 : 1억5천만원 이상
  2. 수렵 중에 다른 사람을 부상하게 하거나 다른 사람의 재산에 손해를 입힌 경우 : 3천만원 이상
  3. 수렵 중에 다른 사람을 부상하게 하여 그 사람이 부상에 대한 치료를 마친 후 더 이상의 치료효과를 기대할 수 없고 그 증상이 고정된 상태에서 그 부상이 원인이 되는 신체적 장해가 생긴 경우 : 1억5천만원 이상

Ⅱ 보험자 보상금액

1. 적극적 손해
장례비 : 5,000,000원

2. 소극적 손해
상실수익 : (15만원×20일[65]) × 100% × 40H × (1-1/3) = 80,000,000원

3. 정신적 손해
위자료 : 50,000,000원

4. 합계 : 135,000,000원

5. 보험자 보상책임

1) 법률상 손해배상금

   135,000,000원 〈 한도 1.5억원 ▶ 135,000,000원 보상

2) 비용손해(긴급이송비) : 500,000원 보상

---

[65] 망인의 소득을 입증할 수도 없을뿐더러 망인이 소득이 당시 일용임금에 미달하므로 일용임금을 기준으로 지급함.

3. 근로자재해보험

<근재보험, 근재보험확장, 선원근재보험 비교>

구분	근재보험 (근로기준법)	근재보험확장 (산재보험법)	선원근재보험(선원법)
요양보상 (급여)	요양에 필요한 비용	요양에 필요한 비용	① 직무상재해 : 요양에 필요한 비용 ② 직무外재해 : 3개월까지 요양에 필요한 비용

휴업보상
(급여)
/ 상병보상
	평균임금 60%	평균임금 70%	1. 직무상재해
			  ① 사고~4개월 : 통상임금 100%
			  ② 4개월 이후 : 통상임금 70%
			2. 직무外재해 3개월간 통상임금 70%

장해보상 (급여)	평균임금기준 (1급~14급) 50일~1,340일	평균임금기준 (1급~14급) 55일~1,474일	승선평균임금기준(1급~14급) 55일~1,474일
유족보상 (급여)	평균임금 1,000일	평균임금 1,300일	1. 직무상사망 : 승선평균임금 1,300일 2. 직무外사망 : 승선평균임금 1,000일[66]
장례비 / 장제비	평균임금 90일	평균임금 120일	승선평균임금 120일
일시보상	평균임금 1,340일	규정 없음	승선평균임금 1,474일
행방불명 보상	규정 없음	규정 없음	선원이 해상에서 행방불명된 경우 ① 1개월분의 통상임금과 3개월분의 승선평균임금을 행방불명 보상하며 ② 선원의 행방불명 기간이 1개월을 지났을 때에는 유족보상과 장의비를 지급한다.

※ 근로기준법상 휴업보상과 장해보상의 예외 조항(무과실책임주의의 예외 조항(법81조)
근로자가 중대한 과실로 업무상 부상 또는 질병에 걸리고 또한 사용자가 그 과실에 대하여 노동 위원회의 인정을 받으면 휴업보상이나 장해보상을 하지 아니하여도 된다(단, 요양보상은 보상한다.).

---

[66] 요양개시일로부터 3개월 내 사망한 경우 (대법원 2018. 8. 30. 선고 2018두43774 판결 – 유족급여부지급처분취소판결)
어선원 및 어선 재해보상보험법 제27조 제2항에서 정한 '제23조 제1항 및 제2항에 따른 승무 중 직무 외의 원인으로 인한 부상 또는 질병으로 요양하는 중에 사망한 경우'의 의미에 대한 판시사항에서 어선원 등이 승무 중 직무 외의 원인에 의하여 발생한 부상 또는 질병으로 요양하다가 사망한 경우는 요양개시일로부터 3개월 이내에 사망한 경우를 의미한다고 판시하고 있다. 이는 선원법근로자의 경우에도 동일하게 적용하는 것으로 판단하여야겠다.

손해사정사 2차 배상책임보험 및 근재보험 문제집

I. 약술문제

문 01 근로자재해보장보험의 보상대상인 근로자에게 발생한 업무상 재해의 판정요건과 업무상 사유에 관하여 설명하시오. ★★★★

> 산업재해보상보험법에서 정의하고 있는 업무상 재해의 개념 및 동법 시행령에서 규정하고 있는 업무상 재해의 유형별 인정기준을 약술하시오.
>
> ▶ 2019년 제42회 기출문제

요점정리

	개요
판정요건	근로자가 사용자의 지휘·감독하에 업무를 수행하다 업무에 기인 된 사고로 재해를 입은 경우 업무상 재해로 판정된다.
인정기준	1. 업무상 사고 　1) 휴게시간을 포함한 업무수행 중의 사고 　2) 사업주가 제공한 시설물의 결함으로 발생한 사고 　3) 참여한 행사나 행사 준비 중에 발생한 사고 　4) 업무상 부상 또는 질병으로 요양 중 발생한 사고 　5) 제3자의 행위로 발생한 사고 2. 업무상 질병 　1) 근로자가 업무수행과정에서 유해 요인으로 얻게 된 직업성 질병 　2) 근로자의 기저질환이 업무상 사고로 악화되거나 기저질환은 없었으나 업무상 부상이 원인이 되어 발생한 재해성 질병 　3) 직장 내 괴롭힘, 고객의 폭언 등으로 업무상 스트레스가 원인이 되어 발생한 질병 　4) 기타 업무로 기인한 것이 명확한 질병 3. 통상적인 경로와 방법으로 출·퇴근하는 중 발생한 사고

문제풀이

I. 정의

「근로기준법」 및 「산업재해보상보험법」상 재해보상을 받기 위해서는 업무상 재해로 인정되어야 하는데, 업무상 재해란 업무상의 사유에 따른 근로자의 부상, 질병, 장해, 사망을 말한다. 업무상 사유는 업무상 사고와 업무상 질병으로 구분하며, 업무상 재해의 판정요건은 업무의 수행성과 업무기인성이 있다.

II 업무상 재해 판정요건

1. 업무수행성

업무수행성이란 근로자가 근로계약에 의해 사용자의 지휘·감독하에 업무를 수행하는 것을 말하며 직접적인 지배·관리에 국한된 것이 아니라 그 업무에 부수하여 기대되는 행위 등을 포함한다.

2. 업무기인성

업무기인성이란 재해가 업무에 기인하여 발생한 것, 즉, 업무와 재해로 인한 상병 등과의 상당인과관계가 인정되는 것을 말한다.

III 업무상 재해 인정기준 (업무상 사유)

1. 업무상 사고

1) 근로자가 근로계약에 따른 업무나 그에 따르는 행위를 하던 중 발생한 사고
2) 사업주가 제공한 시설물 등을 이용하던 중 그 시설물 등의 결함이나 관리소홀로 발생한 사고
3) 사업주가 주관하거나 사업주의 지시에 따라 참여한 행사나 행사 준비 중에 발생한 사고 또는 휴게시간 중 사업주의 지시에 따라 참여한 행사나 행사 준비 중에 발생한 사고
4) 업무상 부상 또는 질병으로 요양을 하고 있는 근로자에게 발생한 의료사고 또는 의료기관 내에서 업무상 부상 또는 질병과 관련하여 발생한 사고
5) 제3자의 행위로 근로자에게 사고가 발생한 경우 그 근로자가 담당한 업무가 사회통념상 제3자의 가해행위를 유발할 수 있는 성질의 업무라고 인정되는 사고

2. 업무상 질병

1) 의의

업무상 질병은 일반적으로 업무에 기인하는 질병을 말하며 업무상 질병은 업무와의 상당인과관계를 정확히 파악하기 곤란한 경우가 많다. 따라서 이에 대한 판단을 위해 근로기준법 시행령의 '업무상 질병의 범위'와 산재보

험법 시행령 '업무상 질병에 대한 인정기준'에 구체적인 규정을 열거하고 있다.

2) 직업성 질병
  (1) 근로자가 업무수행과정에서 유해 요인을 취급하거나 이에 노출된 경력이 있을 것
  (2) 유해인자의 노출 정도가 질병 또는 건강상의 장해를 유발할 수 있다고 인정될 것
  (3) 신체 부위에 그 유해인자로 인하여 특이한 임상증상이 나타났다고 의학적으로 인정될 것
  (4) 질병에 의해 의학적인 요양의 필요성, 보험급여 지급 사유가 있다고 인정될 것

3) 재해성 질병
  (1) 업무상 부상이 원인이 되어 발병하거나 유해인자에 대량 피폭되어 이환 또는 합병증으로 나타나는 재해성 질병인 경우
  (2) 부상과 질병 간에 인과관계가 의학적으로 인정될 것
  (3) 근로자가 기초 질환 또는 기존 질병이 있는 경우로서 부상으로 인하여 악화 또는 재발 된 경우

4) 기타 업무로 기인한 것이 명확한 질병
  (1) 뇌혈관, 심장질환의 경우 기초 질환 또는 기존 질병이 업무와 관련하여 특별한 과로나 스트레스가 인정될 경우
  (2) 과로와의 관련성이 높은 뇌혈관, 심장질환으로써 산재보험법에서 규정하여 인정하는 경우

3. 출·퇴근재해
  1) **사업주가 제공한 교통수단이나 이에 준하는 교통수단을 이용하는 등** 사업주의 지배관리 하에서 출·퇴근하던 중 발생한 사고
  2) 그 밖에 **통상적인 경로와 방법으로** 출·퇴근하던 중 발생한 사고

문 02. 산업재해보상보험법에서 규정하는 장해등급 판단 및 보상방식에 관하여 설명하시오.
★★★

	개요

장해등급의 조정	1. 5급 이상 해당 신체장해가 복수로 있는 경우
	  – 3개급 인상하여 해당 등급으로 보상
	2. 8급 이상 해당 신체장해가 복수로 있는 경우
	  – 2개급 인상하여 해당 등급으로 보상
	3. 13급 이상 해당 신체장해가 복수로 있는 경우
	  – 1개급 인상하여 해당 등급으로 보상

장해등급의 준용	1. 같은 계열 내에 해당하는 신체장해가 없는 경우 조정의 방법을 이용하여 1개급 ~ 3개급 인상 후 해당 등급으로 보상 2. 장해등급표상 어떠한 장해계열에도 없는 경우 가장 가까운 계열의 장해등급을 인정하여 보상
장해등급의 가중	업무상 재해로 기존 장해가 있던 동일부위에 장해의 정도가 가중된 경우 가중된 한도에서 보상

문제풀이

Ⅰ 산재장해등급의 정의

근로자가 업무상 부상, 질병에 걸려 요양 종결 후 신체에 장해가 남은 경우 **제1급부터 제14급까지 장해등급을 정하고 장해등급에 따라 장해보상연금(1급 ~ 7급) 또는 장해보상일시금(1급 ~ 14급)**을 지급한다.

Ⅱ 장해등급의 조정

계열을 달리하는 신체장해가 복수로 있는 경우 중한 쪽의 등급을 1개급 ~ 3개급을 상향하여 당해 장해등급을 인정하는 것을 말한다.

1. 5급 이상에 해당하는 신체장해가 복수로 있는 경우 : 3등급 상향
2. 8급 이상에 해당하는 신체장해가 복수로 있는 경우 : 2등급 상향
3. 13급 이상에 해당하는 신체장해가 복수로 있는 경우 : 1등급 상향

Ⅲ 장해등급의 준용

신체장해등급표 이외의 신체장해에 대해서는 그 장해의 정도에 따라서 신체장해 등급에 준하여 장해등급을 결정하여야 하는데, 이를 준용이라 한다.

1. 같은 계열 내에 해당하는 신체장해가 없는 경우 조정의 방법을 이용하여 1내지 3등급 상향
2. 장해등급표상 어떠한 장해계열에도 없는 경우 가장 가까운 계열의 장해등급을 인정

Ⅳ 장해등급의 가중

이미 신체장해가 있었던 자가 업무상 재해로 동일 부위(같은 계열)에 장해의 정도를 가중한 경우에는 가중한 한도에서 장해보상을 한다.

1. 이미 신체장해가 있었던 자란 새로운 업무상 재해의 발생 이전에 이미 신체장해가 있었던 자를 말한다.
2. 가중이란 업무상 재해에 따라 새롭게 장해가 더해진 결과 장해등급 기준상 현존하는 장해가 기존 장해보다 중하게 된 경우를 말한다.

Ⅴ 장해 보상방법

피재근로자의 일 평균임금에 해당 장해급수의 수치를 곱하여 장해보상(급여) 수준을 산정한다.
⇨ 일 평균임금 × 해당 장해등급의 보상 일수

■ 산업재해보상보험법 [별표 2]

장해급여표(제57조제2항 관련)

(평균임금기준)

장해등급	장해보상연금	장해보상일시금
제1급	329일분	1,474일분
제2급	291일분	1,309일분
제3급	257일분	1,155일분
제4급	224일분	1,012일분
제5급	193일분	869일분
제6급	164일분	737일분
제7급	138일분	616일분
제8급		495일분
제9급		385일분
제10급		297일분
제11급		220일분
제12급		154일분
제13급		99일분
제14급		55일분

■ 근로기준법 [별표]

신체장해등급과 재해보상표(제80조 관련)

등급	재해보상	등급	재해보상
제1급	1,340일분	제8급	450일분
제2급	1,190일분	제9급	350일분
제3급	1,050일분	제10급	270일분
제4급	920일분	제11급	200일분
제5급	790일분	제12급	140일분
제6급	670일분	제13급	90일분
제7급	560일분	제14급	50일분

문 03 통상임금과 평균임금에 관하여 약술하고 근로자재해보장책임보험의 재해보상책임특별약관에서 규정하는 휴업보상의 보상기준 기술하시오. ★

> 근로기준법에서 정의하고 있는 평균임금의 개념에 대하여 설명하고, 동법 시행령의 평균임금 계산에서 제외되는 기간과 임금에 대하여 기재하시오.
> ▶ 2023년 제46회 기출문제

요점정리

개요	
휴업보상	1. 재해보상책임특별약관 　평균임금의 60%를 보상 2. 재해보상확장추가특별약관 　산재보험과 동일하게 평균임금의 70%로 확장해서 보상 3. 선원근로자 재해보상책임특별약관 (상병보상) 　1) 직무상 　　• 4개월의 범위에서 통상임금의 100% 　　• 4개월이 지난 이후 통상임금의 70% 　2) 직무외 　　• 3개월 이내의 통상임금의 70%

문제풀이

I 정의

평균임금이란 이를 산정하여야 할 사유가 발생한 날 이전 3개월 동안 그 근로자에게 지급된 임금의 총액을 그 기간의 총일 수로 나눈 금액을 말하며 퇴직금, 휴업수당, 재해보상금 등을 산출하는 기초가 된다. 통상임금은 근로자에게 시간급, 일급, 주급 또는 월급 형식의 정기적이고 일률적으로 지급되는 근로의 대가를 말하며 통상임금은 지급하기로 정하여진 고정적인 일반임금을 대상으로 한다.

Ⅱ 특징

평균임금은 「근로기준법」상 임금의 개념[67]과 동일하여 근로자에게 지급해야 할 모든 임금을 포함하고 있는 반면, 통상임금의 경우 정기적, 일률적, 고정적인 임금만을 의미한다. 「근로기준법」상 평균임금이 통상임금보다 적은 경우 통상임금을 평균임금으로 보며 「선원법」에서도 이러한 경우 통상임금을 승선평균임금으로 본다.

Ⅲ 특별약관의 휴업보상의 보상기준

1. 재해보상책임특별약관

「근로기준법」상의 규정에 따라 업무상 부상 또는 질병으로 요양을 받아 근로자가 일을 할 수 없게 되어 소정의 임금을 받지 못하는 경우 **근로자에게 평균임금의 60%를 보상**한다.

2. 재해보상확장추가특별약관

「근로기준법」상의 규정에 따라 업무상 부상 또는 질병으로 요양을 받아 근로자가 일을 할 수 없게 되어 소정의 임금을 받지 못하는 경우 「**산업재해보상보험법**」상의 보상내용과 동일하게 **평균임금의 70% 확장하여 보상**한다.

3. 선원근로자 재해보상책임특별약관 (상병보상)

선원이 직무상 부상 또는 질병으로 요양 중인 경우 **4개월의 범위에서 통상임금의 100%**, 4개월 지난 이후에도 치유되지 않는 경우 **통상임금의 70%를 보상**하며 선원이 **승무 중 직무 외**의 원인으로 부상 또는 질병으로 요양 중인 경우 **3개월 이내의 통상임금의 70%**를 보상한다.

---

[67] 사용자가 근로의 대가로 근로자에게 임금, 봉급, 그 밖에 어떠한 명칭으로든지 지급하는 모든 금품

문 04 근로자의 평균임금 산정 시 공제되는 기간과 공제되는 금품에 관하여 서술하시오. ★

> 근로기준법에서 정의하고 있는 평균임금의 개념에 대하여 설명하고, 동법 시행령의 평균임금 계산에서 제외되는 기간과 임금에 대하여 기재하시오.
>  2023년 제46회 기출문제

요점정리

	개요
공제되는 기간	1. 근로자가 수습을 시작한 날로부터 3개월 이내의 기간 2. 사용자의 귀책 사유로 휴업한 기간 3. 출산 전·후 휴가 기간 4. 업무상 부상 또는 질병의 요양을 위하여 휴업한 기간 5. 육아휴직 기간 6. 쟁의행위 기간 7. 병역법 등에 의한 의무이행으로 휴직하거나 근로하지 못한 기간 8. 업무 외 부상 또는 질병으로 회사의 승인을 얻어 휴업한 기간
공제되는 금품	임시적이거나 돌발적인 사유로 지급된 임금 또는 실비 변상적이고 복리후생적인 임금은 제외된다.

문제풀이

Ⅰ 서언

평균임금 산정 기간 중 근로자가 다음과 같은 사유로 인해 휴업하였다면 그 기간과 그 기간 중 지불된 임금은 당해 기간과 임금의 총액에서 공제하여 근로자의 평균임금이 부당하게 산정되지 않도록 한다.

Ⅱ 공제되는 기간

1. 근로계약을 체결하고 수습 중에 있는 근로자가 수습을 시작한 날로부터 3개월 이내의 기간
2. 사용자의 귀책사유로 휴업한 기간
3. 출산 전·후 휴가 기간
4. 업무상 부상 또는 질병의 요양을 위하여 휴업한 기간

5. 육아휴직 기간
6. 쟁의행위 기간
7. 병역법, 향토예비군법, 민방위기본법에 의한 의무이행을 위하여 휴직하거나 근로하지 못한 기간. 다만, 그 기간 임금을 지급받은 경우는 그러하지 아니한다.
8. 업무 외 부상 또는 질병으로 인하여 사용자의 승인을 얻어 휴업한 기간

Ⅲ 공제되는 금품

임시적이거나 돌발적인 사유로 지급된 임금 또는 일부 근로자에 한해 지급되는 교통비, 출장비, 학비 보조금, 조의금, 축하금 등 실비 변상적이고 복리후생적인 임금은 제외된다.

문 05 일용근로자 평균임금 산정에 관한 특례에 관하여 서술하시오. ★★

산재법상 일용근로자의 평균임금 산정 시 적용하는 통상근로계수의 개념을 설명하고 통상근로계수 적용을 제외하는 3가지 경우에 대하여 약술하시오.

▶ 2020년 제43회 기출문제

	개요
통상근로계수 적용	통상의 근로자와 다른 근로 형태로 평균임금을 적용하는 것이 합당하지 않은 근로자를 대상으로 적용하며 평균임금에 73%를 곱한 금액을 지급 기준금액으로 인정
예외	1. 근로관계가 3개월 이상 계속되는 경우 2. 근로의 조건, 형식, 실태 등을 종합적으로 고려할 때 근로의 형태가 상용근로자와 비슷하다고 인정되는 경우 3. 재해 발생 전 근로자의 근로기간이 1개월 동안 22.3일(기초근로일수) 이상인 경우

문제풀이

Ⅰ 특례 적용대상

통상의 근로자와 다른 근로 형태로 평균임금을 적용하는 것이 합당하지 않은 근로자를 대상으로 적용

Ⅱ 통상근로계수

1일 단위로 고용되거나 일당 형식으로 임금을 지급받는 일용근로자의 업무상 재해로 각종 보상이 이루어질 때 그 기준이 되는 평균임금 산정 시 산정된 평균임금에 통상근로계수인 73%를 곱한 금액을 지급[68]한다.

---

68) 산업재해보상보험법 시행령 제23조

Ⅲ 지급방법

일용근로자가 월평균 22일 이상을 근무하지 않았을 경우 일당에 통상근로계수인 73%를 적용하여 재해 보상하며 근로자가 연장근로나 야간근로로 정해진 일당보다 더 많은 금액을 수령하였을지라도 계약 당시의 금액을 기준으로 적용한다.

예시)
근로자의 일당 : 10만원
⇨ 100,000만원 × 73% = 73,000원 ▶ 근로자의 재해보상 기준금액 73,000원

Ⅳ 예외

1. 근로관계가 3개월 이상 계속되는 경우
2. 근로의 조건, 형식, 실태 등을 종합적으로 고려할 때 근로의 형태가 상용근로자와 비슷하다고 인정되는 경우
3. 재해 발생 전 근로자의 근로기간이 1개월 동안 22.3일(기초근로일수) 이상인 경우

문 06 산업재해보상보험법상에서 규정을 두고 있는 최저보상 기준금액과 최고보상 기준금액에 관하여 설명하시오. ★★★★

	개요
취지	산업재해보상보험법에서는 보험급여를 지급할 때 최저보상금액과 최고보상금액 규정을 두고 있다.
지급방법	평균임금이 노동부장관이 고시하는 최저보상기준금액(69,760원)에 미달하거나 최고보상기준금액(226,191원)을 초과하는 경우 그 최저보상기준금액 또는 최고보상기준금액을 당해 근로자의 평균임금으로 규정하여 보상

문제풀이

I 취지

공보험인 「산업재해보상보험법 제36조제7항」에서는 보험급여(장례비는 제외한다)를 지급할 때 피해자의 최저 생활을 보장해 주기 위해 최저보상금액과 과도하게 보상되는 것을 방지하기 위해 최고보상금액 규정을 두고 있다.

II 지급방법

평균임금이 고용노동부장관이 고시[69]하는 최저보상기준금액[70]에 미달하거나 최고보상기준금액[71]을 초과하는 경우 그 최저보상기준금액 또는 최고보상기준금액을 당해 근로자의 평균임금으로 규정하여 보상(다만 최저 보상기준 금액이 「최저임금법」에 따른 시간급[72] 최저임금액에 8을 곱한 금액보다 적으면 그 최저임금액을 최저 보상기준 금액으로 한다.)

---

69) 2021년도 ① 최저보상금액 : 1일 69,760원
　　　　　　② 최고보상금액 : 1일 226,191원
70) 전체 근로자 임금의 1/2보다 적은 금액
71) 전체 근로자 임금의 1.8배를 초과하는 금액
72) 최저임금법에 따른 2021년도 시간급 : 8,720원 ▶ 시급 8,720원 × 8 = 69,760원

Ⅲ 예외

「산업재해보상보험법 제36조제7항」보험급여(장례비는 제외한다)를 산정할 때 휴업급여와 상병보상연금 산정 시 최저 보상기준 금액을 적용하지 않는다.

문 07. 사업주의 안전배려의무를 설명하고 위반 시 그에 대한 효과에 대하여 약술하시오.

★★★★★
▶ 2016년 제39회 기출문제

요점정리

	개요
안전배려의무	근로자의 생명·신체 및 건강 등의 안전을 확보하고 근로할 수 있도록 노력할 사용자의 의무
의무위반효과	1. 이행의 청구 및 취로 거부 2. 채무불이행에 따른 손해배상청구

문제풀이

I. 서언

근로자가 사업장에서 그의 생명·신체 및 건강 등의 안전을 확보하고 근로할 수 있도록 노력할 사용자의 의무를 말한다. 이 의무는 근로계약의 내용에 포함되지 않았을지라도 신의칙상 사용자가 당연하게 부담하는 보조적 의무이다.

II. 근거

「근로기준법」이나 「산업안전보건법」 등의 법 이외에 단체협약이나 취업규칙 또는 근로계약으로 정할 수 있다.

III. 범위

사용자는 소극적으로 근로자의 생명·신체 및 건강을 침해하지 않을 부작위의무 이외에 적극적으로 시설의 위험으로부터 근로자를 보호하기 위해 적절한 조치를 강구 할 작위의무를 가진다. 기업의 시설이나 작업 도구의 안전(점검·정비)은 물론 작업장이나 기숙사의 오염 등으로부터의 보호, 근로자의 소유물이 도난·훼손 당하는 것을 방지할 보관 의무도 이에 해당하며 정리해고에서 사용자의 해고 회피 노력 의무나 설명, 협의 의무 등도 이에 해당한다.

Ⅳ 의무의 주체

고용계약 당사자인 사용자뿐 아니라, 파견 근로관계에서 사용사업주가 그 지배관리영역에서 발생한 생명, 신체의 위험과 관련하여 파견근로자에 대하여 계약상 의무로서 안전배려의무를 부담한다.

Ⅴ 안전배려의무 위반의 효과

1. 이행의 청구 및 취로 거부

근로자는 사용자에게 적절한 조치를 강구하도록 요구하거나 위반행위의 중지를 청구할 수 있으며 취로를 거부할 수 있다. 또한 그 침해가 현저하게 근로제공을 계속하지 못하도록 만드는 경우 근로관계를 즉시 해지할 수 있다.

2. 채무불이행에 따른 손해배상청구

사용자의 의무위반으로 근로자가 손해를 입은 경우 근로자 및 그 유족은 사용자에게 의무위반에 따른 손해배상을 청구할 수 있다. 이때 근로자는 사용자의 안전배려의무 위반으로 손해가 발생했다는 사실만 입증하면 되고 사용자는 계약책임을 근거로 본인에게 고의, 과실이 없음을 입증해야 한다.

문 08 선원근로자재해보장책임보험에서 보상하는 손해에 관하여 서술하시오.

▶ 2023년 제46회 기출문제

문제풀이

I 보상하는 손해

1. 요양보상
1) 직무상 재해 : 치료비 전액
2) 직무 외 재해 : 3개월 내의 치료비

2. 상병보상
1) 직무상 재해 : ① 4개월 이내 통상임금 전액
   ② 4개월이 지난 이후 통상임금 × 70%
2) 승무 중 직무 외 재해 : 3개월 내 통상임금 × 70%

3. 장해보상
1) 직무상 재해 : 승선평균임금의 1,474일분(1급) ~ 55일분(14급)
2) 승무 중 직무 외 재해 : 보상규정 없음

4. 유족보상
1) 직무상 재해 : 승선 평균임금 × 1,300일분
2) 승무 중 직무 외 재해 : 승선 평균임금 × 1,000일분

5. 장제비
승선 평균임금 × 120일분

6. 행방불명보상(해상에서의 행방불명 시)
1개월분의 통상임금과 3개월분의 승선 평균임금
⇒ 행방불명 1개월 경과 시 유족보상과 장제비 보상

7. 일시보상

선원의 상병이 2년이 지나도 치유되지 않은 경우 : 평균임금의 1,474일분을 일시금으로 보상하면 직무상 요양보상 및 상병보상, 장해보상책임을 면함.[73]

8. 소지품 유실 보상

통상임금의 2개월분 범위 내 실손 보상

---

73) 유족보상과 장제비에 관한 책임면제 규정은 없다.

문 09 근로기준법 및 선원법의 재해보상에서 정하고 있는 일시보상과 「산업재해보상보험법」의 상병보상연금에 관하여 비교 설명하시오.★★

> 근로기준법 및 선원법의 재해보상에서 정하고 있는 일시보상에 대하여 각각 설명하고 그 지급의 효과에 대하여 비교 설명하시오.
> ▶ 2020년 제43회 기출문제

요점정리

	개요
자격요건	요양을 시작한 지 2년이 지나도 부상 또는 질병이 완치되지 아니 할 것

지급방법	1. 일시보상제도
	   평균임금 1,340일(1,474일)분의 금액을 일시 보상함
	2. 상병보상연금제도
	   평균임금의 70%를 지급하는 휴업급여 대신 평균임금의 100%를 각 등급 기준으로 보상함

효과	1. 일시보상제도
	   1) 근로기준법
	      사용자의 근로기준법상의 재해보상책임 면제
	   2) 선원법
	      사용자의 요양보상, 상병보상, 장해보상책임 면제
	2. 상병보상연금제도
	   사용자의 휴업급여 지급책임이 상병보상연금지급책임으로 대체

문제풀이

정의 및 법적 근거

근로기준법과 선원법상의 일시보상제도는 근로자가 업무상 부상 또는 질병에 걸려 **요양을 시작한 지 2년이 지나도 부상 또는 질병이 완치되지 아니하는 경우** 사용자가 그 근로자에게 일정금액을 일시보상을 하고 그 후 보상책임을 면하는 제도를 말하며 각각 「근로기준법 제84조」와 「선원법 제98조」에 근거를 두고 있다.

「산업재해보상보험법」의 상병보상연금제도는 산업재해로 근로자가 **요양을 시작한 지 2년이 지난 날 이후에도 부상 또는 질병이 완치되지 아니하는 경우 휴업급여 대신 상병보상연금을 지급하는** 제도를 말하며 「산업재해보상보험법 제66조」에 근거들 두고 있다.

Ⅱ 자격요건

1. 일시보상제도
요양을 시작한 지 2년이 지나도 부상 또는 질병이 완치되지 아니할 것

2. 상병보상연금제도
요양을 시작한 지 2년이 지난 날 이후에도 부상 또는 질병이 완치되지 아니하고 부상이나 질병에 의한 폐질의 정도가 제1급~제3급에 해당하여 노무에 종사할 수 없는 상태일 것

Ⅲ 지급방법

1. 일시보상제도
평균임금 1,340일(1,474일)분의 금액을 일시 보상함

2. 상병보상연금제도
평균임금의 70%를 지급하는 휴업급여 대신 평균임금의 100%를 각 등급 기준으로 보상함

중증요양상태 등급	상병보상연금
제 1급	평균임금의 329일분
제 2급	평균임금의 291일분
제 3급	평균임금의 157일분

Ⅳ 효과

1. 일시보상제도
1) 근로기준법
   사용자는 근로기준법상의 모든 재해보상책임에서 면제

2) 선원법
   사용자의 요양보상, 상병보상, 장해보상책임 면제

2. 상병보상연금제도
사용자의 휴업급여지급책임이 상병보상연금지급책임으로 대체

문 10. 해외근로자재해보장책임보험에 첨부되는 간병보상 추가특별약관에 관하여 약술하시오. ★★★

요점정리

	개요
지급대상	1. 상시간병급여 1) 신경계통, 정신 기능, 흉·복부 장기의 기능에 장해등급 제1급에 해당하는 장해 2) 두 눈, 두 팔 또는 두 다리 중 어느 하나의 부위에 장해등급 제1급에 해당하는 장해 + 다른 부위에 장해등급 제7급 이상에 해당하는 장해 2. 수시간병급여 1) 신경계통, 정신 기능, 흉·복부 장기의 기능에 장해등급 제2급에 해당하는 장해

문제풀이

I. 서언

간병보상은 재해보상책임특별약관 및 재해보상확장추가특별약관에 의한 요양보상을 받은 자 중 **치유 후 의학적으로 상시 또는 수시로 간병이 필요하여 실제로 간병을 받는 자에게 지급**한다.

II. 지급대상

1. 상시간병급여

1) 신경계통의 기능, 정신 기능 또는 흉·복부 장기의 기능에 장해등급 제1급에 해당하는 장해가 남아 일상생활에 필요한 동작을 하기 위하여 항상 다른 사람의 간병이 필요한 사람

2) 두 눈, 두 팔 또는 두 다리 중 어느 하나의 부위에 장해등급 제1급에 해당하는 장해가 남고 다른 부위에 장해등급 제7급 이상에 해당하는 장해가 남아 일상생활에 필요한 동작을 하기 위하여 항상 다른 사람의 간병이 필요한 사람

2. 수시간병급여

신경계통의 기능, 정신 기능 또는 흉·복부 장기의 기능에 장해등급 제2급에 해당하는 장해가 남아 일상생활에 필요한 동작을 하기 위하여 항상 다른 사람의 간병이 필요한 사람

⇨ 상시간병보상액의 2/3에 해당하는 금액

문 11. 민법과 근로기준법, 선원법상의 상속인과 상속 비율에 관하여 비교·서술하시오. ★★★

선원법에 따른 각 상속인의 상속비율을 기재하시오.

▶ 2021년 제44회 기출문제

요점정리

	개요
1순위	1. 민법 　1순위 : 피상속인의 직계비속 + 배우자 2. 근로기준법 　1순위 : 근로자의 사망 당시 그가 부양하고 있던 배우자(사실혼포함) 3. 산재보험법 　1순위 : 근로자의 사망 당시 그 근로자와 생계를 같이하고 있던 배우자(사실혼포함) 4. 선원법 (선원근재) 　1순위 : 선원의 사망 당시 그에게 부양되고 있던 배우자(사실혼포함), 자녀, 부모

문제풀이

Ⅰ. 민법 제1000조

사용자배상책임보험특별약관 상속 순위

1. **피상속인의 직계비속 + 배우자 5할 가산** (사실혼 미포함)
2. 피상속인의 직계존속 + 배우자 5할 가산 (사실혼 미포함)
3. 피상속인의 형제자매
4. 피상속인의 4촌 이내의 방계혈족
5. 기타
   1) 동 순위의 상속인이 수인인 경우 최근친을 선 순위로 하고 동 순위 등의 상속인이 수인인 경우 공동상속인이 된다.
   2) 태아는 상속순위에 관하여 이미 출생한 것으로 본다.

Ⅱ 근로기준법시행령 제48조

국내근재, 해외근재 수급권자 순위

1. 근로자가 사망한 때 **그가 부양하고 있던 배우자(사실혼포함)**, 자녀, 부모, 손(孫)및 조부모
2. 근로자가 사망한 때 그가 부양하고 있지 아니한 배우자, 자녀, 부모, 손 및 조부모
3. 근로자가 사망한 때 그가 부양하고 있던 형제자매 (동순위)
4. 근로자가 사망한 때 그가 부양하고 있지 아니한 형제자매 (동순위)
5. 기타
   1) **같은 호에 해당하는 경우 적힌 순서에 따라 정한다.**
      ⇒ ① 배우자 ② 자녀 ③ 부모 ④ 손자녀 및 조부모
   2) 부모는 양부모가 친부모보다 선순위이며 조부모는 양부모의 부모를 선순위로 친부모의 부모를 후순위로 한다.
   3) 근로자의 유언이나 사용자에 대한 예고에 따라 유족 중의 특정한 자를 지정한 경우 그에 따른다.

Ⅲ 산업재해보상보험법 제65조

산재 수급권자 순위

1. 근로자가 사망할 당시 **그 근로자와 생계를 같이하고 있던 배우자(사실혼포함)**, 자녀, 부모, 손 및 조부모
2. 근로자가 사망할 당시 그 근로자와 생계를 같이하고 있지 아니한 배우자, 자녀, 부모, 손자녀 및 조부모 또는 근로자가 사망할 당시 근로자와 생계를 같이 하고 있던 형제자매
3. 형제자매 (동순위)
4. 기타
   1) **각 호의 사람 사이에서는 각각 그 적힌 순서에 따른다.**
      ⇒ ① 배우자 ② 자녀 ③ 부모 ④ 손자녀 및 조부모
   2) 부모는 양부모를 선순위로, 실부모를 후순위로 하고, 조부모는 양부모의 부모를 선순위로, 실부모의 부모를 후순위로 한다.
   3) 근로자가 유언으로 보험급여를 받을 유족을 지정하면 그 지정에 따른다.

Ⅳ 선원법시행령 제29조, 제30조

선원근재 수급권자 순위

1. 선원의 사망 당시 **그에게 부양되고 있던 배우자(사실혼포함)**, 자녀, 부모, 손 및 조부모
2. 선원의 사망 당시 그에게 부양되고 있지 아니한 배우자, 자녀, 부모, 손 및 조부모
3. 선원의 사망 당시 그에게 부양되고 있던 형제자매 (동순위)
4. 선원의 사망 당시 그에게 부양되고 있지 아니한 형제자매 (동순위)
5. 기타
    1) 유족보상 외에 장제비를 포함한다.
    2) 같은 호에 규정된 자 사이에 있어서는 그 기재된 순서에 의하되 **배우자, 자녀 및 부모는 같은 순위로 한다.** (즉, 선원이 사망 당시 그에게 부양되고 있던 배우자, 자녀, 부모가 있다면 이들은 공동순위가 되고 수급금액은 동일하게 균분한다. 그리고 손자녀와 조부모는 배우자, 자녀, 부모보다 후 순위가 되는 것임)
    3) 선원이 유언 또는 선박 소유자에게 통보하여 해당하는 자를 지정한 경우에는 그 순위에 따른다.

문 12 공제 후 상속설과 상속 후 공제설에 관하여 설명하시오. ★★★★

개요	
서언	유족에게 지급되는 금원 중 재해보상의(산재보험금) 수급권자와 손해배상(손해배상액)의 청구권자가 서로 다른 경우 발생
지급방법	공제 후 상속설 - 망인의 손해액에서 수급액을 먼저 공제한 후 그 잔액에 관해 상속을 인정한다는 견해 상속 후 공제설 - 손해배상청구권을 먼저 상속시킨 후 상속인 중 수급권자가 있으면 그자의 상속분에서만 수급액을 공제하는 방식으로 판례의 견해

문제풀이

I 서언

재해자가 사망한 경우 지급되는 유족보상에 한해 발생하는 문제로 재해보상의 수급권자와 손해배상 청구권자가 서로 다른 경우 보상과 배상 간의 상호보완 관계에 대해 공제 후 상속설과 상속 후 공제설이 대립된다.

II 공제 후 상속설과 상속 후 공제설

공제 후 상속설은 피해근로자의 손해배상금에서 수급액을 먼저 공제한 후 그 잔액에 관해 상속을 인정한다는 견해이고, 상속 후 공제설은 손해배상청구권을 먼저 상속시킨 후 상속인 중 수급권자가 있으면 그자의 상속분에서만 수급액을 공제할 뿐 다른 상속인에게는 영향이 없다는 견해로 대법원은 상속 후 공제설을 따른다.

문 13. 재해보상책임특별약관에서 재해를 입은 근로자가 이송되거나 송환되는 경우 비용손해에 대한 보험자의 보상에 관하여 서술하시오. ★★

	개요
이송 및 송환비	기동이 불가능하여 호송을 요하는 중환자, 유해의 송환 비용 또는 요양기관으로 긴급히 이송을 요하는 경우 편도에 한하여 실비로 1인당 5백만원을 한도로 보상

문제풀이

Ⅰ 서언

재해보상책임특별약관에서는 원칙적으로 근로자가 국외 지역에서 요양기관으로 이송되거나 본국으로 송환되는 경우의 이송비용을 보상하지 않는다. 다만, 아래의 요건에 한해 제한적으로 담보하고 있다.

Ⅱ 담보요건

1. 기동이 불가능하여 호송을 요하는 중환자
2. 유해 송환비용
3. 요양기관으로 긴급 이송

Ⅲ 한도 및 제한

1. 편도에 한해 1인당 5백만원 한도로 실비보상
2. 적절한 운송용구를 사용
3. 어떠한 경우에도 호송인에 대한 비용 부담보

Ⅱ. 계산문제

문 01 산업재해보상보험법에 따른 피재근로자에게 지급 될 장해급여를 산정하시오. ★★★★

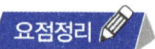

피재근로자의 일 평균임금 : 10만원

- 산업재해보상보험법

장해등급	장해보상일시금
제1급	1,474일분
제2급	1,309일분
제3급	1,155일분
제4급	1,012일분
제5급	869일분
제6급	737일분
제7급	616일분
제8급	495일분
제9급	385일분
제10급	297일분
제11급	220일분
제12급	154일분
제13급	99일분
제14급	55일분

Ⅰ 장해급여 산정

1. 장해 : 3급

   ⇨ 10만원 × 1,155일 = 115,500,000원

2. 장해 : 7급

   ⇨ 10만원 × 616일 = 61,600,000원

3. 장해 : 14급

⇨ 10만원 × 55일 = 5,500,000원

Ⅱ 중복장해 급여 산정

1. 장해 : 5급 / 13급

    ⇨ 13급 이상에 해당하는 신체장해가 복수로 있는 경우 1등급 상향
    10만원 × 1,012일(4급) = 101,200,000원

2. 장해 : 5급 / 7급

    ⇨ 8급 이상에 해당하는 신체장해가 복수로 있는 경우 2등급 상향
    10만원 × 1,155일(3급) = 115,500,000원

3. 장해 : 3급 / 5급

    ⇨ 5급 이상에 해당하는 신체장해가 복수로 있는 경우 3등급 상향
    10만원 × 1,474일(1급) = 147,400,000원

4. 장해 : 3급 / 14급

    ⇨ 13급 이상에 해당하는 신체장해가 복수로 존재하지 않으므로 조정 없음
    10만원 × 1,155일(3급) = 115,500,000원

Ⅲ 가중장해급여 산정

1. 기존 장해 : 13급

    동일부위 현존 장해 : 11급
    ⇨ 220일(11급) - 99일(13급) = 121일
    10만원 × 121일 = 12,100,000원

2. 기존 장해 : 14급

    동일부위 현존 장해 : 13급
    ⇨ 99일(13급) - 55일(14급) = 44일
    10만원 × 44일 = 4,400,000원

3. 기존 장해 : 11급

　동일부위 현존 장해 : 7급

　⇨ 616일(7급) - 220일(11급) = 396일

　　10만원 × 396일 = 39,600,000원

4. 기존 장해 : 11급

　다른 부위 새로운 장해 : 10급

　⇨ 385일(9급) - 220일(11급) = 165일 〈 297일(10급)[74]

　　10만원 × 297일 = 29,700,000원

5. 기존 장해 : 13급

　다른 부위 새로운 장해 : 8급

　⇨ 616일(7급) - 99일(13급) = 517일 〉 495일(8급)

　　10만원 × 517일 = 51,700,000원

---

[74] 13급 이상에 해당하는 장해가 복수로 존재하므로 조정하여 1등급 상향하여 9급에 해당하는 일수에 기존 장해 11급 일수를 뺀 최종 일수와 새로운 장해 일수 10급 중 높은 일수를 적용

문 02 아래의 조건을 참고하여 홍길동의 평균임금과 월 통상임금을 산정하시오. ★★★

〈사고내용 및 급여지급내역〉

피해자 : 홍길동
사고 발생일 : 2024년 3월 1일

기간	2023.12.01~31	2024.01.01~31	2024.02.01.~28	합계
일수	31일	31일	28일	90일
기본급	3,000,000원	3,000,000원	3,000,000원	9,000,000원
직책수당	300,000원	300,000원	300,000원	900,000원
위험수당	200,000원	200,000원	200,000원	600,000원
야간수당	450,000원	400,000원	350,000원	1,200,000원
가족수당	200,000원	200,000원	200,000원	600,000원
상여금	기본급 50% (분기마다 전 직원에게 지급)			
유류비	12월 5일 지방 출장으로 인해 20만원 지급			

- 가족수당 : 매년 전 근로자 고정급 월 10만원 + 자녀수에 따라 1인당 5만원(3인까지) 추가지급
- 1월 25일 : 사용자의 허락하에 민방위 훈련참석으로 결근 (임금은 지급됨)

문제풀이

I. 평균임금

1. 요건

임시적이거나 돌발적으로 지급되는 임금이나 일시적으로 근로자에게 지급되는 복리후생적인 비용 또는 실비변상적인 금원 등은 임금에서 제외된다.

1) 가족수당[75]

사안의 가족수당에서 고정급으로 지급되는 10만원의 경우 전 직원에게 일률적으로 지급되는 임금에 해당하나 자녀수에 따라 차등 지급되는 금원은

---

[75] 〈가족 수에 따라 다르게 지급되는 가족수당이 평균임금 및 통상임금산정 대상에 해당되는 지의 여부〉가족수당에 대해서는 판례와 노동부의 행정해석상의 차이가 있다. 사안의 경우처럼 모든 근로자에게 동일한 금액을 가족 수에 관계없이(부양가족이 없는 근로자까지) 일률적으로 가족수당명목으로 지급하고 있다면 그 금원에 관하여 판례에서는 평균임금은 물론 통상임금에도 포함되는 것으로 본다. (대법원 1992.7.14. 선고91다5501 판결) 그러나 일부 판례(대법원 2003.10.9. 선고2003다30777)나 행정해석에서는 이 경우 평균임금 산정에만 포함시키고 있다. (임금68207-145, 1994.3.15.) 반면, 실제 부양하는 가족의 수 또는 자녀의 수에 따라 추가적으로 지급하는 금원에 관하여는 일률성이 부정되어 임금으로 보지 않고 임의적·은혜적인 급여로 해석되는 경우도 있으나, 단체협약 등에서 정한 일정한 요건을 구비한 근로자에게 일률적으로 지급한 임금으로 판단하는 경우도 있다. (대법원 2005.9.9. 선고2004다41217 판결)

일부 근로자에게 지급되는 복리후생적 성격으로 임금에서 제외된다.

2) 상여금[76]

상여금은 평균임금 산정 사유 발생일 전 3개월간 지급 여부와 상관없이 단체협약, 취업규칙 등에 미리 지급조건이 명시되었거나 계속 지급되어 온 사실이 인정되면 평균임금 산정대상에 포함된다.

3) 보조금

일부 근로자에게 지급되는 학비 보조금, 교통비, 출장비 등 일시적, 복리후생적, 실비변상적인금원은 임금에서 제외된다.

2. 공제되는 기간

「병역법」, 「향토예비군법」, 「민방위기본법」, 사용자의 귀책 사유, 사용자의 승낙 등에 의한 의무이행을 위해 근로하지 못한 기간은 평균임금 산정 일수에서 제외되나 그 기간 임금을 지급 받은 경우는 그러하지 아니한다.

3. 평균임금산정

1) 산정적용 대상금원

900만원(기본급) + 90만원(직책수당) + 60만원(위험수당) + 120만원(야간수당) + 30만원(가족수당) + 150만원(상여금) = 13,500,000원

2) 계산

13,500,000원 × 1 / 90일 = 150,000원

3) 평균임금 : 150,000원

---

[76] 상여금이 계속적·정기적으로 지급되고 그 지급액이 확정되어 있다면 이는 근로의 대가로 지급되는 임금의 성질을 가지나, 그 지급 사유의 발생이 불확정이고 일시적으로 지급되는 것은 임금이라고 볼 수 없다. (대법원 2006.5.26. 선고 2003다54322,54339 판결)

Ⅱ. 월 통상임금

1. 요건

근로자에게 지급되는 정기적이고 일률적, 고정적으로 지급되는 시간급, 일급, 주급, 월급, 도급금액을 말한다. 야간수당은 평균임금 산정대상에는 포함되나 정기적, 일률적, 고정적으로 지급되는 임금에 해당되지 않으므로 통상임금산정에는 포함되지 않는다.

2. 월 통상임금산정

1) 산정적용 대상금원

300만원(기본급) + 30만원(직책수당) + 20만원(위험수당) + 10만원(가족수당) + 50만원(상여금)[77] = 4,100,000원

2) 월 통상임금 : 4,100,000원

---

77) (3,000,000원 × 50%) × 1/3개월 = 500,000원

문 03. 아래 〈별표〉의 내용을 참고하여 갑(甲), 을(乙) 각 근로자에게 보상된 보험금액을 산정하시오. ★★★★★

별표

1. 사건1

2017년 4월 1일 이패스상선의 근로자 갑(甲)은 선상 작업 중 발생한 재해로 요양 기간 2년이 지나도록 중증의 상태가 호전되지 않자 보험자로부터 일시보상금을 지급받았다. 이후 3개월 뒤 갑(甲)은 갑작스런 상태악화로 사망하였다.

[이패스상선 보험가입사항]
  A 보험사 : 선원근로자재해보장책임보험
         (재해보상책임특별약관 / 비업무상재해확장추가특별약관)

[전제조건]
  사고발생 : 2017. 4. 1
  일시보상 : 2019. 8. 1
  임금
   - 통상임금 : 3,000,000원 (10만원)
   - 승선평균임금 : 3,600,000원 (12만원)
  치료비
   - 2017. 4. 1 ~ 2019. 8. 1 : 60,000,000원
   - 2019. 8. 1 ~ 2019. 11. 1 : 9,000,000원

2. 사건2

2017년 4월 1일 이패스건설의 근로자 을(乙)은 해외 건설현장 작업 중 발생한 재해로 요양 기간이 2년이 지나도록 중증의 상태가 호전되지 않자 보험자로부터 일시보상금을 지급받았다. 이후 3개월 뒤 을(乙)은 갑작스런 상태악화로 사망하였다.

[이패스건설 보험가입사항]
  B 보험사 : 해외근로자재해보장책임보험
         (재해보상책임특별약관 / 재해보상확장추가특별약관 / 비업무상재해확장추가특별약관)

[전제조건]
  사고발생 : 2017. 4. 1
  일시보상 : 2019. 8. 1
  임금 : 3,600,000원 (12만원)
  이송비 : 6,000,000원 (사고발생 직후 : 편도 乙이송비)
  치료비
   - 2017. 4. 1 ~ 2019. 8. 1 : 50,000,000원
   - 2019. 8. 1 ~ 2019. 11. 1 : 10,000,000원

> 문제풀이

I. 선원법상의 일시보상제도

1. 서언

선원법에서는 일시보상 지급 후에도 유족보상, 장제비에 대한 재해보상책임면제 규정이 없으므로 사용자는 선원 근재의 경우 이 부분에 관한 금원은 보상[78] 해야함

2. 계산법

1) 요양보상

   치료비(2017. 4. 1 ~ 2019. 8. 1) : 60,000,000원

2) 상병보상

   치료기간(2017. 4. 1 ~ 2019. 8. 1) :
   (300만원×4개월) + {(300만원×24개월)×70%} = 62,400,000원

3) 일시보상 (승평 × 1,474일)

   12만원 × 1,474일 = 176,880,000원

4) 유족보상 (승평 × 1,300일)

   12만원 × 1,300일 = 156,000,000원

5) 장제비 (승평 × 120일)

   12만원 × 120일 = 14,400,000원

6) 합계 : 469,680,000원

---

[78] 선원법상의 일시보상제도의 취지도 근로기준법상의 일시보상제도와 동일하게 사용자의 모든 책임을 면제함에 있다. 그러나 선원법에서는 일시보상 지급 후 요양보상, 휴업보상, 장해보상 외에는 유족보상과 장제비 면제에 관한 규정이 없어 일시보상제도의 취지에 맞게 법령을 개정할 필요가 있겠다.

Ⅱ 근로기준법상의 일시보상제도

1. 서언

근로기준법에서는 평균임금의 1,340일분을 일시보상으로 지급하고 사용자는 근로기준법의 모든 책임을 면할 수 있다. 산업재해보상보험법[79]상 재해보상기준과 동일한 보상기준으로 지급하도록 재해보상확장특약에 가입되어있으므로 평균임금의 1,474일을 적용하여 지급함

2. 계산법

1) 요양보상
   - 치료비(2017. 4. 1 ~ 2019. 8. 1) : 50,000,000원
   - 이송비 : 5,000,000원 (편도한도 500만원 까지)
   - 소계 : 55,000,000원

2) 휴업보상
   치료기간(2017. 4. 1 ~ 2019. 8. 1) :
   (360만원 × 28개월) × 70% = 70,560,000원

3) 일시보상 (평임 × 1,474일)
   12만원 × 1,474일 = 176,880,000원

4) 합계 : 302,440,000원

---

[79] 산업재해보상보험법에는 일시보상제도는 없고 이와 유사한 상병보상연금제도라는 것이 있어 해당요건(2년이 지나도록 치유되지 않고 중증의 상태로 취업하지 못하는 상태 등의 해당 요건을 충족해야 함)에 충족되는 근로자는 휴업급여대신 상병보상연금을 신청할 수 있다.

문 04. 근로자재해보장책임보험 사용자배상책임특별약관 계산하기 I ★★★★★

착안점
1. 산재의 수급권자와 민법의 상속권자의 차이
2. 상속 후 공제설 보상방법

상속 후 공제설을 적용하여 보험자가 유족에게 지급할 금원을 산정하시오.

[사용자 보험가입사항]
보험종목 : 근로자재해보장책임보험
- 사용자배상책임특별약관
- 보상한도 – 1인당 1억

[전제조건]

〈근로복지공단의 보상급여〉	〈사용자의 민법상 배상책임금액〉
1. 장례비 : 12,000,000원[80] 2. 유족급여 : 130,000,000원 (일시금 금액)	1. 장례비 : 5,000,000원[81] 2. 상실수익 : 42,000,000원 3. 위자료 : 70,000,000원

1) 사례1
   피해자 : 홍길동
   유 족 : 피재자와 사망 당시 생계를 같이하던 배우자, 아들, 딸, 홍길동의 모친
         (망인의 유언[82]은 없었고 유족보상연금은 적용하지 않는다.)
   장 례 : 배우자가 장례를 지냄

2) 사례2
   피해자 : 이몽룡
   유 족 : 피재자와 사망 당시 생계를 같이하던 아들, 결혼하여 독립한 딸, 이몽룡의 모친
         (유언은 없었고 유족보상연금은 적용하지 않는다.)
   장 례 : 이몽룡의 모친이 장례를 지냄

---

80) 장례비는 그 장제를 지낸 유족에게 지급한다. (산업재해보상보험법 제71조 제1항)
81) 장례비는 실제 장래를 치룬 자에게 지급한다.
82) 법률로 정한 규정에도 불구하고 근로자가 유언으로 보험급여를 받을 유족을 지정하면 그 지정에 따른다. (산업재해보상보험법 제71조 제1항)

문제풀이

I. 피해자 홍길동

1. **산재 수급권자** : 배우자 (단독수급)

2. **민법의 상속권자** : 배우자(1.5), 아들(1), 딸(1)

3. **지급금액**

    1) 장례비

        5,000,000원 - 12,000,000원(배우자에게 지급된 장례비) = 0원

    2) 상실수익액

        ① 배우자 : 42,000,000원 × 3/7 = 18,000,000원
            ▶ 수급권자인 배우자 지분에서만 공제
                18,000,000원 - 130,000,000원(유족급여) = 0원
        ② 아들 : 42,000,000원 × 2/7 = 12,000,000원
        ③ 딸 : 42,000,000원 × 2/7 = 12,000,000원
        ④ 보험자 지급금액 : 24,000,000원

    3) 위자료

        ① 배우자 : 70,000,000원 × 3/7 = 30,000,000원
        ② 아들 : 70,000,000원 × 2/7 = 20,000,000원
        ③ 딸 : 70,000,000원 × 2/7 = 20,000,000원
        ④ 보험자 지급금액 : 70,000,000원

    4) 합계

        94,000,000원

    5) 보상금액

        94,000,000원
        ⇨ 94,000,000원 < 한도 1억 ▶ 94,000,000원 보상

Ⅱ 피해자 이몽룡

1. 산재 수급권자 : 피재자와 사망 당시 생계를 같이 하던 아들 (단독수급)

2. 민법의 상속권자 : 아들(1), 딸(1)

3. 지급금액

1) 장례비

   5,000,000원 - 12,000,000원(모친에게 지급된 장례비) = 0원

2) 상실수익액

   ① 아들 : 42,000,000원 × 1/2 = 21,000,000원
   ▶ 수급권자인 아들 지분에서만 공제
   21,000,000원 - 130,000,000원(유족급여) = 0원
   ② 딸 : 42,000,000원 × 1/2 = 21,000,000원
   ③ 보험자 지급금액 : 21,000,000원

3) 위자료

   ① 아들 : 70,000,000원 × 1/2 = 35,000,000원
   ② 딸 : 70,000,000원 × 1/2 = 35,000,000원
   ③ 보험자 지급금액 : 70,000,000원

4) 합계

   91,000,000원

5) 보상금액

   91,000,000원
   ⇨ 91,000,000원 < 한도 1억 ▶ 91,000,000원 보상

문 05 국내 근로자재해보장책임보험 계산하기 ★★★★★

착안점

1. 퇴직금 산정 공식
   〈일실퇴직금〉
   * (예상 총 퇴직금 × 사고 당시 현가율 − 기근속 퇴직금) × 노동능력상실률 × 가해자 과실
   − 예상 총 퇴직금 : 입사일로부터 정년까지 재직에 따른 퇴직금
     ⇨ (평균임금 × 30일) × 재직 가능기간 (입사 ~ 정년일)
   − 기근속 퇴직금 : 입사일로부터 사고일까지 재직에 따른 퇴직금
     ⇨ (평균임금 × 30일) × 실제 재직기간 (입사 ~ 사고일)
   − 사고 당시 현가율 : 1 / (1 + 0.05 × 잔여 재직기간)

이패스 식품의 근로자 홍길동은 2024년 3월 5일 업무 중 발생한 사고로 사상되었다. 사고는 출시될 제품인 사골육수를 만드는 과정에서 압력을 이기지 못한 압력솥이 폭발하면서 고온의 스팀이 분사되었고 집기류가 망가지면서 홍길동이 화상 등의 재해를 입은 것이다. 압력솥은 압력솥 덮개가 동체의 내압을 충분히 견딜 수 있도록 경첩을 모두 체결 후 사용하여야 하는데 홍길동의 동료 근로자인 갑(甲)이 해당 수칙을 지키지 않았고 사업주 또한 작업에 필요한 안전교육 등을 근로자에게 실시하지 않았다. 다음의 사항을 참고하여 일실퇴직금을 포함한 피해자의 손해액을 산정하고 보험자가 보상할 금액을 기재하시오.

별표

[보험가입사항]
   보험종목 : 근로자재해보장보험
            − 재해보상책임특별약관
            − 재해보상확장추가특별약관
            − 사용자배상책임특별약관 (보상한도 : 1인당 2억 / 사고당 10억)

[전제조건]
   재해일 : 2024. 03. 05
   출생일 : 1986. 03. 05
   입사일 : 2013. 03. 05 (정년 58세)
   월 평균임금 : 600만원 (일 20만원)
   일용임금 : 건설보통인부 15만원 (일용근로자 한 달 근로일수는 20일로 적용할 것)
   치료비 : 기왕치료비 − 3,000만원
          간병비(입원기간) − 300만원
   비급여치료비 : 향후치료비(현가적용) − 300만원
              성형수술비(현가적용) − 400만원
   과실 : 10%
   노동능력상실율 : 추상 50%(영구), 신경손상 20%(영구)

장해급수: 5급, 9급

2급	3급	4급	5급	6급
1,309일	1,155일	1,012일	869일	737일

호프만계수: (계산 편의를 위한 임의 계수)
- 사고 ~ 치료종결: 5개월 (4H)
- 사고 ~ 정년: 240H (164H)
- 사고 ~ 가동연한종료: 324H (204H)

위자료: 1억 (서울중앙지방법원판례 자동차사고 사망 또는 노동능력상실율 100% 기준)
일실퇴직금현가율 적용: 1/ (1 + 0.05 × 잔여재직기간)

문제풀이

I 법률상책임

사안은 이패스 식품의 근로자 홍길동이 압력솥 폭발사고로 재해를 입은 사안이다. 사용자는 작업 진행 시 근로자에게 작업 방법, 방호장치 등 필요한 사항을 미리 확인, 교육하여 위험 방지를 위해 필요 조치를 하여야 할 안전 배려 의무를 가진다. 그러나 이에 대한 과실이 인정되므로 홍길동의 재해로 인한 근로기준법상의 보상책임은 물론 민법 제390조 채무불이행책임, 갑(甲)의 사용자로서 민법 제756조 사용자책임으로 인한 법률상책임 등을 부담하며 갑(甲) 또한 민법 제750조 불법행위책임으로 인한 법률상배상책임을 진다.

II 보험자보상책임

근로자재해보장책임보험의 재해보상특별약관은 피보험자가 부담하는 근로기준법상의 재해보상책임으로 인한 손해를 담보하며 재해보상확장추가특별약관으로 산재보상보험법에서 규정하는 재해보상금과 동일한 금원으로 근로자가 입은 업무상 재해를 과실 적용 없이 모두 담보한다. 또한 사용자배상책임특별약관은 사업주의 민법상의 손해배상책임을 담보하며 재해보상으로 보상한 금액을 초과한 손해를 보상한다.

III. 손해액 산정 및 보상할 금액

1. W·C

1) 요양보상

   1) 기왕치료비 : 30,000,000원

   2) 간병비 : 3,000,000원

   3) 계 : 33,000,000원

2) 휴업보상

   600만원 × 5개월 × 70% = 21,000,000원

3) 장해보상 (5급, 9급 : 13급 이상의 복수장해 – 1급 상향 ▶ 4급 적용)

   20만원 × 1,012일 = 202,400,000원

4) 합계 : 256,400,000원

2. E·L

1) 적극적손해

   1) 3,300만원(기왕치료비, 간병비)

      ⇨ 손익상계 : 3,300만원 – 3,300만원(요양보상)[83] = 0

   2) 700만원(향후치료비 + 성형비용)

   3) 계 : 7,000,000원 × (1-10%) = 6,300,000원

2) 소극적손해

   1) 휴업손해

      600만원 × 100% × 4H = 24,000,000원

      ⇨ 손익상계 : 2,400만원 – 2,100만원(휴업보상) = 3,000,000원

---

[83] 손해배상은 손해의 전보를 목적으로 하는 것이므로 피해자로 하여금 근로기준법이나 산업재해보상보험법에 따라 휴업급여나 장해급여 등을 이미 지급받은 경우에 그 급여액을 일실수입의 배상액에서 공제하는 것은 그 손해의 성질이 동일하여 상호보완적 관계에 있는 것 사이에서만 가능하다. 따라서 피해자가 수령한 휴업급여금이나 장애급여금이 법원에서 인정된 소극적 손해액을 초과하더라도 그 초과부분을 기간과 성질을 달리하는 손해배상액에서 공제할 것은 아니며, 휴업급여는 휴업기간 중의 일실수입에 대응하는 것이므로 그것이 지급된 휴업기간 중의 일실수입 상당의 손해액에서만 공제되어야 할 것이다(대법원 2012. 6. 14. 선고 2010다77293 판결 참조). 또한 요양급여를 기왕치료비와 향후치료비 손해액에서 공제하려면 먼저 요양급여 중 각 치료비와 발생기간을 같이하는 부분을 특정한 다음 그 부분에 해당하는 금액만을 공제하여야 한다(대법원 2018. 6. 28. 선고 2017다269374 판결 참조).

과실상계 : 300만원 × (1-10%) = 2,700,000원

2) 상실수익 및 일실퇴직금

(노동능력상실율 : 50% + (1-50%) × 20%) = 60%)

① 상실수익
- 퇴원이후 ~ 정년까지
  600만원 × 60% × 160H(164-4) = 576,000,000원
- 정년이후 ~ 가동연한종료까지
  (15만원×20일) × 60% × 40H(204-164) = 72,000,000원
- 소계 : 648,000,000원

② 일실퇴직금
- 예상총퇴직금 (2013년 ~ 2044년 : 31년)
  600만원 × 31년 = 186,000,000원
- 기수령퇴직금 (2013년 ~ 2024년 : 11년)
  600만원 × 11년 = 66,000,000원
- 일실퇴직금
  {18,600만원 × 1/ (1 + 0.05×20년) - 6,600만원} × 60%
  = 16,200,000원

③ 합계 : 664,200,000원

⇨ 손익상계 : 66,420만원-20,240만원(장해급여)=461,800,000원
  과실상계 : 46,180만원×(1-10%) = 415,620,000원

3. 정신적손해

- 위자료 : 1억 × 60% × (1-6/10×10%) = 56,400,000원

4. 합계 : 481,020,000원

5. 보험자 보상금액

481,020,000원 > 보상한도 2억 ▶ 2억 원 보상

문06 산재보험 보상 후 사용자배상책임특별약관 계산하기Ⅱ★★★★★

이패스 소속 피해자 홍길동은 공연장 무대세트의 덧칠 작업 중 이동 과정에서 7m 높이의 무대 리프트 바닥으로 떨어져 현장에서 사망하였다. 사고 당시 현장은 추락할 위험이 있는 장소임에도 안전난간 및 추락 방호망의 설치 등이 제대로 되어있지 않은 상태였다. 유족은 근로복지공단에 급여신청을 하였다. 다음 사항을 참고하여 보험자가 보상하는 보험금액 산정하고 그 산출과정을 기재하시오.

별표

[보험가입 사항]
  보험종목 : 근로자재해보장보험
    - 사용자배상책임특별약관 (보상한도 : 1인당 2억 / 사고당 10억)

[전제조건]
  월 평균임금 : 600만원 (월수 계산이 필요한 경우 30일로 산정할 것)
  일용임금 : 건설보통인부 15만원 (일용근로자 한 달 근로일수는 20일로 적용할 것)
  과실 : 30%
  호프만계수 : (계산 편의를 위한 임의 계수)
    - 사고 ~ 정년 : 108H (90H)
    - 사고 ~ 가동연한종료 : 168H (130H)
  위자료 : 1억 (서울중앙지방법원판례 자동차사고 사망 또는 노동능력상실율 100% 기준)
  장례비 : 500만원

문제풀이

Ⅰ 산재보험 지급금액

1. 유족급여

    20만원 × 1,300일 = 260,000,000원

2. 장례비

    20만원 × 120일 = 24,000,000원

3. 합계 : 284,000,000원

Ⅱ 보험자보상책임

1. 적극적 손해

- 장례비 : 5,000,000원
    ⇨ 손익상계 : 5,000,000원 - 2,400만원(장례비) = 0

2. 소극적 손해

- 상실수익
    - 사고 ~ 정년까지
      600만원 × 100% × 90H × (1-1/3) = 360,000,000원
    - 정년이후 ~ 가동연한종료까지
      (15만원×20일) × 100% × 40H(130-90) × (1-1/3) = 80,000,000원
    - 소계 : 440,000,000원
        ⇨ 손익상계 : 440,000,000원 - 26,000만원(유족급여) = 180,000,000원
           과실상계 : 180,000,000원 × (1-30%) = 126,000,000원[84]

3. 정신적 손해

- 위자료 : 1억 ×100%× (1-6 / 10×30%) = 82,000,000원

4. 합계 : 208,000,000원

---

[84] 산업재해보상보험법(이하 '산재보험법'이라 한다) 제87조의 문언과 입법 취지, 산업재해보상보험(이하 '산재보험'이라 한다) 제도의 목적과 사회보장적 성격, 재해근로자(유족 등 보험급여 수급자를 포함한다)와 근로복지공단(이하 '공단'이라 한다) 및 불법행위자 사이의 이익 형량 등을 종합하여 보면, 공단이 제3자의 불법행위로 재해근로자에게 보험급여를 한 다음 산재보험법 제87조 제1항에 따라 재해근로자의 제3자에 대한 손해배상청구권을 대위할 수 있는 범위는 제3자의 손해배상액을 한도로 하여 보험급여 중 제3자의 책임비율에 해당하는 금액으로 제한된다. 따라서 보험급여 중 재해근로자의 과실비율에 해당하는 금액에 대해서는 공단이 재해근로자를 대위할 수 없으며 이는 보험급여 후에도 여전히 손해를 전보받지 못한 재해근로자를 위해 공단이 종국적으로 부담한다고 보아야 한다. 이와 같이 본다면 산재보험법에 따라 보험급여를 받은 재해근로자가 제3자를 상대로 손해배상을 청구할 때 그 손해 발생에 재해근로자의 과실이 경합된 경우에,재해근로자의 손해배상청구액은 보험급여와 같은 성질의 손해액에서 먼저 보험급여를 공제한 다음 과실상계를 하는 '공제 후 과실상계' 방식으로 산정하여야 한다. 또한 산업재해가 산재보험 가입사업주와 제3자의 공동불법행위로 인하여 발생한 경우에도 공단이 재해근로자의 제3자에 대한 손해배상청구권을 대위할 수 있는 범위는 제3자의 손해배상액을 한도로 하여 보험급여 중 제3자의 책임비율에 해당하는 금액으로 제한됨은 위와 같다. 따라서 공단은 보험급여 중 재해근로자의 과실비율에 해당하는 금액에 대해서 재해근로자를 대위할 수 없고 재해근로자를 위해 위 금액을 종국적으로 부담한다. 재해근로자가 가입 사업주와 제3자의 공동불법행위를 원인으로 가입 사업주나 제3자를 상대로 손해배상을 청구하는 경우에도 그 손해 발생에 재해근로자의 과실이 경합된 때에는 '공제 후 과실상계' 방식으로 손해배상액을 산정하여야 한다(대법원 2021다241618 전원합의체 판결요지 참조).

5. 보험자 보상금액

208,000,000원 > 보상한도 2억 ▶ 200,000,000원 보상

문 07 선원근로자재해보장책임보험 계산하기 I ★★★★★

☞ **Point**
1. 선원근재의 유족 순위
2. 선원근재 보상 규정

이패스상선(주)의 갑판원 홍길동은 구명조끼를 입지 않고 갑판의 시설물을 점검하던 중 조류에 휩쓸려 실종되었다. 실종 석 달이 지나도록 그의 생사는 알 수 없는 상태로 마무리되었다. 다음의 사항을 참고하여 사용자의 법률상 책임과 보험자가 지급할 보험금을 산정하시오.

별표

[이패스상선(주) 보험가입사항]
   보험종목 : 선원근로자재해보장책임보험
   - 재해보상책임특별약관
   - 사용자배상책임특별약관
   - 비업무상재해확장추가특별약관
      (보상한도액 : 1인당 2억 / 자기부담금 1,000만원)

[전제조건]
   사고발생 : 2024년 10월 10일
   승선평균임금 : 월 600만원 (월수 계산이 필요한 경우 월 30일로 가정하여 산정할 것)
   통상임금 : 월 450만원
   일용임금 : 건설보통인부 15만원 (일용근로자 한 달 근로일수는 20일로 적용할 것)
   피해자과실 : 40%
   호프계수 : (계산편의를 위한 임의 계수)
      - 사고일 ~ 정년까지 : 120개월(90)
      - 사고일 ~ 가동기간종료까지 : 180개월(120)
   위자료 : 1억 (서울중앙지법원판례 자동차사고 사망 또는 노동능력상실율 100% 기준)
   장례비 : 500만원
   유족 : 홍길동이 사망한 때 그에게 부양되고 있던 법률혼 배우자, 아들
   일실퇴직금 산정은 생략

문제풀이

Ⅰ. 법률상 책임

사안은 이패스 상선의 갑판원 홍길동이 업무 중 실종된 사고이다. 사용자는 작업 진행 시 근로자에게 작업 방법, 방호장치 등 필요한 사항을 미리 확인, 교육하여 위험 방지를 위해 필요 조치를 하여야 할 의무와 재해를 예방할 안전한 업무환경을 유지해야 할 안전 배려 의무를 가진다. 그러나 이에 대한 사용자의 과실이 인정되므로 사용자는 근로자 홍길동에게 선원법상의 재해보상책임과 함께 민법 제390조 채무불이행책임, 민법 제750조 불법행위책임으로 인한 법률상배상책임을 진다.

Ⅱ. 보험자보상책임

선원근로자재해보장책임보험의 재해보상특별약관은 피보험자가 부담하는 선원법상의 재해보상책임으로 인한 손해를 담보하여 근로자가 입은 업무상 재해를 과실 적용 없이 모두 담보한다. 또한 사용자가 지는 민법상의 손해배상책임은 피해자의 과실을 적용하여 사용자 배상책임 한도액 내에서 보상한다.

Ⅲ. 손해액 산정 및 보상할 금액

1. W·C

    1) 행방불명보상 (통상임금1개월 + 승선평균임금3개월)

    (450만원×1개월) + (600만원 × 3개월) = 22,500,000원[85]

    ▶ 부양하던 배우자, 자녀에게 각각 지급
    - 배우자 : 22,500,000원 × 1/2 = 11,250,000원
    - 아들 : 22,500,000원 × 1/2 = 11,250,000원

    2) 유족보상 (승선평균임금 1,300일분)

    20만원 × 1,300일 = 260,000,000원

    ▶ 부양하던 배우자, 자녀에게 각각 지급

---

85) 선원법상 행방불명 보상을 받을 수 있는 피부양자의 범위 및 순위에 관하여는 수급권자의 순위를 준용하고 있다.

- 배우자 : 260,000,000원 × 1/2 = 130,000,000원
- 아들 : 260,000,000원 × 1/2 = 130,000,000원

3) 장제비[86] (승선평균임금 120일분)

20만원 × 120일 = 24,000,000원

▶ 부양하던 배우자, 자녀에게 각각 지급
- 배우자 : 24,000,000원 × 1/2 = 12,000,000원
- 아들 : 24,000,000원 × 1/2 = 12,000,000원

4) 합계

306,500,000원 보상

2. E·L

1) 장례비 : 5,000,000원

⇨ 손익상계 : 5,000,000원 - 24,000,000원(장제비) = 0

2) 상실수익
- 사고 ~ 정년까지

  600만원 × 100% × 160H × (1-1/3) = 640,000,000원
- 정년이후 ~ 가동연한 종료까지

  (15만원 × 20일) × 100% × 30H(190 - 160) × (1-1/3)
  = 60,000,000원
- 소계 : 700,000,000원

■ 손익상계 : 상속 후 공제설을 적용

직계비속인 아들과 배우자가 상속권자이므로 이들의 금액에서 유족보상액을 공제하여 보상

① 배우자(1.5) : 700,000,000원 × 3/5 = 420,000,000원

⇨ 손익상계 : 420,000,000원 - 130,000,000원(배우자지분유족보상금)
= 290,000,000원

과실상계 : 290,000,000원 × (1-40%) = 174,000,000원

---

[86] 선원이 사망하였을 때 지체없이 유족에게 승선평균임금의 120일분을 장제비를 지급하고 장제비를 지급할 유족이 없는 경우 실제로 장제를 한자에게 지급한다. (선원법 제100조)

② 아들(1.0) : 700,000,000원 × 2/5 = 280,000,000원
   ⇨ 손익상계 : 280,000,000원 - 130,000,000원(아들지분유족보상금)
       = 150,000,000원
   과실상계 : 150,000,000원 × (1-40%) = 90,000,000원
③ 계 : 264,000,000원

3. 위자료

1억 × 100% × (1-6/10 × 40%) = 76,000,000원

4. 합계

340,000,000원

⇨ 340,000,000원 - 1,000만원 > 한도 2억 ▶ 200,000,000원

5. 보험자 보상금액

1) W·C (재해보상특약)

   306,500,000원 보상

2) E·L (사용자배상책임특약)

   200,000,000원 보상

문 08. 선원근로자재해보장책임보험 계산하기 II★★★★★

☞ **Point**
1. 장해등급조정
2. 선원법에 따른 근로자재해 보상 규정

남대서양 해역에서 오징어 채낚기 조업 중이던 △△수산㈜ 소속 선원 강○○은 2024년 2월 10일 조타기 유압라인이 파열되어 이를 수리하던 중 기상악화로 인한 선체의 롤링으로 유압파이프에 안면부와 무릎을 부딪치는 사고를 입었다. 당시 충격으로 치아가 파절되고 슬관절부에 통증이 있어 병원에서 치료를 받았다. 아래 〈별표〉의 내용을 참고하여 보험자가 지급할 보상금액을 산정하시오.

▶ 2017년 기출 응용문제

별표

[보험가입사항]
　계약자 / 피보험자 : △△수산㈜
　선원근로자재해보장책임보험
　　- 재해보상책임 특별약관 / 비업무상재해확장 추가특별약관

[전제조건]
　피 해 자 : 강○○
　사고발생일 : 2024년 2월 10일
　상 병 명 : 치아 파절 및 상실 (장해등급 10급) 슬관절 손상 (장해등급 12급)
　입원 (2024년 2월 10일 ~ 2024년 7월 9일) 치료비 : 5,000,000원
　통원 (2024년 7월 10일 ~ 2024년 12월 9일) 치료비 : 1,000,000원(요양종료)
　임금현황
　　- 통 상 임 금 : 4,500,000원 (월 30일 가정)
　　- 승선평균임금 : 6,000,000원 (월 30일 가정)
　장해등급별 장해급여표 (평균임금 기준)

구분	근로기준법	산업재해상보험법
6급	670일	737일
7급	560일	616일
8급	450일	495일
9급	350일	385일

문제풀이

I. 지급보험금 산정

1. **요양보상**
   1) 입원기간 : 5,000,000원
   2) 통원기간 : 1,000,000원
   3) 소계 : 6,000,000원

2. **상병보상**
   1) 재해일 ~ 4개월까지 (100%)
      450만원 × 4개월 = 18,000,000원
   2) 4개월 이후 (70%)
      450만원 × 6개월 × 70% = 18,900,000원
   3) 계 : 36,900,000원

3. **장해보상**
   1) 장해조정 : 10급, 12급 ⇒ 13급 이상의 장해 복수 1등급 상향 9급
   2) 600만원 / 30일 × 385일(9급) = 77,000,000원

4. **합계**
   119,900,000원 보상

문09 해외근로자재해보장책임보험 계산하기 I ★★★★★

☞ **Point**
1. 해외근로자재해보장책임보험 계산하기

이패스 건설의 베트남 현지 공장에서 발생한 붕괴사고로 작업을 하던 근로자 홍길동이 매몰되어 크게 다치는 사고가 발생하였다. 다음의 사항을 참고하여 보험자가 보상할 금액을 산정하시오.

별표

[이패스건설의 보험가입사항]
　보험종목 : 해외근로자재해보장책임보험
　　• 재해보상책임특별약관
　　• 재해보상확장추가특별약관
　　• 사용자배상책임특별약관
　　• 보상한도액 : 1인당 2억

[전제조건]
　평균임금 : 월 600만원 (월 수 산정이 필요한 경우 한 달은 30일로 볼 것)
　부보임금 : 실제 임금의 80%로 가입
　요양보상특례적용가입금액 : 400만원
　과실 : 무과실
　치료비 : 1,000만원
　이송비 : 거동이 불가능한 피해자의 편도 항공비 200만원
　　　　　피해자의 상태가 중하여 함께 동승한 의료진 항공비 100만원
　장해급수 : 4급과 5급

1급	2급	3급	4급	5급	6급	7급
1,474일	1,309일	1,155일	1,012일	869일	737일	616일

　노동능력상실율 : 50%
　호프계수 : (계산편의를 위한 임의 계수)
　　　　－ 사고 ~ 치료종결까지 : 10개월(9H)
　　　　－ 사고 ~ 정년까지 : 81개월(69H)
　　　　－ 사고일 ~ 가동기간종료까지 : 141개월(99H)
　위자료 : 8,000만원 (장해 100% 또는 사망을 기준으로 한 금액)
　일용임금 : 건설보통인부 15만원 (일용근로자 한 달 근로일수는 20일로 적용할 것)
　일실퇴직금 산정은 생략하기로 한다.

문제풀이

W·C

1. 요양보상 ⇒ 100% 보상 가능[87]

1) 치료비 : 10,000,000원

2) 이송비 : 2,000,000원 (피해근로자)

3) 계 : 12,000,000원

2. 휴업보상

600만원 × 10개월 × 70% = 42,000,000원 × 80% = 33,600,000원

3. 장해보상 ⇒ 4급과 5급 ▶ 5급 이상 복수 3등급 상향 4급을 1급으로~

600만원/30일 × 1,474일 = 294,800,000원 × 80% = 235,840,000원

4. 합계 : 269,440,000원 보상

E·L

1. 적극적 손해

1) 치료비+피해자이송비 : 1,200만원

⇨ 손익상계 : 1,200만원 − 1,200만원(요양보상) = 0

2) 동승자항공비 : 1,000,000원

3) 계 : 1,000,000원

2. 소극적 손해

1) 휴업보상

600만원 × 100% × 9H = 5,400만원

---

87) 부보임금은 600만원 × 80% = 480만원이므로 400만원인 특례적용 조건 만족
〈요양보상의 특례〉
1. 계약자 또는 피보험자가 고지한 월 임금총액(보험 가입 임금)이 ( )를 넘을 때에는 요양보상 전액을 보상
2. 보험 가입 임금이 ( )를 미달 할 경우에는 요양보상액에 대하여 보험 가입 임금의 비율에 따라 산출한 금액을 보상

⇨ 손익상계 : 5,400만원 - 4,200만원(휴업보상) = 12,000,000원

2) 상실수익

① 퇴원이후~정년까지

600만원 × 50% × 60H(69-9) = 18,000만원

② 정년이후~가동종료까지

(15만원×20일) × 50% × 30H(99-69) = 4,500만원

③ 계 : 22,500만원

⇨ 손익상계 : 22,500만원 - 29,480만원(장해보상) = 0

3) 소계 : 12,000,000원

3. 정신적 손해

위자료 : 8,000만원 × 50% = 40,000,000원

4. 합계 : 53,000,000원 〈 한도 2억 ▶ 53,000,000원 보상

문 10. 해외근로자재해보장책임보험 계산하기 II ★★★★★

☞ **Point**
1. 산재보험에서 보상되는 항목
2. 비용에 관한 현가계산

2024년 10월 1일 이패스 홍콩 현지 근로자 홍길동은 휴일 동료 근로자 이몽룡과 함께 외출하여 방문한 음식점의 계단에서 발을 헛디디며 굴러떨어져 골절상을 입게 되었다. 홍길동의 재해는 비업무상 재해로 결론이 났다. 다음의 내용을 참고하여 보험자가 지급할 보험금을 산정하시오.

[보험가입사항]
보험종목 : 근로자재해보장책임보험
- 재해보상책임특별약관
- 재해보상확장추가특별약관
- 비업무상재해확장추가특별약관
- 사용자배상책임특별약관
- 한도 : 1인당 2억

[전제조건]
평균임금 : 월 600만원 (일 20만원)
치료비
- 현지 치료비 : $ 4,000 (환율 : 1,500원)
- 국내 치료비 : 400만원
- 반흔 제거비 : 100만원

장해등급 : 슬관절의 장해 7급 / 척추체 10급
산재법상 장해등급별 보상 일수

6급	7급	8급	9급	10급	11급
737일	616일	495일	385일	297일	220일

노동능력상실율 : 슬관절 20%(영구)
호프만계수 : (계산 편의를 임의 계수)
- 사고일 ~ 퇴원까지 : 5개월 (5H)
- 사고일 ~ 정년까지 : 260개월 (175H)
- 사고일 ~ 가동연한종료까지 : 330개월(205H)

일용임금 : 건설보통인부 15만원 (일용근로자 한 달 근로일수는 20일로 적용할 것)
위자료 : 1억 (서울중앙지방법원판례 자동차사고 사망 또는 노동능력상실율 100% 기준)
월수 산정이 필요한 경우 한 달은 30일로 볼 것

I. 지급보험금 산정

1. W·C (비업무상재해확장특약으로 업무상재해와 동일하게 보상)

1) 요양보상
   ① 현지 치료비 : $4,000 × 1,500원 = 6,000,000원
   ② 국내 치료비 : 4,000,000원
   ③ 계 : 10,000,000원

2) 휴업보상
   (20만원×30일) × 5개월 × 70% = 21,000,000원

3) 장해보상 ⇒ 13급 이상 복수 장해 1등급 상향
   20만원 ×737일(6급) = 147,400,000원

4) 합계 : 178,400,000원 보상

2. E·L
면책 (사용자의 민법상의 법률상책임 없음)

> **Memo**

memo.

제4장

기출 약술문제
(2014년 ~ 2024년)

제4장 기출 약술문제 (2014년 ~ 2024년)

2014년 기출 약술문제

문 01 배상책임보험의 보상하는 손해 및 보험금 등의 지급 한도에 대하여 국문 영업배상책임보험 보통약관과 Commercial General Liability Policy를 비교하여 서술하시오.

▶ 15점

문제풀이

Ⅰ 보상하는 손해

1. **국문약관**

   피보험자가 보험증권상의 보장지역 내에서 보험기간 중에 발생한 보험사고로 인하여 부담하게 되는 다음과 같은 손해를 담보한다.

   1) 피보험자가 피해자에게 지는 법률상 손해배상금
   2) 비용
      ① 피보험자가 손해의 방지 또는 경감을 위해 지출한 손해방지비용
      ② 피보험자가 지급한 소송비용, 변호사비용, 중재, 화해 및 조정에 관한 비용
      ③ 보상한도액 내의 금액에 대한 공탁보증보험료
      ④ 대위권보전비용
      ⑤ 피보험자가 회사의 요구에 따르기 위해 지출한 협력비용

2. **Commercial General Liability Policy**

   피보험자가 보험증권상의 담보지역 내에서 보험기간 중 발생한 사고로 타인에게 신체장해나 재물손해를 입힘으로써 부담하게 되는 법률상 배상책임으로 발생한 손해를 보험 증권상 보상한도액 내의 손해배상금과 사고처리 비용을 보상한다.

1) 타인에게 신체장해나 재물손해를 입힘으로써 법률상배상책임이 있는 손해
2) 인격침해 또는 광고침해로 피보험자가 법률상 손해배상책임[88]을 부담함으로써 입은 손해
3) 비용
   ① 소송비용
   ② 차압해제 보증보험료
   ③ 보석 보증보험료
   ④ 피보험자의 협력비용
   ⑤ 피보험자의 상실 소득
   ⑥ 예비판결이자 및 확정판결이자
   ⑦ 대위권보전비용

Ⅱ 지급 한도

국문약관과 Commercial General Liability Policy의 경우 보상한도 내에서 손해를 보상하는 것은 동일하나 국문약관의 경우는 비용손해 중 손해방지비용, 권리보존비용, 협력비용의 경우 한도를 초과하여도 보상하는 것이 일반적이며 Commercial General Liability Policy의 경우 추가지급 조항이 설정되어 있어 추가지급조항에서 보상되는 비용손해의 경우 보상한도액을 초과하여 보상한다.

---

[88] ① 불법체포, 불법감금 또는 불법구치
② 주거침입 또는 불법 퇴거
③ 무고에 기인한 소추
④ 구두 또는 출판물에 의한 사생활 침해
⑤ 광고 기획 또는 사업방식의 유용
⑥ 저작권, 타이틀 또는 표어의 침해
⑦ 구두 또는 출판물로 개인이나 단체를 중상, 비방하거나 개인이나 단체의 제품이나 서비스에 대한 중상

문 02. 통상임금과 평균임금에 대하여 약술하고, 근로자재해보장책임보험의 재해보상책임 담보 특별약관에서 규정하고 있는 휴업보상(상병보상)의 보상기준을 기술하시오.

▶ 15점

문제풀이

I 정의

1. 통상임금

근로자에게 정기적, 일률적으로 소정 근로 또는 총 근로에 대하여 지급하기로 정하여진 시간급 금액, 일급 금액, 주급 금액, 월급 금액 또는 도급금액을 말하며 통상근로에 대하여 지급하는 임금이므로 1일 통상근로시간을 근무하면 기본급과 제 수당이 포함된다.

2. 평균임금

평균임금을 산정하여야 할 사유가 발생한 날 이전 3개월간의 그 근로자에게 지급된 임금의 총액을 그 기간의 총일수로 나눈 금액을 말하는 것으로 근로자가 취업 후 3개월 미만에 평균임금을 산정할 사유가 발생할지라도 위와 같은 방법으로 산정한다.

평균임금은 근로자에게 지급해야 할 모든 임금을 포함하고 있지만, 통상임금의 경우 총 근로의 대상으로 정기적, 일률적으로 지급하기로 정해진 고정적인 급여만을 포함하고 있다는 차이가 있다.

II 휴업(상병)보상의 보상기준

재해보상책임특별약관에서는 업무상 부상 또는 질병으로 요양 중에 있는 근로자에게 휴업(상병)보상을 지급하고 있으며 근로기준법의 적용을 받는 근로자의 경우 평균임금을 기초로 하여 휴업보상을 산정하는데 휴업 기간 평균임금이 100이 60에 해당하는 금액을 보상한다.

이에 반해 선원법의 적용을 받는 선원 근로자의 경우 통상임금을 기초로 하여 상병보상을 산정하는데 피재자의 직무상 재해와 승무 중 직무 외 재해로 구분하여 직무상 재해의 경우 4개월간 통상임금 전액을 4개월 이후 통상임금의 100분의

70을 보상하는 한편 승무 중 직무 외 재해의 경우 3개월 내에서 통상임금의 100분의 70을 보상한다.

문 03
배상책임보험의 담보기준(Coverage Trigger)를 약술하고, 국문 영업배상책임보험과 국문 의사 및 병원배상책임보험을 예시하여 설명하시오. ▶ 10점

문제풀이

I 배상책임보험의 담보기준

배상책임보험은 보험기간 중 발생 된 사고를 기준으로 담보하는 손해사고기준증권과 보험기간 중에 손해배상청구가 처음 제기된 사고를 기준으로 담보하는 배상청구기준증권으로 분류할 수 있다.

손해사고기준증권은 사고 발생을 특정할 수 있는 보험상품에서 사용되는 증권으로 보험사고가 보험기간에 발생하면 보험기간이 종료한 후에 피해자가 피보험자에게 손해배상청구를 하더라도 보험금청구권이 소멸하지 않는 한 보험자의 보상책임은 이루어진다.

반면 배상청구기준증권은 장기간 서서히 누적되어 발생하는 사고의 경우 사고 발생을 특정할 수 없기 때문에 보험기간 사고 발생이 아닌 피해자가 보험자에게 처음으로 손해배상 청구를 제기한 시점을 기준으로 담보하는 증권이다. 그러나 사고의 개념은 손해사고기준증권과 마찬가지로 손해사고설을 따르며 단지 보험기간 청구된 손해를 담보한다는 특징이 있다.

II 국문 영업배상책임보험과 의사 및 병원배상책임보험

영업배상책임보험에서 담보하는 사고 대부분은 사고 일자를 특정할 수 있기 때문에 손해사고기준증권을 사용한다. 그에 반해 전문인의 직업상의 과실로 발생하는 손해는 사고 발생 시점이 불명확하고 위법행위의 시점과 그에 관한 손해배상청구 기간과의 공백이 긴 경우가 존재한다. 이로 인해 의사 및 병원배상책임보험은 배상청구기준증권의 담보기준을 통해 사고 발생과 손해배상 청구 사이에 장기의 잠

재기간이 존재하더라도 소급담보일자를 포함한 보험기간 중에 발생한 사고에 대하여 보험기간 중 최초로 제기된 손해배상 청구를 담보하는 조건으로 이를 보상한다.

문 04 일반불법행위의 성립요건에 대하여 약술하시오. ▶ 5점

문제풀이

I 의의

민법 제750조에서는 "고의 또는 과실로 인한 위법행위로 타인에게 손해를 가한 자는 그 손해를 배상할 책임이 있다."라고 규정하고 있으며 불법행위는 권리를 주장하는 피해자가 이를 입증하여야 한다.

II 성립요건

① 가해자의 고의 또는 과실의 존재
② 가해자의 책임능력[89] 존재
③ 가해행위의 위법성
④ 피해자에게 손해가 발생
⑤ 행위와 피해 사이에 인과관계 존재

---

89) 책임능력이란 자기의 행위의 결과가 위법하며 법률상 비난받을 수 있다는 것을 인식할 수 있는 정신 능력을 말한다.

문 05. 피해자 직접청구권의 법적 성질에 대하여 약술하시오. ▶ 10점

문제풀이

I. 의의

직접청구권이란 책임보험의 피해자가 피보험자를 통하지 않고 보험자에게 직접 손해의 전보를 청구할 수 있는 권리를 말한다.

II. 학설

제3자의 직접청구권에 대하여 피보험자가 보험자에 대하여 가지는 보험금청구권을 대위하는 대위청구권이라는 설과 피보험자가 보험자와 배상책임 보험계약을 체결하여 그 채무를 병존적으로 인수한 것으로 보는 손해배상청구권설이 대립하고 있는데 판례는 손해배상청구권설을 따르고 있다. 불법행위책임에 대한 손해배상청구권의 소멸시효는 그 손해 및 가해자를 안 날로부터 3년, 불법행위를 한 날로부터 10년이다.

III. 법적 성질

우리 상법 제724조에서는 제3자의 직접청구권에 관하여 규정하고 있으며 직접청구권은 상법상의 강행규정이므로 피해자의 직접청구권과 피보험자의 보험금청구권이 경합하는 경우 손해배상을 받지 못한 범위 내에서 피해자의 직접청구권이 우선한다.

문 06 배상책임보험에서 일실수입의 개념 및 산정요인을 약술하고, 취업 형태별로 손해배상금을 산출하는 방식에 대하여 기술하시오. (단, 취업 형태는 급여소득자, 개인사업자, 무직자로 구분한다.) ▶ 15점

문제풀이

I 개념

일실수입이란 사고가 없었을 경우를 가정하여 피해자가 장래에 얻을 수 있었으리라고 예측되는 이익 또는 소득을 말하며 일실수입에 관하여는 사고 전·후의 수입을 비교하여 그 차액을 손해로 보는 소득 상실설과 사람의 생명, 신체의 침해로 인한 가동 능력 상실 자체를 손해로 보는 가동 능력 상실설이 대립하고 있는데 판례의 경우 가동능력상실설을 취하고 있다.

II 산정요인

일실수입은 피해자의 피해 당시의 연령, 건강 상태, 학력, 직업 등 여러 사정을 고려하여 산출하지만, 실무상 산출 방법은 정형화되어있다.
손해배상금은 피해자의 수입, 노동능력상실율, 가동 기간, 과실 등에 중간이자를 공제하여 산정하며 사망 사고의 경우 피해자가 살아있을 동안 지출했을 생활비를 별도로 공제하여 산정[90]한다.

---

[90] 1. 생활비 공제
　　　수입의 생활비 1/3을 공제한다.
　2. 노동능력상실률
　　　노동능력상실률은 선분의의 신체 감정 내용을 주된 판단자료로 하여 확정하는데 맥브라이드 장해평가에 제시된 기준으로 하며, 국가배상법, A·M·A의 장해평가 방법을 참작하여 감정한다.
　3. 가동 기간
　　　피해자의 연령, 경력, 건강 상태, 직업의 특성에 따라 여러 사안으로 참작하여 결정하지만, 일반적으로 65세로 정하고 있다.
　4. 중간이자공제
　　　손해배상의 경우 장래에 얻을 수 있는 이익의 배상액을 정기적으로 지급하지 아니하고 일시금으로 지급하는 관계로 손해배상금의 현가 계산에 있어 호프만방식에 의해 중간이자를 공제한다.

Ⅲ 직업별 산정요인

1. 급여소득자

고정급료 생활자의 경우 불법행위 당시의 수익을 기준으로 하는 것이 원칙이다. 다만, 이후 장차 그 수익이 증가할 것이 확실한 경우에 객관적 자료를 토대로 산정 할 수 있다.

2. 개인사업자

월 소득 입증자료가 있는 경우에 한 해 그 자료를 토대로 임금을 산정하고 입증자료가 없는 경우 일반적으로 노동부가 발행하는 고용형태별 근로실태조사 보고서에 의하여 산정한다.

3. 무직자

불법행위 당시 무직자, 가정주부, 연소자, 학생 등과 같은 수입이 없는 자일 경우 현실적 급여가 없더라도 경제적 가치를 갖는 한 그 평가의 자료가 되는데 무직자의 경우 도시 또는 농촌의 일용임금을 기초로 하여 일실수입을 산정한다.

2015년 기출 약술문제

문 01 우리나라 제조물책임법상 제조물책임의 의의와 제조물의 결함에 대하여 서술하시오.
▶ 10점

문제풀이

I 제조물책임의 의의

제조물책임(Product Liability)은 제조업자가 생산한 제품이나 판매업자가 판매한 제품의 결함으로 소비자가 신체 또는 재산상에 손해를 입은 경우 그에 대해 부담하는 배상책임을 의미한다. 제조물의 비전문가인 소비자는 제조물의 결함에 의한 사고가 발생했을 시 그 결함 여부를 확인하기가 현실적으로 어려울 뿐 아니라, 몇 단계에 걸친 유통방법으로 인해 그에 관한 책임소재를 정확히 파악하기도 어렵다. 이에 피해자를 구제할 목적으로 제조물 책임법이 나타나게 되었다.

II 제조물책임의 법리

1. 과실책임(Negligence Liability)주의 : 입증책임의 문제

불법행위책임의 과실책임주의에 따라 제조업자의 과실에 의한 제품의 결함과 피해자의 손해발생사실 그리고 손해 발생과 과실과의 인과관계를 피해자가 입증하여야 한다.

2. 보증책임(Warranty Liability)주의

과실책임 하에서는 입증책임의 한계로 인하여 등장한 이론으로 제품의 결함은 있으나 제조업자에게 과실이 없는 경우 제조업자에게 손해배상책임이 없다고 한다면 보증을 신뢰하여 구입한 결함 있는 제품으로 인한 피해는 결국 소비자만 부담하게 되는 상황이 되므로 공평의 원칙에 의해 보증책임주의가 나타나게 되었다.

3. 엄격책임(Strict Liability)주의 (결함책임주의)

과실책임에서의 과실 입증의 어려움과 보증책임에서의 계약 또는 보증부존재의 항변(직접적 계약당사자 관계의 결여 및 피해자의 보증에 대한 신뢰의 결여 등)에 따라 피해자의 구제가 어려운 점이 있다. 이로 인해 엄격책임론이 등장하였는데 동 책임법리 하에서는 제품에 결함이 있고 그것이 판매업자의 범위를 떠난 당시부터 존재하고 있었던 점(결함의 존재) 및 그 결함이 원인이 되어 피해가 발생한 점(인과관계의 존재)을 피해자가 입증한 경우 제품을 제조·판매한 자는 과실이 없음에도 불구하고 책임을 지게 된다(무과실 책임).

즉, 엄격책임(결함 책임)에서 피해자는 제조업자의 "과실"을 입증하는 대신 "결함"의 존재를 입증함으로써 손해배상을 받을 수 있게 된다.

Ⅲ 제조물 결함의 유형

1. 의의

"결함"이란 제조, 설계 또는 표시의 결함이나 기타 통상적으로 기대할 수 있는 안전성이 결여되어 있는 것을 말하며 "안전성"이란 생명, 신체 또는 재산에 대한 피해나 위험을 말하는 것으로 단순한 품질, 성능상의 장애는 안전성의 문제가 아니며 해당 유형은 다음과 같다.

1) 설계상의 결함

　제조업자가 안전하게 설계하지 못한 것으로 제품의 외형 및 구조에 관한 일체의 결함으로서 안전설계 미비, 안전장치 미비, 주요 부품 불량 등

2) 제조상의 결함

　제조업자가 안전하게 설계한 의도와는 다르게 제조, 가공됨으로써 안전하지 못하게 된 것으로 특정 제품에 발생하는 결함

3) 표시(경고, 지시)상의 결함

　제품의 안전에 관한 주의, 경고문 등의 결함

4) 통상의 안전기준 미달

　제조, 설계, 표시상의 결함이 없어도 통상적으로 기대할 수 있는 안전성의 결여

2. 결함의 판단기준

1) 표준일탈기준

   제조업자가 설계상 의도한 것과 달리 제조된 경우를 말하는 것

2) 소비자기대수준

   제조물이 소비자가 기대하는 통상적인 안전성으로 결여된 경우 결함이 있다고 하는 것

3) 위험효용기준

   제조물이 가지고 있는 위험성과 유용성을 비교하여 위험성이 유용성보다 클 경우 결함이 있다고 하는 것

문 02 영업배상책임보험(국문)에서 보험계약자 및 피보험자가 부담하는 손해방지의무에 대하여 서술하시오. ▶ 10점

문제풀이

I 의의

손해방지의무는 상법 제680조에서 규정하고 있는 보험계약자 및 피보험자에게 부여하는 의무로 사고가 발생한 후, 손해의 확대를 방지하거나 경감하도록 하기 위해 노력하여야 할 의무를 말한다. 이를 이행하기 위해 발생한 필요 또는 유익하였던 비용과 보상액에 관하여 보험자는 보험금액을 초과한 경우라도 부담한다.

II 손해 방지 비용의 분류

1. 응급처치비용
2. 긴급호송비용 및 구조를 위한 잔존물 제거비용
3. 기타 유익한 비용 등

Ⅲ 손해방지의무 위반의 효과

정당한 이유 없이 의무를 이행하지 아니한 경우 보상하는 손해에 의한 손해에서 다음의 금액을 공제한다.
1. 노력을 하였더라면 손해의 방지 또는 경감 할 수 있었던 금액
2. 제3자로부터 손해의 배상을 받을 수 있었던 금액
3. 소송비용, 변호사비용 등 회사의 동의를 받지 아니한 행위에 의하여 증가된 손해

문 03 영업배상책임보험(국문) 학교경영자특별약관에서 보상하는 손해와 학교업무의 범위에 대하여 서술하시오. ▶ 10점

문제풀이

Ⅰ 보상하는 손해

학교경영자특별약관은 교육기본법, 유아교육법, 초·중등교육법, 고등교육법 등에서 규정한 정규 교육기관(학교, 연수원 또는 사설학원)을 운영하는 피보험자가 학교경영과 관련하여 소유, 사용 또는 관리하는 학교시설 및 학교업무의 수행으로 생긴 사고로 부담하는 법률상 배상책임으로 인한 손해 및 그에 따른 비용손해를 보상한다.

Ⅱ 학교시설 및 업무의 범위

1. **학교시설**

   교실, 체육관, 강당, 실험 실습실, 도서관 등을 말하며, 학생의 교육과 직접적인 관련이 없는 학교 소유의 임야 및 대가를 받고 서비스를 제공하는 구내식당이나 대학병원은 포함되지 않는다.

2. **학교업무**

   교육에 직접적으로 관련된 업무뿐만 아니라 학교시설의 관리에 따르는 필수적, 부수적인 업무를 포함한다. 또한 학교 내의 업무뿐만 아니라 수학여행, 견학, 실습 등 학교 밖에서의 교육과 관련된 업무를 포함한다.

2016년 기출 약술문제

문 01 민법상 특수불법행위책임을 열거하고, 내용을 약술하시오. ▶ 10점

문제풀이

I 의의

불법행위는 과실책임주의 및 자기책임의 원칙을 규정하고 있어 피해자의 구제에 한계가 있는 경우가 발생한다. 이에 특수한 경우 행위자의 고의 또는 과실이 없어도 손해배상책임을 부담하도록 인정하는 경우가 있는데 그 규정에 따라 인정되는 책임이 불법행위책임 중 특수불법행위책임이다.

II 특수불법행위 책임

1. 민법 제755조 (감독자의 책임)

다른 자에게 손해를 가한 자가 제753조(미성년자) 또는 제754조(심신상실자)에 따라 책임이 없는 경우 그를 감독할 법정의무가 있는 자가 그 손해를 배상할 책임을 가진다. 다만, 감독의무를 게을리 하지 않은 경우 그러하지 아니한다.

2. 민법 제756조 (사용자의 배상책임)

사용자와 피용자 간의 관계에서 피용자가 그 사무 집행에 관하여 제3자에게 손해를 가한 경우 사용자 또는 사용자에 갈음하여 사무를 감독하는 자는 그 손해를 배상할 책임을 부담한다. 사용자의 책임이 인정되는 근거는 타인을 사용하여 이익을 얻고 있는 자의 피용자가 타인에게 가한 손해에 대하여도 책임을 져야 한다는 보상책임의 원리에 의한 것이며 사용자와 사용자에 갈음하여 피용자를 감독하는 대리감독자도 사용자책임을 부담한다.

3. 민법 제757조(도급인의 책임)

수급인이 사무를 집행함에 있어 제3자에게 손해를 가한 경우 그 책임은 수급인 스스로 지며 도급인은 수급인의 사용자가 아니기 때문에 사실상 사용자로서

책임이 존재하지 않는다. 그러나 도급인에게 도급 또는 지시에 관하여 중대한 과실이 있는 때에는 그 책임을 면할 수 없다. 이때에는 도급인은 수급인이 제3자에게 가한 손해에 대하여 공동 또는 단독으로 손해배상책임을 지는데 이를 도급인의 책임이라 한다.

4. 민법 제758조(공작물 등의 점유자, 소유자의 책임)

공작물책임이라 함은 그 책임의 부담이 우열이 있는 단계적 책임구조를 취하고 있다. 공작물의 하자로 인한 손해배상책임은 일차적으로 점유자가 지며 그 점유자가 손해의 방지에 필요한 주의를 해태하지 아니한 것을 입증한 경우 점유자는 손해배상책임을 면한다. 그러나 소유자는 면책조항 없이 손해배상책임을 진다.

5. 민법 제759조(동물의 점유자의 책임)

동물이 타인에게 가한 손해에 대하여 그 동물의 점유자가 지는 책임을 동물점유자책임이라 말하며 점유자의 책임은 동물의 보관에 상당한 주의를 다하였음을 입증하여야 하는 중간책임주의를 규정하고 있다. 배상책임자는 동물의 점유자와 그에 갈음하여 동물을 보관하는 직접점유자이다. 단순 소유자와 같은 간접점유자에 대해서는 명문 규정을 따로 두고 있지 않아 사실상 동 조항을 적용하지 않는다. 다만, 간접점유자가 그 동물의 관리와 관련한 과실이 존재하는 경우 민법 제750조 일반불법행위책임을 지게 된다.

6. 민법 제760조 (공동불법행위자의 책임)

복수의 자가 공동으로 불법행위를 하여 타인에게 손해를 가한 책임을 공동불법행위자의 책임이라 한다. 이러한 공동불법행위자는 연대하여 손해배상책임을 지며 공동불법행위자의 책임은 각자가 피해자에 대하여 전부의 손해배상책임을 지는 부진정연대채무의 관계로 본다. 공동불법행위자 중 1인이 다른 공동불법 행위자에 비해 불법행위가 경미하더라도 그 가해자의 책임 범위를 손해배상액 일부로 제한하지 않는다. 또한 공동불법행위자 사이에 일방이 배상책임을 지기로 한 당사자 간의 약정이 있을지라도 다른 공동불법행위자가 피해자에게 면책되는 것은 아니다.

문 02. 사업주(사용자)의 안전배려의무를 설명하고, 위반 시 효과에 대하여 약술하시오.
▶ 10점

문제풀이

I 의의

근로자가 사업장에서 그의 생명·신체 및 건강 등의 안전을 확보하고 근로할 수 있도록 노력할 사용자의 의무를 말한다. 이 의무는 근로계약의 내용에 포함되지 않았을지라도 신의칙상 사용자가 당연히 부담하는 보조적 의무이다.

II 근거

「근로기준법」이나 「산업안전보건법」 등 법 이외에 단체협약이나 취업규칙 또는 근로계약으로 이를 정할 수 있다.

III 범위

소극적으로 사용자가 근로자의 생명·신체 및 건강을 침해하지 않을 부작위의무 이외에 적극적으로 생산시설의 위험으로부터 근로자를 보호하기 위해 적절한 조치를 강구 할 작위의무도 포함한다.
기업의 시설이나 작업 도구의 안전(점검·정비)은 물론 작업장이나 기숙사의 오염 등으로부터의 보호, 근로자의 소유물이 도난·훼손당하는 것을 방지할 보관 의무도 이에 해당된다.

IV 의무의 주체

고용계약 당사자인 사용자뿐 아니라, 파견근로 관계에서 사용사업주가 그 지배관리영역에서 발생한 생명, 신체의 위험과 관련하여 파견근로자에 대하여 계약상 의무로서 안전배려의무를 부담한다(대구고등법원 2011. 6. 29. 선고 2010나9475 판결).

V. 의무위반의 효과

1. 이행의 청구 및 취로 거부

근로자는 사용자에게 적절한 조치를 강구하도록 요구하거나 위반행위의 중지를 청구할 수 있으며 취로를 거부할 수 있다. 또한 그 침해가 현저하게 근로제공을 계속하지 못하도록 만드는 경우에는 근로관계를 즉시 해지할 수 있다.

2. 채무불이행에 따른 손해배상청구

근로자 또는 유족은 사용자에게 의무위반에 따른 손해배상을 청구할 수 있다. 이때 근로자는 사용자의 안전배려의무 위반으로 발생했다는 사실만 입증하면 되고 사용자는 계약책임에 의거하여 본인에게 고의, 과실이 없었다는 것을 입증해야 한다.

문 03 해외근로자재해보장책임보험에 첨부되는 특별약관을 중심으로 보상하는 손해의 종류와 내용을 약술하시오. ▶ 10점

문제풀이

I. 해외 근로자재해보장 책임보험

산재보험에서 담보하지 않는 해외사업장에서 사업을 영위하는 사업자가 근로자의 재해에 대비하여 가입하는 보험으로 사용자가 부담하는 재해보상책임과 민법상의 손해배상책임에 관한 내용을 담보한다.

II. 특별약관

1. 재해보상책임담보 특약(WC)

근로기준법상의 재해보상을 담보한다.

2. 재해보상확장담보 추가특약

산재보험법 보다 미흡한 근로기준법상의 보상규정을 확장하여 산재보험법과 동일하게 재해보상이 가능하도록 담보한다.

3. 비업무상재해 확장담보특약

근로자의 비업무상재해도 업무상재해와 동일하게 보상하도록 담보한다.

4. 사용자배상책임담보 특약

업무상재해를 입은 피재자에 대하여 사업주가 부담하는 민법상의 손해배상책임에 관한 손해를 담보하는 특별약관으로 재해보상 금액을 초과하여 피보험자가 법률상의 손해배상책임을 부담함으로서 입은 손해를 담보한다.

5. 간병보상 추가특약

산재보험법에서 규정하는 간병급여와 동일한 개념이며 재해보상책임 특별약관 및 재해보상확장 추가특별약관에 의한 요양보상을 받은 자 중 치유 후 의학적으로 상시 또는 수시로 간병이 필요하여 실제로 간병을 받는 자에게 지급한다.

문 04 손해사고기준 배상책임보험과 배상청구기준 배상책임보험의 의의 및 장·단점을 비교 약술하시오. ▶ 10점

문제풀이

I. 의의

손해사고기준 배상책임보험은 사고가 보험기간 중에 발생하는 것을 조건으로 담보하는 한편 배상청구기준 배상책임보험은 사고가 아닌 손해배상 청구가 보험기간 중에 최초로 제기되는 것을 기준으로 담보한다는 차이가 있다.

II. 각 보험의 장·단점

1. 손해사고기준 배상책임보험

1) 장점

손해사고기준배상책임보험의 경우에는 보험기간 중에 발생한 사고를 담보하는 보험이기 때문에 사고 일자를 특정할 수 있다면 특별한 분쟁의 소지 없이 보상할 수 있다는 장점이 있다.

2) 단점
① 사고 발생 일자가 불분명한 사고의 경우에는 담보의 어려움이 발생한다.
② 사고발생일자와 손해배상 청구 일자 사이에 상당한 시간차가 발생하는 경우 보상금액이 현실성이 떨어진다.
③ 보험자가 갱신 요율 산정 시 보험기간 중 사고 발생 여부를 알 수 없어 요율 산정이 불합리하다.
④ 보험자의 불합리한 준비금 계상으로 보험자의 경영상태를 위태롭게 한다.[91]

2. 배상청구기준 배상책임보험

1) 장점
① 보험기간 청구된 손해를 담보하므로 보험사고를 특정할 수 없는 서서히 발생한 사고에 관하여도 담보가 가능하다.
② 보험기간 청구된 손해를 담보하므로 보상액의 현실성이 떨어지지 않는다.
③ 갱신 요율산정 및 준비금 계상이 용이하다.

2) 단점
손해사고 일자와 관계없이 보험기간 손해배상청구가 이루어지는 경우를 담보하기 때문에 정보 부재에 따른 위험인수 제한을 별도로 두어야 한다.

---

[91] 손해사고기준 배상책임보험에 있어서는 당해 보험증권상의 보험료에 대한 일정 비율을 IBNR에 대한 지급준비금으로 계상함으로써 회계를 마감하는데 보험기간이 종료된 뒤에도 상당 기간이 경과된 후에야 확정된 IBNR 금액은 보험계약 종료 시에 IBNR에 대한 준비금으로 계상하였던 금액과는 상당한 차이가 발생함으로써 보험의 안정경영을 위태롭게 한다.

2017년 기출 약술문제

문 01 「재난 및 안전관리 기본법」에 따라 의무적으로 가입해야 하는 재난 배상책임보험의 의무가입 대상시설과 가입 의무 면제시설을 열거하고, 담보위험과 대인사고에 대한 보상한도를 기술하시오.　▶ 10점

문제풀이

I. 의의

재난 취약시설로 사고 발생이 높은 20종 시설에 대하여 의무적으로 보험 가입이 강제되었으며 그 대상은 공중위생관리법 숙박업, 관광진흥법상의 관광숙박업, 과학관, 박물관 및 미술관, 물류창고, 휴게음식점 및 바닥면적 100제곱미터 이상 일반음식점, 장례식장, 경륜장 또는 경정장, 경륜장 또는 경정장의 표를 처리하는 장외시설, 국제회의 시설, 지하상가, 지하도상가, 도서관, 주유소, 여객자동차터미널, 전시시설, 15층 이하의 아파트, 경마장, 마권을 처리하는 장외시설, 농·어촌 민박시설이다.

II. 보험가입 의무자

1. 가입대상 시설의 소유자와 점유자가 동일한 경우 : 소유자
2. 가입대상 시설의 소유자와 점유자가 다른 경우 : 점유자
3. 소유자와 점유자와의 계약으로 관리책임과 권한을 부여받은 자가 있는 경우 : 관리자

III. 가입 의무 제외대상

1. 「다중이용업소의 안전관리에 관한 특별법」에 따라 다중이용업으로 화재배상책임보험에 가입해야 하는 시설
2. 「화재로 인한 재해보상과 보험가입에 관한 법률」에 따라 특수건물로 신체손해배상특약부 화재보험에 가입해야 하는 시설

3. 「국유재산법」, 「공유재산 및 물품관리법」에 따라 보험 또는 공제 등에 가입해야 하는 국·공유시설

Ⅳ 담보위험과 보상한도

1. 담보위험

재난시설에서 발생한 화재 사고로 피보험자가 부담하는 법률상책임을 담보하며 피보험자의 과실이 없는 사고라도 보상책임을 지는 무과실책임주의에 따라 의무보험 한도 내에서 보험자는 보상책임을 부담함

2. 보상한도

자동차손해배상보장법 시행령상 보상한도액 내에서 보험자는 보상책임을 진다.

1) 법률상손해배상금

① 사망 : 1인당 15,000만원 한도 내에서 실손보상
  (단, 실손해액이 2,000만원 미만인 경우 최저보험금 2,000만원 보상)
② 부상보험금 : 1급(3,000만원) ~ 14급(50만원)까지 급별 한도액 내에서 실손보상
③ 후유장애보험금 : 1급(15,000만원) ~ 14급(1,000만원)까지의 급별 한도액 내에서 실손보상
④ 보험금 병급

- 부상자가 치료 중 사망한 경우 : (㉠+㉡)한도 합산액 내의 실손보상
- 부상자가 당해 부상의 원인으로 후유장해가 생긴 경우 : (㉡+㉢)
- 장해보험금 지급 후 당해 부상의 원인으로 사망한 경우 : (㉠-㉢)

⑤ 재물피해는 1사고당 10억원을 기준으로 하여 보상한다.

문 02 장기종합보험의 가족일상생활배상책임 특별약관에서 피보험자의 범위를 열거하고, 책임능력 없는 미성년자의 불법행위에 대한 책임법리를 약술하시오. ▶ 10점

::: 문제풀이

Ⅰ 가족일상생활배상책임보험의 피보험자

1. 기명피보험자
2. 기명피보험자의 가족관계등록 또는 주민등록상에 기재된 배우자
3. 기명피보험자나 기명피보험자의 배우자와 생계를 같이하고 있는 동거친족(민법 제777조)
4. 기명피보험자나 기명피보험자의 배우자와 생계를 같이하는 별거중인 미혼자녀

Ⅱ 책임능력 없는 미성년자의 불법행위에 대한 책임

1. 책임능력이 없는 미성년자의 손해배상책임

책임능력이 없는 미성년자는 불법행위책임을 지지 않는다. 판례는 대개 12~14세 정도이면 책임능력이 있다고 보고 있다. 그러나 이는 고정적인 것이 아니므로 그 기준은 행위의 내용이나 책임의 경중 등을 고려하여 판단한다.

2. 책임무능력자의 감독자책임 (민법 제755조)

다른 자에게 손해를 가한 사람이 제753조 또는 제754조에 따라 책임이 없는 경우에는 그를 감독 할 법정의무가 있는 자가 그 손해를 배상할 책임이 있다. 다만, 감독의무를 게을리하지 아니한 경우에는 그러하지 아니한다. 감독의무자를 갈음하여 제753조 또는 제754조에 따라 책임이 없는 사람을 감독하는 자도 동일한 책임을 부담한다. 법정 감독자는 친권자 등이 해당하며 대리감독자는 교육활동과 밀접한 관계가 있는 교사, 교장 및 운영자 등이 해당된다.

Ⅲ 감독자책임과 가족 일상생활배상책임 특약과의 관계

책임무능력자인 미성년자로 인해 발생한 손해는 그의 감독자인 부모에게 감독자책임을 물어 손해배상을 청구할 수 있다. 그로 인해 책임능력이 없는 미성년자의 불법행위에 대해서는 법정 감독자인 친권자가 감독의무자로서 책임을 부담하여

이를 일상생활배상책임 특약에서 담보받을 수 있다.

문 03 국문영업배상책임보험에서 피보험자가 피해자로부터 손해배상청구 소송을 받고 보험회사에 소송의 대행을 요청하는 경우 보험회사가 대행하는 업무의 범위를 약술하고, 피보험자의 의무와 보험회사가 소송을 대행하지 않는 경우를 기술하시오. ▶ 10점

문제풀이

Ⅰ 보험자의 소송대행

보험자는 피보험자의 법률상 손해배상책임을 확정하기 위하여 피보험자 피해자와 행하는 합의·절충·중재 또는 소송에 대하여 협조하거나 피보험자를 위하여 이러한 절차를 대행할 수 있다.

Ⅱ 업무의 범위

보험자는 피보험자에 대하여 보상책임을 지는 한도 내에서 협조하거나 대행한다. 보험자가 소송을 대행하는 경우 소송을 위임하여 피보험자의 법률상책임과 보험자의 보상책임 여부를 검토하고 피해자에 대한 적정 손해배상금과 지급보험금 산정 등의 응소를 함으로써 합의·절충·중재 및 판결금의 지급을 대행한다.

Ⅲ 피보험자의 의무 및 회사가 소송을 대행하지 않는 경우

피보험자 또는 계약자는 보험사고가 발생하면 지체 없이 보험자에 사고사실을 통지하여야 할 의무가 있다. 이는 보험사고가 발생한 경우 보험자는 사고의 발생 사실을 알 수 있는 입장이 아니기 때문이다.

이와 더불어 피보험자는 회사의 요청에 따라 필요한 서류증거의 제출 및 증인출석 등에 협조하여야 한다. 이에 정당한 이유 없이 응하지 않는 경우 보험자는 소송을 대행하지 않을 수 있고 손해배상책임액이 보험 증권에 기재된 보상한도액을 명백히 초과하는 경우에도 대행하지 않을 수 있다.

2018년 기출 약술문제

문 01 가스사고배상책임보험에서 보험을 가입해야 하는 사업자 및 담보하는 가스사고는 무엇인지 약술하시오. ▶ 5점

문제풀이

Ⅰ 정의

가스사고배상책임보험이란 가스사고로 인하여 타인의 신체 및 재물에 손해를 입힌 경우 그로 인해 발생하는 법률상배상책임을 부담함으로써 생긴 손해를 보상하는 보험이다.

Ⅱ 가입해야하는 사업자

1. 가스사용자

도시가스 사용자, 액화석유가스 사용자, 고압가스 사용자, 액화석유가스 또는 고압가스저장소 설치자

2. 용기 제조업자

3. 가스 사업자

도시가스 사업자, 도시가스 시공자, 도시가스 도매업자, 액화가스판매업자, 액화석유가스 제조·충전사업자, 고압가스 제조자, 냉동제조자

Ⅲ 가스사고

가스사고란 가스로 인한 폭발, 파열, 화재 및 가스누출로 타인의 신체에 상해(사망, 유독가스를 우연하게 일시에 흡입, 흡수, 섭취하여 발생한 중독 증상)를 입히거나 재물을 멸실, 훼손 또는 오손케 하는 것을 말한다.

문 02. 액화석유가스 소비자보장특약에서 보상하는 손해와 보상하지 아니하는 손해를 약술하시오.
▶ 5점

문제풀이

I 보상하는 손해

액화석유가스판매사업자 및 충전사업자는 보험기간 중 발생한 가스 사고로 인해 타인의 신체나 재물에 피해를 입혀 법률상 배상책임을 부담함으로써 입은 손해를 보상하는 보험이다. 그러나 신체손해는 소비자 또는 타인의 과실 여부를 불문하고 보상한다.

II 보상하지 않는 손해

1. 소비자 등의 고의로 인한 손해. 다만, 사고를 야기한 소비자 등을 제외한 제3자에게 발생한 손해는 보상한다.
2. 판매사업자, 충전사업자와 사전 협의 없이 공급자 소유의 설비를 임의로 철거하거나 변경하는 행위로 인한 손해
3. 판매사업자, 충전사업자가 소비설비의 점검 결과 불비한 것으로 지적, 통지된 부분을 개선치 않는 행위로 인한 손해

문 03. 민법상 손해배상청구권 소멸시효와 사용자배상책임 특별약관의 소멸시효 관련 내용을 기술하시오.
▶ 5점

문제풀이

I 정의

소멸시효란 권리자가 권리를 행사할 수 있음에도 일정기간 권리를 행사하지 않는 상태가 계속되는 경우 그 권리를 처음부터 없었던 것으로 인정하는 제도를 말한다.

Ⅱ 소멸시효

1. 민법상 손해배상청구권의 소멸시효

피해자가 손해 및 가해자를 알았거나 알 수 있었던 날로부터 3년, 불법행위를 한 날로부터 10년

2. 사용자배상책임 특별약관상 소멸시효

사용자배상책임 특별약관은 재해보상책임 특별약관 및 산업재해보상보험법(공제계약을 포함)에 의한 급부가 이루어진 경우에 한하여 보상하기 때문에 소멸시효의 기산점을 급부가 이루어진 시점으로 본다. 보상하지 않는 손해에는 재해발생일로부터 3년이 경과한 후 피보험자가 손해배상 청구를 받음으로써 부담하게 된 배상책임은 면책사항으로 규정하고 있어 일반불법행위 소멸시효와 동일하게 본다고 해석된다.

문 04 의사 및 병원배상책임보험 보통약관의 "의료과실 배상책임 담보조항"에서 말하는 담보하는 의료과실(사고)의 정의, 법률상 의료과실의 판단기준, 보상하지 아니하는 손해(일반조항의 보상하지 아니하는 손해 제외)에 대하여 약술하시오. ▶ 10점

문제풀이

Ⅰ 의료과실의 정의

의사 또는 전문 의료인이 선량한 관리자로서의 주의 의무를 이행하지 않고 그 결과 환자에게 신체손해를 야기 시키는 행위를 말한다.

Ⅱ 판단기준

그 기준은 통상적으로 갖추어야 할 의술 또는 해당 의학을 전공하고 일정 수준의 경력을 갖춘 의사가 수행할 수 있는 정도의 의술과 주의 의무를 기준으로 판단한다. 주의 의무의 판단기준은 진료환경 및 조건, 의료행위의 특수성 등을 고려하여 규범적인 수준으로 파악해야 하며 이러한 주의 의무를 위반한 결과로 사고가 발생하였다면 손해배상책임을 진다.

Ⅲ 보상하지 아니하는 손해

1. 무면허 또는 무자격의 의료행위로 생긴 손해
2. 의료결과를 보증함으로써 가중된 배상책임
3. 피보험자의 친족에게 입힌 손해
4. 피보험자의 지시에 따르지 아니한 피용인이나 의료기사의 행위로 생긴 손해
5. 미용 또는 이에 준한 것을 목적으로 한 의료행위 후 그 결과에 관하여 생긴 손해
6. 타인이 명예를 훼손하거나 비밀을 누설함으로써 생긴 손해
7. 공인되지 아니한 특수 의료행위를 함으로써 생긴 손해
8. 재물손해에 대한 배상책임
9. 후천성 면역결핍증(AIDS)에 기인하여 발생하는 손해
10. 피보험자의 부정, 사기, 범죄, 음주 상태나 약물복용 상태에서 의료행위를 수행함으로써 생긴 손해

문 05 2018년 4월 19일 시행된 제조물책임법의 개정 취지, 주요 개정내용(제조업자의 책임, 결함의 추정)을 약술하시오.   ▶ 10점

문제풀이

Ⅰ 개정 취지

제조물의 결함으로 인해 발생한 소비자의 피해에 대한 손해배상액이 일반의 상식 등에 비추어 적정한 수준에 미치지 못하여 피해자를 제대로 보호하지 못하고, 다수의 소비자피해를 발생시키는 악의적 가해행위의 경우 불법행위에 따른 제조업자의 이익은 막대한 반면 개별 소비자의 피해는 소액에 불과하여, 제조업자의 악의적인 불법행위가 계속되는 등 도덕적 해이가 발생하고 있다는 인식이 확산하여 징벌적 손해배상제도를 도입하여 제조업자의 악의적 불법행위에 대한 징벌 및 장래 유사한 행위에 대한 억지력을 강화하고, 피해자에게는 실질적인 보상이 가능하여지도록 하려는 것이다.

Ⅱ 주요 개정내용

1. 제조업자의 책임

제조업자는 제조물의 결함으로 생명·신체 또는 재산에 손해를 입은 자에게 그 손해를 배상하여야 하며 제조업자가 제조물의 결함을 알면서도 필요한 조치를 취하지 아니한 결과로 생명 또는 신체에 중대한 손해를 입은 자가 있는 경우, 그 손해의 3배를 넘지 아니하는 범위에서 다음의 사항을 고려하여 손해배상책임을 부담한다.

1) 고의성의 정도
2) 발생한 손해의 정도
3) 제조업자가 취득한 경제적 이익
4) 제조업자가 받은 형사처벌 또는 행정처분의 정도
5) 제조물의 공급이 지속된 기간 및 그 규모
6) 제조업자의 재산 상태
7) 피해구제를 위해 노력한 정도

2. 공급자의 책임

피해자가 제조물의 제조업자를 알 수 없는 경우에 그 제조물을 영리 목적으로 판매·대여 등의 방법으로 공급한 자도 피해자에게 손해를 배상하여야 한다. 다만, 피해자 또는 법정대리인의 요청을 받고 상당한 기간 내에 그 제조업자 또는 공급한 자를 그 피해자 또는 법정대리인에게 고지한 때에는 그러하지 아니한다.

3. 결함 등의 추정

피해자가 다음의 사실을 증명한 경우에는 제조물을 공급할 당시 해당 제조물에 결함이 있었고 그 제조물의 결함으로 인하여 손해가 발생한 것으로 추정한다. 다만, 제조업자가 제조물의 결함이 아닌 다른 원인으로 인하여 그 손해가 발생한 사실을 증명한 경우에는 그러하지 아니하다.

1) 해당 제조물이 정상적으로 사용되는 상태에서 피해자의 손해가 발생하였다는 사실
2) 손해가 제조업자의 실질적인 지배영역에 속한 원인으로부터 초래되었다는 사실
3) 손해가 해당 제조물의 결함 없이는 통상적으로 발생하지 아니한다는 사실

2019년 기출 약술문제

문 01 선주배상책임보험의 보통약관 및 특별약관에서 보상하는 손해를 약술하시오.

▶ 5점

문제풀이

Ⅰ. 보통약관의 보상하는 손해

피보험자가 보험증권상의 보장지역 내에서 보험기간 중에 발생된 보험사고로 인하여 보험 증권에 기재된 선박에 탑승한 승객(유람, 관광 및 도하 목적의 탑승객을 말함)의 신체에 장해를 입혀 피해자에게 법률상의 배상책임을 부담함으로써 입은 손해를 보상한다.

Ⅱ. 보상하는 손해의 범위

1. 피보험자가 피해자에게 지급할 책임을 지는 법률상의 손해배상금
2. 계약자 또는 피보험자가 지출한 아래의 비용
    ① 손해방지비용
    ② 권리보존비용
    ③ 방어비용
    ④ 공탁보증보험료
    ⑤ 협력비용

Ⅲ. 구조비 특별약관의 보상하는 손해

보통약관 보상하는 손해에 의하여 보상하는 손해의 원인이 되는 사실이 발생함으로써 피보험자가 여객을 구조 또는 수색하기 위하여 직접 지급한 필요하고 유익한 비용을 보험 증권에 기재된 보상한도액 내에서 보상한다.

문 02 배상책임보험에서 보고기간 연장담보(Extended Reporting Period)의 종류와 설정 대상계약 조건 및 필요성을 약술하시오. ▶ 10점

문제풀이

I E·R·P의 종류

1. 단기 자동연장담보기간(Mini Tail)

소급담보일자와 보험기간 만료일 사이에 발생된 사고에 대한 손해배상청구가 보험기간 만료일로부터 60일 이내에 제기된 경우에는 그 손해배상청구가 만료일에 제기된 것으로 본다.

2. 중기 자동연장담보기간(Midi Tail)

소급담보일자와 보험기간 만료일 사이에 발생된 사고가 소급담보일자부터 보험기간 만료일 이후 60일 이내의 기간 동안에 통보된 후, 그 사고에 대한 손해배상청구가 만료일로부터 5년 이내에 제기된 경우에는 그 손해배상청구가 만료일에 제기된 것으로 본다.

3. 선택 연장담보기간(Option E·R·P)

소급담보일자와 보험기간 만료일 사이에 발생된 사고에 대하여 보험기간 만료일로부터 제기되는 손해배상청구는 제한 없이 담보한다. 보험기간 만료일로부터 60일 이내에 보험계약자의 서면에 의한 연장 요청이 있어야 하며 추가보험료를 납입하여야 한다.

II 설정 대상 계약 조건

1. 해당 보험계약이 보험료 미납의 경우를 제외하고 해지되거나 갱신되지 않았을 경우
2. 해당 보험을 배상청구 기준으로써 해당 보험증권상의 소급담보일자 이후의 날짜를 소급담보일자로 하는 보험으로 갱신 또는 대체했을 경우
3. 해당 보험증권을 배상청구 기준이 아닌 보험으로 대체했을 경우

Ⅲ 취지 및 필요성

보험계약자 측의 불가피한 사유로 발생하는 담보 기간의 공백에 대해 무담보상태를 방지하고 미갱신 또는 갱신증권으로 보상받지 못하는 위험을 담보하고자 하는 것이다.

문 03 가스사고배상책임보험에서 피해자의 후유장해가 1등급일 경우, 그 해당 신체장해 유형 9가지 및 1인당 지급 가능한 보험금액을 약술하시오. ▶ 10점

문제풀이

Ⅰ 1등급 신체장해

1. 두 눈이 실명된 사람
2. 말하는 기능과 음식물을 씹는 기능을 완전히 잃은 사람
3. 신경계통의 기능 또는 정신에 뚜렷한 장해가 남아 항상 보호를 받아야 하는 사람
4. 흉·복부 장기에 뚜렷한 장해가 남아 항상 보호를 받아야 하는 사람
5. 반신불수가 된 사람
6. 두 팔을 팔꿈치관절 이상에서 잃은 사람
7. 두 팔을 완전히 사용하지 못하게 된 사람
8. 두 다리를 무릎관절 이상에서 잃은 사람
9. 두 다리를 완전히 사용하지 못하게 된 사람

Ⅱ 1인당 지급 가능한 보험금액

후유장해 1등급일 경우 1인당 지급 가능한 금액은 8,000만원, 부상한 자에게 당해 부상이 원인이 되어 후유장해가 생긴 경우에는 부상과 후유장해 금액의 합산액을 보상한다.

문 04 산업재해보상보험법에서 정의하고 있는 업무상 재해의 개념 및 동법 시행령에서 규정하고 있는 업무상 재해의 유형별 인정기준을 약술하시오. ▶ 10점

문제풀이

Ⅰ 정의

1. 산업재해보상보험법상 재해보상을 받기 위해서는 업무상 재해로 인정되어야 하는데, '업무상 재해'란 업무상의 사유에 따른 근로자의 부상, 질병, 장해, 사망을 말한다.
2. 업무상 사유는 업무상 사고와 업무상 질병으로 구분하며, 업무상 재해의 판정요건은 업무의 수행성과 업무기인성이 있다.

Ⅱ 업무상 재해 판정요건

1. 업무수행성

'업무수행성'이란 근로자가 근로계약에 의해 사용자의 지휘·감독하에 업무를 수행하는 것을 말하며 직접적인 지배·관리에 국한된 것이 아니라 그 업무에 부수하여 기대되는 행위 등을 포함한다.

2. 업무기인성

'업무기인성'이란 재해가 업무에 기인하여 발생한 것, 즉, 업무와 재해로 인한 상병 등과의 상당인과관계가 인정되는 것을 말한다.

Ⅲ 업무상 재해 인정기준

1. 업무상 사고

① 근로계약에 따른 업무나 그에 따르는 행위를 하던 중 발생한 사고
② 사업주가 제공한 시설물 등의 결함이나 관리 소홀로 발생한 사고
③ 사업주의 지시에 따라 참여한 행사나 행사 준비 중에 발생한 사고 (휴게시간 중 발생한 사고 포함)
④ 업무상 부상 또는 질병으로 요양 중이던 근로자에게 발생한 의료사고

⑤ 제3자의 행위로 근로자에게 사고가 발생한 경우 그 근로자가 담당한 업무가 사회 통념상 제3자의 가해행위를 유발할 수 있는 성질의 업무라고 인정되는 사고

2. 업무상 질병

1) 직업성 질병
   ① 근로자가 업무수행과정에서 유해 요인을 취급하거나 이에 노출된 경력이 있을 것
   ② 유해인자의 폭로 정도가 질병을 유발할 수 있다고 인정될 것
   ③ 신체 부위에 그 유해인자로 인하여 특이한 임상증상이 나타났다고 의학적으로 인정될 것
   ④ 질병에 이환되어 의학적인 요양의 필요성, 보험급여 지급 사유가 있다고 인정될 것

2) 재해성 질병
   ① 업무상 부상이 원인이 되어 발병하거나 유해인자에 대량 피폭되어 이환 또는 합병증으로 나타나는 재해성 질병인 경우
   ② 부상과 질병 간에 신체 부위적, 시간적, 기능적 관련성이 의학적으로 인정될 것
   ③ 근로자가 기초 질환 또는 기존 질병이 있는 경우로써 부상으로 인하여 악화 또는 재발 된 경우

3) 기타 업무로 기인한 것이 명확한 질병
   ① 뇌혈관, 심장질환의 경우 기초 질환 또는 기존 질병이 업무와 관련하여 특별한 과로나 스트레스가 인정될 경우
   ② 과로와의 관련성이 높은 뇌혈관, 심장질환으로서 산재보험법에서 규정하여 인정하는 경우

3. 출·퇴근재해

① 사업주의 지배관리 하에서 출·퇴근하는 중 발생한 사고
② 통상적인 경로와 방법으로 출·퇴근하는 중 발생한 사고

2020년 기출 약술문제

문 01 부진정연대채무에 대하여 연대채무와 비교하여 설명하고, 판례에서 부진정연대채무 관계로 보는 경우에 대한 민법상의 관련 규정을 2가지를 기재하시오. ▶ 10점

문제풀이

I 개념

여러 사람이 공동으로 불법행위를 하여 타인에게 손해를 가한 행위를 공동불법행위라고 하며 공동불법행위자는 연대하여 손해배상책임을 지는데 연대채무란 여러 사람의 채무자가 각자 전부를 이행할 의무를 부담하되 채무자 1인의 이행으로 다른 채무자도 그 의무를 면하게 되는 다수당사자의 채권 관계를 말하며 부진정연대채무란 연대채무와 달리 주관적 공동관계가 존재하지 않는다는 차이가 있어 주로 하나의 동일한 급부에 관하여 여러 사람의 채무자가 각자 독립해서 그 전부를 급부해야 할 의무를 부담하는 경우 발생한다.

II 민법상 관련 규정

부진정연대채무 관계는 서로 별개의 원인으로 발생한 독립된 채무라 하더라도 동일한 경제적 목적을 가지고 있고 서로 중첩되는 부분에 관하여 일방의 채무가 변제 등으로 소멸할 경우 타방의 채무도 소멸하는 관계에 있으면 성립할 수 있고, 반드시 양 채무의 발생원인, 채무의 액수 등이 서로 같을 것을 요건으로 하지 않는다.

III 부진정연대채무관계의 예

1) 사용자와 피용인

    어느 사용인에게 고용되어 업무에 종사 중이던 근로자가 사무집행과 관련된 사고로 타인에게 손해를 발생시킨 경우 그 근로자는 민법 제750조 불법행위로 인한 법률상책임, 사용자의 경우 근로자의 선임 및 그 사무감독에 관한 과실이 존재한다면 민법 제756조 사용자책임에 근거한 법률상책임이 발생하

여 두 사람은 민법 제760조 공동불법행위자로 부진정연대채무를 진다.

2) 고객과 업주

가스충전소의 배관에서 관리 소홀로 새어 나온 가스와 금연 장소에서 불법으로 담배를 피운 고객의 과실이 경합하여 발생한 화재 사고에 관하여 가스충전소 업주는 민법 제758조 공작물 점유자책임에 근거한 법률상책임이 발생하고 고객은 민법 제750조 불법행위책임에 의한 법률상책임이 발생한다. 즉, 두 사람은 민법 제760조 공동불법행위자로 부진정연대채무를 진다.

문 02. 근로기준법 및 선원법의 재해보상에서 정하고 있는 일시보상에 대하여 각각 설명하고, 그 지급의 효과에 대하여 비교 설명하시오. ▶ 10점

문제풀이

I 의의

일시보상제도란 요양보상(상병보상)을 받는 근로자가 2년이 지나도 그 부상이나 질병이 치유되지 아니하는 경우에는 사용자는 그 근로자에게 평균임금 1,340일분의 (「산업재해보상보험법」에 따른 제1급의 장해보상 1,474일) 일시보상을 하여 그 후 근로자에게 지는 모든 보상책임을 면할 수 있도록 하는 제도를 말한다. 다만, 근로기준법과는 달리 선원법에서는 근로자에게 일시보상을 하였어도 일시보상을 받은 근로자 사망 시 유족보상과 장제비에 대한 책임까지 면제되는 것은 아니다.

II 요건

1. 요양 개시 후 2년이 경과할 것
2. 근로자의 부상 또는 질병이 완치되지 않았을 것

III 제도의 효과

1. 재해보상책임 면제

① 근로기준법 : 근로기준법상의 재해보상책임 모두 면제

② 선원법 : 선원법상 재해보상책임 일부 면제 (근로자 사망 시 유족보상과 장제비 지급책임 잔존)

2. 민법상의 사용자의 배상책임 잔존

업무상 재해로 인한 근로기준법 또는 선원법상의 재해보상책임만을 면할 뿐 이를 초과하는 사용자의 민사상 손해배상책임은 그대로 잔존한다.

문 03. 산재법상 일용근로자의 평균임금 산정 시 적용하는 통상근로계수의 개념을 설명하고, 통상근로계수 적용을 제외하는 3가지 경우에 대하여 약술하시오. ▶ 10점

문제풀이

I. 개념

1일 단위로 고용되거나 근로일에 따라 일당 형식의 임금을 지급받는 근로자를 '일용근로자'라 일컬으며 그 일용근로자의 평균임금 산정은 일용근로자의 일당에 일용근로자의 1개월간 실제 근로일수 등을 고려하여 산정하는데 이때 고용노동부장관이 고시하는 근로 계수를 적용하여 산정하게 된다. 그 근로 계수가 「통산근로계수」이며 현재 적용하고 있는 통상근로계수는 73 / 100이다. 즉, 해당 일용근로자의 평균임금은 해당 일용근로자의 일당에 73%를 곱한 금액이다.
(일당 × 73% = 일용근로자 평균임금)

II. 적용 제외 사유

1. 근로관계가 3개월 이상 계속되는 경우
2. 근로의 조건, 형식, 실태 등 근로의 형태가 상용근로자와 비슷하다고 인정되는 경우
3. 재해 발생 전 근로자의 근로기간이 1개월 동안 22.3일(기초근로일수) 이상인 경우

문 04
어린이놀이시설 배상책임보험의 가입대상별 담보위험과 보상한도액을 기재하고, 이 보험에 적용되는 손해배상책임 법리에 대하여 약술하시오. ▶ 10점

문제풀이

I 담보위험

「어린이놀이시설안전관리법」에 근거하여 어린이 놀이시설의 관리주체가 가입해야 하는 의무보험으로 피보험자가 소유, 사용 또는 관리하는 어린이놀이시설 및 그 시설의 용도에 따른 업무의 수행으로 발생된 보험사고로 인하여 피보험자가 타인의 신체에 장해를 입히거나 타인의 재물을 망그러뜨려 피해자에게 법률상의 배상책임을 부담함으로써 입은 손해를 보상한다.

II 보상한도

1. 사망의 경우 피해자 1인당 8,000만원 (실 손해액이 2천만원 미만인 경우에는 2천만원)
2. 부상의 경우 피해자 1인당 부상등급 1급(1,500만원) ~ 14급(60만원)
3. 부상이 원인이 되어 후유장해가 생긴 때에는 1인당 후유장해등급 1급(8,000만원) ~ 14급(500만원)

III 책임법리

어린이놀이 시설업자는 시설의 설치 및 보존상의 결함으로 타인에게 입힌 손해에 대해 공작물책임(민법 제758조)에 근거한 무과실책임을 부담하며, 놀이시설의 운영상(업무상)의 과실에 기인된 사고로 타인에게 입힌 손해에 대해서는 일반불법행위책임(민법 제750조)을 부담한다. 또한 타인을 사용하여 시설을 관리하는 등 사무에 종사하게 하였고 사용자가 피용자의 선임 및 그 사무감독에 관한 과실이 존재한다면 사용자책임(민법 제756조)에 근거한 법률상책임도 발생한다.
이와 더불어 책임무능력자의 행위가 피해 확대에 기여한 부분이 인정된다면 책임무능력자를 감독할 의무자에게 감독자책임(민법 제755조)에 따른 법률상책임이 발생한다.

2021년 기출 약술문제

문 01 신체손해배상특약부 화재보험과 다중이용업소 화재배상책임보험에서 "타인"의 적용 범위를 설명하시오. ▶ 5점

문제풀이

화재보험법 및 특약부화재보험 약관에서는 특수건물의 소유자 및 그 주거를 같이하는 직계가족(법인인 경우는 이사 또는 업무집행기관) 이외의 사람(피보험자의 종업원도 타인에 포함)을 타인으로 규정한다. 그러나 다중이용업소 법 및 다중이용업소화재배상책임보험 약관에서는 타인에 관하여 특별히 정의하고 있지는 않다. 다만, 피보험자 및 피보험자의 직계가족 이외의 사람으로 정의할 수 있다(피보험자의 종업원도 타인에 포함).

문 02 배상책임보험에서 제3자에 대한 보험자 대위를 설명하고 국문영업배상책임 보험약관에 규정하고 있는 대위권에 대하여 약술하시오. ▶ 15점

문제풀이

I 의의

피보험자의 손해가 제3자의 행위로 인해 발생한 경우 보험금을 지급한 보험자는 지급한 금액의 한도 내에서 보험계약자 또는 피보험자의 권리를 취득할 수 있다. 이것을 보험자 대위 또는 청구권대위라 한다.

II 규정

1. 상법 (제682조)

   손해가 제3자의 행위로 인하여 발생한 경우 보험금을 지급한 보험자는 지급한

금액의 한도 내에서 제3자에 대한 보험계약자 또는 피보험자의 권리를 취득한다. 다만, 보험자가 보상할 보험금의 일부를 지급한 경우 피보험자의 권리를 침해하지 아니하는 범위 내에서 그 권리를 행사할 수 있다.

2. 약관 (제14조)

회사가 보험금을 지급한 경우 회사는 지급한 보험금의 한도 내에서 아래의 권리를 가진다. 다만, 회사가 보상한 금액이 피보험자가 입은 손해의 일부인 경우 피보험자의 권리를 침해하지 아니하는 범위 내에서 그 권리를 가진다.
1. 피보험자가 제3자로부터 손해배상을 받을 수 있는 경우 그 손해배상청구권
2. 피보험자가 손해배상을 함으로써 대위 취득하는 것이 있을 경우 그 대위권

Ⅲ 요건

1. 제3자의 행위로 인해 손해가 발생할 것
2. 보험금의 지급이 이루어질 것
3. 피보험자의 권리를 침해하지 아니할 것

Ⅳ 해당 이론

1. 차액설

피보험자의 손해가 완전히 보전된 이후 그 잔액을 보험자가 회수하는 방법으로 통설이며 상법 제682조의 단서

2. 절대설

차액설과 반대되는 이론으로 보험자가 지급한 보험금에 우선 충당하고 남은 금액에서 피보험자가 지급받는 방법

문 03. 제조물책임법에서 규정하고 있는 제조업자의 면책사유를 약술하시오. ▶ 4점

문제풀이

손해배상책임을 지는 자가 다음의 어느 하나에 해당하는 사실을 입증한 경우에는 이 법에 따른 손해배상책임을 면한다.
1. 제조업자가 해당 제조물을 공급하지 아니하였다는 사실
2. 제조업자가 해당 제조물을 공급한 당시의 과학·기술 수준으로는 결함의 존재를 발견할 수 없었다는 사실
3. 제조물의 결함이 제조업자가 해당 제조물을 공급한 당시의 법령에서 정하는 기준을 준수함으로써 발생하였다는 사실
4. 원재료나 부품의 경우에는 그 원재료나 부품을 사용한 제조물 제조업자의 설계 또는 제작에 관한 지시로 인하여 결함이 발생하였다는 사실

다만, 손해배상책임을 지는 자가 제조물을 공급한 후에 그 제조물에 결함이 존재한다는 사실을 알거나 알 수 있었음에도 그 결함으로 인한 손해의 발생을 방지하기 위한 적절한 조치를 하지 아니한 경우에는 위의 규정에 따른 면책을 주장할 수 없다.

2022년 기출 약술문제

문 01 산업재해보상보험법 제87조 1항에 따라 근로복지공단이 제3자에 대해 행사할 수 있는 구상권의 대상과 범위에 대하여 약술하시오. ▶ 5점

문제풀이

공단은 제3자의 행위에 따른 재해로 보험급여를 지급한 경우에는 그 급여액의 한도 안에서 급여를 받은 사람의 제3자에 대한 손해배상청구권을 대위(代位)한다. 다만, 보험가입자인 둘 이상의 사업주가 같은 장소에서 하나의 사업을 분할하여 각각 행하다가 그중 사업주를 달리하는 근로자의 행위로 재해가 발생하면 그러하지 아니한다.
사안의 경우 공단은 제3자인 □□ 지게차를 상대로 구상이 가능하다.

문 02 기왕장해가 존재하는 경우와 기왕증 기여도가 존재하는 장해의 경우, 복합장해율을 산정하는 방식을 비교하여 약술하시오. ▶ 5점

문제풀이

I. 서언

기왕증은 사고 이전 피해자가 가지고 있던 피해자의 기왕장해, 지병, 체질적 소인 등을 포함하는 개념으로 기왕증으로 인하여 손해가 발생, 확대되었다면 피해자의 전 손해액에서 이를 참작하여 상계한다.

II. 장해율 산정 방식

1. 기왕장해

사고 이전 신체 일부에 대하여 장해로 진단을 받은 것이기에 해당 피해자의 노

동능력은 100%가 아닌 기존 장해 진단을 받은 부분을 제외한 남은 노동능력에서 복합장해율을 산정한다.

2. 기왕증 기여도

사고 이전 장해진단을 받은 것은 아니지만, 해당 사고로 발생한 장해에 일정부분 기여한 부분이 존재하므로 그에 관하여 해당 부위에 적용하여 복합장해율을 산정한다.

문 03 "관습상의 비용담보 특별약관"에서 보상하는 손해를 약술하시오.   ▶ 3점

문제풀이

선박의 여객 사고 시 빈소를 방문하여 유족에게 지급하는 조의금, 위로금, 식대, 숙박비, 교통비 등을 제공하는 비용을 말하며 피보험자의 책임이 없는 경우에 동 특별약관에서 담보하고 보험 증권상 보상한도액에 관계없이 피해 여객 1인당 특별약관에서 정한 한도로 보상

문 04 「수개의 책임보험」에 대한 상법 규정을 약술하고, 국문 영업배상책임보험 보통약관에서 규정하고 있는 보험금의 분담조항에 대하여 기술하시오.   ▶ 10점

문제풀이

I. 상법 제672조의 중복보험의 정의

피보험자가 동일한 보험계약의 목적과 동일한 사고에 관하여 수개의 보험계약에 동시 또는 순차로 체결한 것을 말하며 가입된 보험계약의 보험금액 총액이 보험가액을 초과한 때에는 보험자는 각자의 보험금액의 한도에서 연대책임을 진다.

Ⅱ 약관에서 정한 보험금 분담

1. 보험계약에서 보장하는 위험과 같은 위험을 보장하는 다른 계약이 있을 경우 각 계약에 대하여 다른 계약이 없는 것으로 하여 각각 산출한 보상책임액의 합계액이 손해액을 초과할 때에는 아래에 따라 손해를 보상한다. 이 계약과 다른 계약이 모두 의무보험인 경우에도 동일하다.

$$손해액 \times \frac{이\ 계약의\ 보상책임액}{다른\ 계약이\ 없는\ 것으로\ 하여\ 각각\ 계산한\ 보상책임액의\ 합계액}$$

2. 해당 계약이 의무보험이 아니고 다른 의무보험이 있는 경우에는 다른 의무보험에서 보상되는 금액(피보험자가 가입을 하지 않은 경우에는 보상될 것으로 추정되는 금액)을 차감한 금액을 손해액으로 간주하여 보상할 금액을 결정한다.
3. 피보험자가 다른 계약에 대하여 보험금 청구를 포기한 경우에도 지급보험금 결정에는 영향을 미치지 않는다.

문 05 미주지역에 수출하여 소비자에게 판매된 상기 제품의 결함과 관련한 손해배상청구 소송사건에서 원고는 청구원인으로 피고의 Negligence, Breach of Warranty, Strict Liability를 주장하고 있다. 이에 대하여 각각 약술하시오. ▶ 5점

문제풀이

Ⅰ Negligence (과실책임)

제조물책임의 소송 원인의 하나로 피해를 예견하여야 할 예견의무, 피해의 결과를 회피하여야 할 결과회피 의무를 위반하였을 때 그것을 과실로 판단한다.

Ⅱ Breach of warranty (보증책임)

보증책임은 크게 명시의 보증과 묵시의 보증으로 구분하고 있는데 명시적 보증의 경우는 취급설명서 및 광고 등에 의한 약속을 말하며 묵시의 보증의 경우 제품을 유통시키는 과정에서 제품의 일정한 품질 및 안전성 등을 갖고 있을 것이라는 암묵적 약속을 의미한다.

Ⅲ Strict Liability (엄격책임)

피해자가 과실을 입증하지 못하는 문제와 보증책임의 계약당사자 관계의 요건의 문제를 해결하기 위하여 제시된 책임원칙으로 제품에 결함이 존재고 그 결함이 제조자의 제품 출하 당시 이미 존재하고 그 결함에 의한 피해를 입은 피해자가 결함을 입증하면 제조업자 등의 과실의 유·무에 관계없이 손해배상책임을 부담시키는 제도를 의미한다.

문 06 「중대재해 처벌 등에 관한 법률」에서 규정하고 있는 "중대재해"에 대하여 기술하고, 「기업중대사고 배상책임보험(특별약관 포함)」에서 보상하는 손해를 약술하시오.

▶ 10점

문제풀이

Ⅰ 중대재해의 정의

1. 중대산업재해

산업안전보건법」의 산업재해 중 다음의 어느 하나에 해당하는 결과를 야기한 재해
① 사망자가 1명 이상 발생
② 동일한 사고로 6개월 이상 치료가 필요한 부상자가 2명 이상 발생
③ 동일한 유해 요인으로 급성 중독 등 대통령령으로 정하는 직업성 질병자가 1년 이내에 3명 이상 발생

2. 중대시민재해

특정 원료, 제조물, 공중이용시설 또는 공중교통수단의 설계, 제조, 설치, 관리상의 결함으로 다음의 어느 하나에 해당하는 결과를 야기한 재해 (중대산업재해에 해당하는 재해 제외)
① 사망자가 1명 이상 발생
② 동일한 사고로 2개월 이상 치료가 필요한 부상자가 10명 이상 발생
③ 동일한 원인으로 3개월 이상 치료가 필요한 질병자가 10명 이상 발생

Ⅱ 보상하는 손해

보험기간 중에 사업주 또는 경영책임자 등이 「중대재해 처벌 등에 관한 법률」 및 동법 시행령에 따른 중대재해가 발생한 경우 해당 사업주, 법인 또는 기관이 법률상의 배상책임을 담보하며(단, 고의로 인해 생긴 손해는 면책) 징벌적 손해배상책임 특별약관의 가입으로 '법률상의 손해배상금'을 초과하여 「중대재해 처벌 등에 관한 법률」 제15조에 따라 피보험자가 손해배상책임을 부담함으로써 입은 손해를 보상한다.

2023년 기출 약술문제

문 01 상기 보험계약의 약관상 '보상하는 손해'에 대하여 약술하고 일반불법행위 책임의 성립요건에 대하여 기재하시오.　　　　▶ 10점

문제풀이

Ⅰ 약관상 보상하는 손해

피보험자가 소유, 사용 또는 관리하는 시설 및 그 시설의 용도에 따른 업무의 수행으로 생긴 우연한 사고로 피보험자가 부담하는 법률상책임으로 인한 손해를 담보함.

Ⅱ 성립요건

1. **가해자의 고의 또는 과실의 존재**

   고의란 타인에게 손해가 발생하리라는 것을 알면서 감히 이를 행하는 상태를 말하며 과실이란 일정한 결과가 발생하리라는 것을 알고 있어야 함에도 부주의로 이를 모르는 상태를 말한다.

2. **책임능력의 존재**

   자기의 행위에 대한 책임을 변식할 수 있는 정신적인 능력이 있어야 함

3. **손해의 발생**

   손해란 법익에 관하여 입은 불이익을 말하며 재산적 손해뿐 아니라 비재산적 손해의 가치의 멸실, 감소를 모두 포함한다.

4. **위법성의 존재**

   가해행위가 법질서에 위반되는 것을 말하며 위법성이 부인되는 사유(위법성의 조각사유)가 존재하여서는 아니 된다.

5. **인과관계**

   위법행위와 발생된 손해는 인과관계가 존재하여야하며 입증책임은 원칙적으로 피해자에게 있다.

문 02

다음 보험계약에서 피보험자의 범위에 대하여 기재하고, 의사 및 병원 배상책임보험 약관의 담보위험에 대하여 약술하시오. ▶ 10점

보험회사	'갑' 보험회사	'을' 보험회사
보험종목	의사 및 병원배상책임보험 • 배상청구기준 • 의료과실 배상책임 담보	의사 및 병원배상책임보험 • 배상청구기준 • 의료과실 배상책임 담보 • 피보험자 지정 특별약관
보험계약자	□□ 정형외과의원	○○ 정형외과개원의협의회
피보험자	□□ 정형외과의원	전문의 A

문제풀이

I. 보험계약의 피보험자의 범위

피보험자 지정 특별약관에서 '피보험자라 함은 보험가입증서(보험증권)에 피보험자로 기재된 기명피보험자 외에 관계 법령에 의하여 면허 또는 자격을 취득한 자로서 기명피보험자의 지시·감독에 따라 상시적 또는 일시적으로 기명피보험자의 의료행위를 보조하는 자를 말하는 것으로 다만, 기명피보험자와 동일한 면허 또는 자격을 취득한 의사로서 기명피보험자에 의해 고용된 자는 제외.'[92]

1. 사안의 경우

① '갑' 보험의 경우 : A와 B가 피보험자
② '을' 보험의 경우 : A가 피보험자

II. 담보위험

의사 및 병원배상책임보험은 의료 전문서비스 제공으로 인해 일어나는 제3자의 신체장해나 사망에 대하여 피보험자가 법적으로 손해배상책임을 부담함에 따라

---

[92] 정형외과 전문의가 체결한 '의사 및 병원 배상책임보험계약' 중 주된 계약의 피보험자 지정 특별약관에서 '피보험자라 함은 보험가입증서(보험증권)에 피보험자로 기재된 기명피보험자 외에 관계 법령에 의하여 면허 또는 자격을 취득한 자로서 기명피보험자의 지시·감독에 따라 상시적 또는 일시적으로 기명피보험자의 의료행위를 보조하는 자를 포함합니다. 단, 기명피보험자와 동일한 면허 또는 자격을 취득한 의사로서 기명피보험자에 의해 고용된 자는 제외합니다'라고 정한 사안에서, 정형외과의원에서 근무하는 마취과 전문의가 피보험자에 포함된다고 한 사례[대법원 2011. 9. 8 선고, 2009다73295판결]

입게 되는 손해를 보상하는 보험으로 의료과실 배상책임 담보조항에서 보험회사는 피보험자(의사 및 병원)가 수행하는 의료행위와 관련하여 과실에 의해 타인의 신체에 장해를 입혀 발생하는 의료사고를 담보한다. 의료사고가 아닌 일반적인 시설 관리 및 운영상의 배상책임에 관하여는 시설소유관리자 특별약관을 가입하여 담보 받을 수 있다.

문 03. 근로기준법에서 정의하고 있는 평균임금의 개념에 대하여 설명하고, 동법 시행령의 평균임금 계산에서 제외되는 기간과 임금에 대하여 기재하시오. ▶ 15점

문제풀이

I. 정의

이를 산정하여야 할 사유가 발생한 날 이전 3개월 동안에 그 근로자에게 지급된 임금의 총액을 그 기간의 총일수로 나눈 금액을 말한다. 근로자가 취업한 후 3개월 미만인 경우도 이에 준한다.

II. 평균임금의 계산에서 제외되는 기간과 임금 (근로기준법 시행령 제2조)

근로자의 평균임금 및 승선평균임금을 산정해야 하는 기간 중 임금을 왜곡시킬 수 있는 사유가 발생할 수 있는 기간과 임금은 제외하여 임금을 계산한다.

1. 수습 중에 있는 근로자가 수습을 시작한 날부터 3개월 이내의 기간
2. 사용자의 귀책 사유로 인하여 휴업한 기간
3. 출산 전·후 휴가 및 유산·사산 휴가 기간
4. 업무상 부상 또는 질병의 요양을 위하여 휴업한 기간
5. 육아 휴직 기간
6. 쟁의 행위 기간
7. 병역법·향토예비군법 또는 민방위기본법에 의한 의무이행을 위하여 휴직하거나 근로하지 못한 기간 (다만, 그 기간 중 임금을 지급받는 경우에는 그러하지 아니하다.)
8. 업무 외 부상 또는 질병으로 인하여 사용자의 승인을 얻어 휴업한 기간

문 04 불법행위로 인한 법률상 손해배상액 산정에서 사업소득자의 수입, 필요경비 그리고 기여도 등에 대한 객관적인 자료가 없는 경우에 일실수익 산정방법에 대하여 설명하시오. ▶ 10점

문제풀이

사업소득자의 소극적 손해를 산정할 객관적 입증자료가 없는 경우 일반적으로 노동부가 발행하는 고용형태별 근로실태조사보고서에 의하여 산정한다. 그 외 그 사업체의 규모와 경영형태, 종업원의 수 및 경영실적 등을 참작하여 피해자와 같은 정도의 학력, 경력 및 경영 능력 등을 가진 사람을 고용하는 경우의 보수 상당액, 즉 대체 고용비를 합리적이고 개연성있는 방법으로 산출하여 이를 기초로 일실수입을 산정할 수도 있다(대판 1989. 6. 13. 88다카10906)고 판시하고 있다.

문 05 영문배상책임보험 CGL(Commercial General Liability Policy)약관의 Medical Payments'에 대하여 약술하시오. ▶ 10점

문제풀이

I 담보위험

C.G.L policy의 Medical Payments는 피보험자가 소유 또는 임차하는 시설, 소유 또는 임차하는 시설에 인접하는 장소에서 발생한 사고, 피보험자의 사업 활동에 기인된 사고로 발생한 피해자의 치료비를 담보하며 피보험자의 과실 유·무와 상관없이 치료비를 담보

II 치료비의 정의

응급처치 비용, 치료, 수술, X선검사, 보철기구를 포함한 치과치료비, 구급차, 입원, 전문 간호, 장례비

2024년 기출 약술문제

문 01 제조물 '결함'의 의미와 징벌적 손해배상책임에 대하여 설명하시오. ▶ 10점

문제풀이

I 결함의 '정의'

결함이란 해당 제조물에 제조상·설계상 또는 표시상의 결함이 있거나 그 밖에 통상적으로 기대할 수 있는 안전성이 결여되어 있는 것을 의미한다.

1. "제조상의 결함"이란 제조업자가 제조물에 대하여 제조상·가공상의 주의의무를 이행하였는지에 관계 없이 제조물이 원래 의도한 설계와 다르게 제조·가공됨으로써 안전하지 못하게 된 경우를 말한다.
2. "설계상의 결함"이란 제조업자가 합리적인 대체설계를 채용하였더라면 피해나 위험을 줄이거나 피할 수 있었음에도 대체설계를 채용하지 아니하여 해당 제조물이 안전하지 못하게 된 경우를 말한다.
3. "표시상의 결함"이란 제조업자가 합리적인 설명·지시·경고 또는 그 밖의 표시를 하였더라면 해당 제조물에 의하여 발생할 수 있는 피해나 위험을 줄이거나 피할 수 있었음에도 이를 하지 아니한 경우를 말한다.

II 징벌적 손해배상책임

제조업자는 제조물의 결함으로 생명·신체 또는 재산에 손해를 입은 자에게 그 손해를 배상하여야 하는데 제조업자가 제조물의 결함을 알면서도 그 결함에 대하여 필요한 조치를 취하지 아니한 결과로 생명 또는 신체에 중대한 손해를 입은 자가 있는 경우에는 그 자에게 발생한 손해의 3배를 넘지 아니하는 범위에서 배상책임을 진다. 다만, 법원은 배상액을 정할 때 다음의 사항을 고려한다.

1. 고의성의 정도
2. 해당 제조물의 결함으로 인하여 발생한 손해의 정도
3. 해당 제조물의 공급으로 인하여 제조업자가 취득한 경제적 이익

4. 해당 제조물의 결함으로 인하여 제조업자가 형사처벌 또는 행정처분을 받은 경우 그 형사처벌 또는 행정처분의 정도
5. 해당 제조물의 공급이 지속된 기간 및 공급 규모
6. 제조업자의 재산 상태
7. 제조업자가 피해구제를 위하여 노력한 정도

문 02 제조물 '결함 등의 추정'을 위하여 피해자가 증명하여야 하는 사실의 내용을 열거하시오. ▶ 5점

문제풀이

피해자가 다음의 사실을 증명한 경우에는 제조물을 공급할 당시 해당 제조물에 결함이 있었고 그 제조물의 결함으로 인하여 손해가 발생한 것으로 추정한다.

1. 해당 제조물이 정상적으로 사용되는 상태에서 피해자의 손해가 발생하였다는 사실
2. 해당 손해가 제조업자의 실질적인 지배영역에 속한 원인으로부터 초래되었다는 사실
3. 해당 손해가 해당 제조물의 결함 없이는 통상적으로 발생하지 아니한다는 사실

문 03 보험회사가 피보험자의 보험금 청구서류를 접수한 때에 약관에서 규정하고 있는 보험회사의 보험금 지급 절차에 대하여 설명하시오. ▶ 7점

문제풀이

I. 회사는 보험금 청구를 접수한 때에는 접수증을 교부하고, 그 서류를 접수 받은 후 지체없이 지급할 보험금을 결정하고 지급할 보험금이 결정되면 7일 이내에 이를 지급한다. 또한, 지급할 보험금이 결정되기 전이라도 피보험자의 청구가 있을 때에는 회사가 추정한 보험금의 50% 상당액을 가지급보험금으로 지급한다.

Ⅱ. 회사는 지급보험금이 결정된 후 7일이 지나도록 보험금을 지급하지 않았을 때에는 지급기일의 다음 날부터 지급일까지의 기간에 대하여 '보험금을 지급할 때의 적립이율'에 따라 연 단위 복리로 계산한 금액을 보험금에 더하여 지급합니다. 그러나, 피보험자의 책임 있는 사유로 지급이 지연될 때에는 그 해당 기간에 대한 이자를 더하여 지급하지 않는다.

문 04 피해자가 보험금 직접청구권을 행사한 때에 약관에서 규정하고 있는 보험회사와 피보험자의 권리와 의무에 대하여 설명하시오. ▶ 8점

문제풀이

Ⅰ 의의

직접청구권이란 피해자가 가해자인 피보험자로 인해 입은 손해에 대하여 피보험자가 가입한 보험금액의 한도 내에서 피보험자를 통하지 않고 보험자에게 직접 보상을 청구할 수 있는 제도

Ⅱ 이론적 근거

직접청구권은 보험금청구로 보는 견해와 손해배상청구로 보는 견해로 구분되는데 보험자가 가해자인 피보험자의 손해배상채무를 병존적으로 인수한 것이라고 보는 손해배상청구설이 통설이다. 불법행위책임에 대한 손해배상청구권의 소멸시효는 손해 및 가해자를 안 날로부터 3년, 발생한 날로 부터 10년이다.

Ⅲ 법적 성질

1. **강행성**

   직접청구권은 상법상 강행규정으로 약관에서 이에 대해 제한한 규정을 두는 경우 그에 관한 규정은 무효이다.

2. **배타성**

   피해자의 손해배상청구권과 피보험자의 보험금청구권이 경합하는 경우 손해

배상을 받지 못한 범위 내에서는 피해자가 손해배상을 청구할 수 있는 직접청구권이 우선한다.

3. 독립성

피보험자에게 법률상 배상책임이 발생함과 동시에 피해자는 피보험자에 대한 손해배상청구권과 보험자에 대한 보험금청구권이 동시에 발생한다.

문 05. 해외근로자재해보장책임보험의 '비업무상재해 확장담보 추가특별약관'에 대하여 설명하시오. ▶ 10점

문제풀이

I. 서언

비업무상의 신체의 상해 또는 질병에 대하여도 업무상의 재해와 동일한 방법으로 보상하는 특별약관

II. 보상하지 아니하는 손해

1. 중독, 마취, 만취 등으로 생긴 손해
2. 과격한 운동이나 위험한 오락(스카이다이빙, 스쿠버다이빙, 행글라이딩, 자동차경주 등)으로 인한 손해
3. 자해, 자살, 자살미수 등 이와 유사한 행위로 인한 손해
4. KCD상 아래 질병 및 이로 인한 손해 (암, 당뇨, 고혈압, 심질환, 뇌 질환)

병명	분류기호
1. 악성신생물	C00~C97, D00~09
2. 당뇨병	E10~E14
3. 만성류마티스성 심질환	I05~I09
4. 고혈압성 질환	I10~I15
5. 허혈성 심질환	I20~I25
6. 기타형태의 심질환	I30~I52
7. 뇌혈관질환	I60~I69

5. 매독, 임질, AIDS, 기타 이와 유사한 질병 및 이로 인한 손해
6. 시력 감퇴 등 생리적 노화 또는 약화 및 이로 인한 손해
7. 치아에 관련된 질병 및 이로 인한 손해
8. 군인이 아닌 자로서 군사작전을 수행하거나 군사훈련을 받는 중 생긴 손해

문 06. 책임보험에서 담보하는 피보험자의 법률상 손해배상금 중 위자료에 대한 법률적 근거와 산정기준에 대하여 설명하시오. ▶ 10점

문제풀이

Ⅰ 근거

우리 민법에서는 고의 또는 과실로 인한 위법행위로 타인에게 손해를 가한 자에게 손해배상책임을 부담하도록 규정(민법 제750조)하고 있는데 이에 구체적으로 민법 제752조(생명침해로 인한 위자료)에 타인의 생명을 해한 자는 피해자의 직계존속, 직계비속 및 배우자에 대하여는 재산상의 손해가 없는 경우에도 위자료에 관한 손해배상의 책임을 규정하고 있다.

Ⅱ 산정기준

불법행위로 인한 위자료를 산정할 경우 피해자의 연령, 직업, 사회적 지위, 재산과 생활상태, 피해로 입은 고통의 정도, 피해자의 과실 정도 등 피해자 측의 사정과 아울러 가해자의 고의·과실의 정도, 가해행위의 동기와 원인, 불법행위 후의 가해자의 태도 등 가해자 측의 사정까지 함께 참작하여 위자료를 산정한다.

문07 아래의 C·G·L(Commercial General Liability Policy)보험 특별약관에 대하여 약술하시오.

01 Waiver of Subrogation Clause (대위권포기 특별약관) ▶ 5점

문제풀이

보통약관에서는 보험회사가 보험금을 지급한 때에는 지급한 보험금의 한도 내에서 피보험자가 제3자로부터 손해배상을 받을 수 있는 경우에는 그 손해배상청구권 및 피보험자가 손해배상을 함으로써 대위 취득하는 것이 있을 경우에는 그 대위권에 관한 권리를 가진다고 규정하고 있다(계약자 또는 피보험자와 생계를 같이 하는 가족에 대한 것인 경우에는 그 권리를 취득하지 못함). 그러나 해당 특별약관의 가입으로 보험 증권에 기재된 사람에 대한 대위권을 포기한다.

02 Additional Insured(Vendors) Clause (추가 피보험자(판매인) 특별약관) ▶ 5점

문제풀이

제조물의 결함이 판매인의 취급과정에서 발생하였다든지 제조업자가 도산하거나 폐업한 경우 등에는 피해소비자에 대하여 당해 판매업자가 최종적인 책임부담자가 되기 때문에 판매업자는 이와 같은 위험에 대비하여 제조업자에게 제조업자가 가입하고 있는 생산물배상책임보험에 당해 판매인을 피보험자로 추가해 줄 것을 요청하게 되는 데, 이를 담보하는 약관이 판매인특별약관이다.

제5장

배상책임보험 혼합문제

제5장 배상책임보험 혼합문제

문 01 홍길동 소유의 특수건물인 ***아파트 1708호에서 발생한 화재 사고로 1708호의 세입자 곽●●과 생계를 같이하며 살고있는 그의 딸 곽□□, 곽□□의 친구 주▲▲이 사상되었다. 사고는 1708호의 세탁실에서 시작한 것으로 확인되었고 세탁기의 하자(과실 : 70%)와 곽●●의 관리 소홀(과실 : 30%)이 경합하여 발생한 것으로 조사 결과 밝혀졌다. 해당 아파트는 '갑'보험 회사에 화재 사고를 담보하는 의무보험에 단체로 가입하였는데 각 세대의 피보험자는 해당 호실의 소유자이다. 다만, 보험료는 매달 관리비에 청구되어 1708호의 보험료는 세입자인 곽●●이 납부하고 있었다. 다음의 내용을 참고하여 각 질문에 답하시오. (20점)

별표

[보험가입사항]
'갑'보험사 : 특약부화재보험 (신체손해배상책임특별약관)
 - 피보험자 : 홍길동
 - 보상한도 : 의무보험한도

'을'보험사 : 장기보험 (일상생활배상책임특별약관)
 - 피보험자 : 곽●●
 - 보상한도 : 1인당 1억/ 1사고당 10억

[전제조건]

피해자	손해액 산정 기초사항
곽●● (현장 사망)	사망손해액 : 1,500만원
자녀 곽□□ (1급 부상 치료 중 사망)	1급 부상손해액 : 200만원(치료비) 사망손해액 : 30,000만원
주▲▲ (1급 부상 치료 후 1급 장해판정)	1급 부상손해액 : 1,000만원(치료비) 1급 장해손해액 : 45,000만원

> **01** 각 법률에서 규정하는 특약부화재보험(화재보험법), 재난배상책임보험(재난안전관리법), 다중이용업소화재배상책임보험(다중이용업소법)의 의무보험 가입대상자에 관하여 기술하시오. ▶ 10점

문제풀이

I. 특약부화재보험 : 특수건물 소유자

II. 재난시설

1) 가입대상시설의 소유자와 점유자가 동일한 경우 : 소유자
2) 가입대상시설의 소유자와 점유자가 다른 경우 : 점유자
3) 소유자 또는 점유자와의 계약에 따라 가입대상시설에 대한 관리책임과 권한을 부여받은 자가 있는 경우 : 관리자

III. 다중이용업소법 : 다중이용업주 및 다중이용업을 하려는 자

> **02** 각 보험자가 보상할 금액을 산정하시오. ▶ 10점

I. '갑'보험자[93]

1) 곽●●[94]
   - 사망 : 2,000만원 보상[95]

2) 자녀 곽□□
   - 부상 : 200만원 < 부상1급한도 3,000만원 ▶ 200만원

---

[93] 보험료 누가 내고 있는지와는 상관없이 누가 피보험자인지를 이해할 것
[94] 이번 사고에 과실이 존재하나 고의 중과실에 관한 언급이 없다면 손해액 전액을 보상하며 과실상계를 하지 않음. 다음의 약관의 내용을 참고할 것!
- 피해자의 고의나 법령위반(고의 또는 중과실로 법령을 위반하고 법령 위반사실과 보험사고간 인과관계가 있는 경우에 한합니다)으로 생긴 화재로 피해자 본인이 입은 손해
[95] 실제 손해는 1,500만원이나 최저 사망보험금에 미달하므로 2,000만원 보상

- 사망 : 30,000만원 〉 사망한도 15,000만원 ▶ 15,000만원
- 소계 : 15,200만원 보상

3) 친구 주▲▲
- 부상 : 1,000만원 〈 부상1급한도 3,000만원 ▶ 1,000만원
- 사망 : 45,000만원 〉 사망한도 15,000만원 ▶ 15,000만원
- 소계 : 16,000만원 보상

Ⅱ '을' 보험사

1) 곽●●
면책 (피보험자)

2) 자녀 곽□□
면책 (피보험자와 생계를 같이하는 가족 직계가족)

3) 친구 주▲▲
46,000만원(총손해액) - 16,000만원(의무보험지급금액) = 30,000만원 (초과손해액)
➡ 30,000만원 〉 한도 1억 ▶ 1억 보상

문 02 2024년 5월 10일 김○○의 딸 차□□(10세)이 엄마와 함께 산책하던 중 박▲▲ 소유의 맹견에 공격당하여 상해를 입게 되었다. 사고는 열린 대문으로 목줄을 풀고 달아난 맹견이 지나가던 행인 김○○ 모녀를 공격한 것이다.

아래 별표의 내용을 참고하여 각 질문에 답하시오. ▶ 25점

별표

[보험 가입사항]
- '갑'보험사 : 맹견배상책임보험
  - 피보험자 : 박▲▲
  - 보상한도 : 의무보험한도
- '을'보험사 : 장기보험 (가족일상생활배상책임담보 특별약관)
  - 기명 피보험자 : 박▲▲
  - 보상한도 : 1인당 1억
- '병'보험사 : 장기보험 (자녀일상생활배상책임담보 특별약관)
  - 기명 피보험자 : 박▲▲과 생계를 같이하는 아들
  - 보상한도 : 1인당 1억

[전제조건]
인적사항 : 차□□ (10세, 여아)
기왕치료비 : 1,500만원
향후치료비(현가적용) : 반흔제거비용 500만원
과실 : 무과실
부상 및 장해 등급에 따른 급수
부상 : 1급(분쇄성다리골절)/ 8급(얼굴)
장해 : 6급(다리장해)/ 10급(추상)

	1급	2급	3급	4급	5급	6급
부상한도	1,500만원	800만원	750만원	700만원	500만원	400만원
장해한도	8,000만원	7,200만원	6,400만원	5,600만원	4,800만원	4,000만원

노동능력상실율 : 다리장해 20%(영구)/ 추상 10%(영구)
호프만계수 : (계산 편의를 임의 계수)
- 사고일 ~ 입원종료일 : 11개월 (H계수 : 10)
- 사고일 ~ 가동연한개시일 : 110개월 (H계수 : 90)
- 사고일 ~ 가동종료일 : 650개월 (H계수 : 310)

도시일용임금 : 건설보통인부 일 15만원
위자료 : 1억원 (서울중앙지방법원 산정기준에 따르며 사망 또는 100% 장해 시 기준)

01. 「동물보호법」에 따라 의무보험에 가입하여야 하는 가입대상 맹견의 종류 및 보상한도에 관하여 기술하시오. ▶ 5점

Ⅰ. 의무가입 맹견

1) 도사견과 그 잡종의 개
2) 아메리칸 핏불테리어와 그 잡종의 개
3) 아메리칸 스태퍼드셔테리어와 그 잡종의 개
4) 스태퍼드셔불테리어와 그 잡종의 개
5) 로트와일러와 그 잡종의 개

Ⅱ. 보상한도

1) 사망 : 피해자 1인당 8,000만원(실 손해액이 2천만원 미만인 경우에는 2천만원)
2) 부상 : 피해자 1인당 부상 등급 1,500만원(1급) ~ 20만원(14급)
3) 후유장해 : 피해자 1인당 후유장해 등급 8,000만원(1급) ~ 500만원(14급)

02. 가족일상생활배상책임담보 특별약관의 보상하는 손해 및 피보험자에 관하여 기술하시오. ▶ 10점

Ⅰ. 보상하는 손해

피보험자가 피해자의 신체의 신체 및 재물의 손해에 대한 법률적인 배상책임을 부담함으로써 입은 손해를 보상
1) 피보험자가 주거용으로 사용하는 보험증권에 기재된 주택 또는 주택의 소유자인 피보험자가 주거를 허락한 자가 살고있는 보험증권에 기재된 주택의 소유, 사용, 관리로 인한 우연한 사고
2) 피보험자의 일상생활로 인한 우연한 사고
3) 제1) 및 제2)의 경우 피보험자의 배상책임으로 인한 손해에 한함

Ⅱ. 피보험자

1) 보험증권에 기재된 피보험자

2) 피보험자 본인의 호적상 또는 주민등록상에 기재된 배우자
3) 피보험자 본인 또는 배우자와 생계를 같이 하고, 보험증권에 기재된 주택의 주민등록상 동거 중인 동거 친족(민법 제 777조)
4) 피보험자 본인 또는 배우자와 생계를 같이하는 별거 중인 미혼자녀

03 각 보험자의 보상책임과 보상하는 금액에 관하여 기술하시오. ▶ 10점

I '갑'보험사 (맹견배상책임보험)

1. 부상

1) 기왕치료비 : 1,500만원
   ➡ 보상금액 : 1,500만원 ≤ 부상1급 1,500만원 ▶ 1,500만원 보상

2. 후유장해

※ 노동능력상실율 : 20% + $\underbrace{(1-20\%) \times 10\%}_{8\%}$ = 28%

1) 향후치료비[96] : 500만원
2) 상실수익 : (15만원×20일) × 28% × 220H(310[97]−90) = 18,480만원

---

96) 「자동차보험약관」에서는 부상에 관한 금액에 치료 관계비 및 휴업손해로 인한 손해를 보상하도록 정확하게 명시하고 있어 기왕치료비(입원기간 치료비 등) 및 향후치료비에 관하여 부상금액 한도로 지급하고 있다. 그러나 다른 배상책임보험의 경우(특약부화재보험 제외) 정확히 해당 내용에 관하여 정하고 있는 사항이 아니기 때문에 부상으로 인한 치료목적을 위해 지급되는 기왕치료비의 경우 부상한도에서 보상하는 것이 타당하겠으나 이미 상태가 고착화되었거나 치료목적이 아닌 여명기간 생명 연장 등을 이유로 발생하는 향후치료비의 경우는 후유장해한도로 보상하는 것이 타당하다 할 것이다.

97) **호프만식 계산법에 의하여 중간이자를 공제하는 경우, 단리연금현가율이 240을 넘는 경우의 일실이익의 산정방법 및 이때 피해자가 순이익을 얻을 수 없는 기간이 포함되어 있는 경우의 산정방법**
  − 호프만식 계산법에 의하여 중간이자를 공제하는 경우에 중간이자 공제기간이 414개월을 초과하여 월단위 수치표상의 단리연금현가율이 240을 넘게 되는 경우 이를 그대로 적용하여 현가를 산정하게 되면 현가로 받게 되는 금액의 이자가 매월 입게 되는 손해액보다 많게 되어 피해자가 과잉배상을 받게 되는 결과가 되므로, 이를 막기 위하여는 그 수치표상의 단리연금현가율이 얼마인지를 불문하고 모두 240을 적용하여야 한다. 그런데 가동할 수 있는 총기간 자체가 414개월을 초과하여 그 현가율의 수치가 240을 넘더라도 그 중간에 피해자가 순이익을 얻을 수 없는 기간이 포함되었다면 그 현가를 산정함에 있어서 가동할 수 있는 총기간의 단리연금현가율에서 순이익을 얻을 수 없는 기간에 해당하는 단리연금현가율을 공제한 수치를 적용하게 된다. 그 경우에는 그 공제한 결과의 수치가 240을 넘지 않는다면 가동할 수 있는 총기간에 해당하는 단리연금현가율의 수치 그대로를 적용하는 방식으로, 240을 넘는다면 가동할 수 있는 총기간에 해당하는 단리연금현가율에서 그 240의 초과분을 차감한 수치를 적용하는 방식으로 현가를 산정하여야 과잉배상의 문제가 발생하지 아니한다(대법원 2022. 6. 16. 선고 2022다211393 판결).

3) 위자료 : 1억 × 28% = 2,800만원
4) 계 : 21,780만원
   ➡ 보상금액 : 21,780만원 〉 장해5급[98] 4,800만원 ▶ 4,800만원 보상

3. 총 보상금액 : 6,300만원

Ⅱ '을'보험사

23,280만원(실 손해액) − 6,300만원(의무보험보상금) = 16,980만원
➡ 보상금액 : 16,980만원 〉 한도 1억 ▶ 1억원 보상

Ⅲ '병'보험사

면책 (박▲▲이 피보험자에 해당하나 해당 특별약관의 보상하는 손해에 해당되지 않음)[99]

---

98) 신체장애가 둘 이상 있을 경우 중한 신체장애에 해당하는 장애등급보다 한 등급 높이 배상
99) 자녀일상생활배상책임보험 보상하는 손해
  - 피보험자(자녀)가 우연한 사고로 인해 타인의 신체에 상해 또는 재물의 손해를 입힘으로써 피보험자 또는 **민법 제755조에서 규정하는 자녀의 법정감독 의무자가 법률상의 배상책임을 부담함으로써 입은 손해를 담보**》》 위의 사례의 경우는 박씨 본인이 발생시킨 사고에 해당하니 민법 제755조 감독자 책임으로 인한 손배책임이 아님. 그래서 면책하는 것임.

문 03

▲▲건설은 A주식회사로부터 ○○오피스텔 신축공사 중 토목공사를 도급받아 공사를 하였다. 그러던 중 굴삭기(건설기계)를 직접 조작하여 작업하던 ▲▲건설의 근로자 김○○의 과실로 A주식회사로부터 ○○오피스텔 신축공사 중 골조공사를 도급받아 공사하던 □□건설의 근로자 최□□이 사상되는 사고가 발생하였다. 사고 당시 작업 현장에서 작업을 유도하던 ▲▲건설의 소속 유도자는 자리를 이탈한 상태였고 혼자 작업하던 김○○이 최□□을 미처 발견하지 못해 사고가 발생한 것이었다. 다음의 사항을 참고하여 피해자의 손해액 및 각 보험회사가 보상할 금액을 산정하시오.

▶ 15점

[별표]

[▲▲건설 보험가입사항]
- ■ '갑' 보험회사 : 영업배상책임보험(도급업자특별약관-일부공사추가특별약관)
  - 보상한도 : 1인당 1억/ 1사고당 1억

- ■ '을' 보험회사 : 영업배상책임보험(건설기계업자특별약관)
  - 보상한도 : 1인당 1억/ 1사고당 2억 (사고당 자기부담금-100만원)

[전제조건]
현실소득 : 월 600만원
책임제한 : 80%
치료비 : 1,000만원

치료비 내역	급여		비급여	진료비총액
	본인부담금	공단부담금	본인부담금	
금액	200만원	700만원	100만원	1,000만원

노동능력상실율 : 족관절 20%(영구)
호프만계수 (계산 편의를 위한 임의 계수)
- 사고일 ~ 입원종료일 : 6개월 (H계수 : 5)
- 사고일 ~ 정년일 : 200개월 (H계수 : 145)
- 사고일 ~ 가동종료일 : 260개월 (H계수 : 175)

일용임금 : 건설 보통인부 15만원
위자료 : 1억원 (서울중앙지방법원 산정기준에 따르며 사망 또는 100% 장해 시 기준)

01
다음의 사항을 참고하여 피해자의 손해액 및 각 보험회사가 보상할 금액을 산정하시오.

▶ 15점

I. 법률상손해배상금

1. 적극적 손해

치료비 : 1,000만원 − 700만원(공단) = 300만원 × (1−20%) = 240만원

2. 소극적 손해

① 사고일~입원종료일

600만원 × 100% × 5H × (1−20%) = 2,400만원

② 입원종료일이후~정년일

600만원 × 20% × 140H(145−5) × (1−20%) = 13,440만원

③ 정년일이후~가동종료일

(15만원×20일) × 20% × 30H(175−145) × (1−20%) = 1,440만원

④ 계 : 17,280만원

3. 정신적 손해

1억 × 20% × (1−6/10×20%) = 1,760만원
                12%

4. 합계 : 19,280만원

II. 보험자보상금액

1. '갑'보험회사 (도급업자특별약관−일부공사추가특별약관)

면책 (피보험자가 소유, 점유, 임차, 사용 또는 관리하는 자동차[100], 항공기, 선박으로 생긴 손해에 대한 배상책임.)

---

[100] 〈도로교통법〉
"자동차"란 철길이나 가설된 선을 이용하지 아니하고 원동기를 사용하여 운전되는 차(견인되는 자동차도 자동차의 일부로 본다)로서 다음 각 목의 차를 말한다.
가. 「자동차관리법」 제3조에 따른 다음의 자동차. 다만, 원동기장치자전거는 제외한다.
 1) 승용자동차
 2) 승합자동차
 3) 화물자동차
 4) 특수자동차
 5) 이륜자동차
나. 「건설기계관리법」 제26조 제1항 단서에 따른 건설기계

2. '을'보험회사 (건설기계업자특별약관)

19,280만원 - 100만원 〉 한도 1억원 ▶ 1억원 보상

문 04 2023년 11월 10일 김OO은 ▲▲종합병원에서 인공심장 수술을 받고 약 한 달 뒤 갑작스러운 심정지로 사망하게 되었다. 사고는 **의료기기가 제조, 판매한 인공심장의 하자로 수술 이후 부작용이 발생하면서 김OO이 사망에 이른 것으로 판명되었다. 유족 측은 **의료기기를 상대로 손해배상을 청구하였다.

다음의 내용을 참고하여 각 질문에 답하시오.   ▶ 20점

[별표]

[보험 가입사항]
- ■ '갑'보험사 : 의료기기 배상책임보험 (배상청구증권)
  - 피보험자 : **의료기기 상사
  - 보험기간 : 2023년 1월 1일 ~ 2024년 1월 1일
  - 소급담보일자 : 2022년 1월 1일
  - 자동보고연장보장기간 : 5년
  - 보상한도 : 의무보험한도
- ■ '을'보험사 : 생산물배상책임보험 (손해사고증권)
  - 피보험자 : **의료기기 상사
  - 보험기간 : 2023년 1월 1일 ~ 2024년 1월 1일
  - 보상한도 : 1인당 1억/ 사고당 2억 (자기부담금 : 1,000만원)

[전제조건]
피해자 : 김OO
수술일 : 2023년 11월 10일
사망일 : 2023년 12월 12일
사고통지 : 2024년 1월 31일
배상청구 : 2024년 12월 10일
직업 : 무직자
과실 : 무과실
장례비 : 500만원
호프만계수 : (계산 편의를 임의 계수)
 • 사고일 ~ 가동종료일 : 211개월 (H계수 : 140)
도시일용임금 : 건설보통인부 일 15만원
위자료 : 1억원 (서울중앙지방법원 산정기준에 따르며 사망 또는 100% 장해 시 기준)

01 〉 각 보험회사가 피해자에게 지급할 보험금액을 기술하되 그 계산과정을 정확하게 기술하시오.   ▶ 13점

문제풀이

I. '갑'보험사 (의료기기배상책임보험)

1. 적극적 손해
  장례비 : 500만원

2. 소극적 손해
  상실수익 : (15만원×20일) × 100% × 140H × (1-1/3) = 28,000만원

3. 정신적 손해
  위자료 : 1억 × 100% = 1억원

4. 합계 : 38,500만원

5. 보상금액[101]
  * 소급담보일자 이후 발생한 사고가 배상청구 기간 안에 청구가 들어왔으므로 보상
    ➡ 보상금액 : 38,500만원 > 사망한도 15,000만원 ▶ 15,000만원 보상

II. '을'보험사 (생산물배상책임보험)

  * 보험기간 사고가 발생하였으므로 보상
  38,500만원(실 손해액) - 15,000만원(의무보험보상금) = 23,500만원
    ➡ 보상금액[102] : 23,500만원 - 1,000만원(자기부담금) > 한도 1억 ▶ 1억원 보상

---

101) 보상하는 손해 : 제조, 수입한 보험증권에 기재된 인체이식형 의료기기가 타인의 인체에 이식된 후 그 인체이식형 의료기기를 사용하는 도중에 그 인체이식형 의료기기로 인하여 피해자에게 보험사고가 발생하고, 보험기간 중에 피보험자에 대하여 손해배상이 청구되어 법률상의 배상책임을 부담함으로써 입은 손해
102) 보상하는 손해 : 피보험자가 제조, 판매, 공급 또는 시공한 보험증권(보험가입증서)에 기재된 「생산물」이 타인에게 양도된 후 보험기간 중에 그 생산물로 생긴 우연한 사고로 인하여 제 3자의 신체장해나 재물손해에 대한 법률적인 배상책임을 부담함으로써 입은 손해

| 02 | 배상청구 기준 증권에서는 보험기간 중에 최초로 청구된 손해배상에 대하여 보상한다고 규정하고 있다. "보험기간 중에 최초로 청구된 손해배상"의 정의에 관하여 기술하시오. ▶ 7점

문제풀이

1. 피보험자와 회사가 손해배상 청구를 받은 경우에는 먼저 접수한 쪽의 손해배상 청구를 기준으로 합니다. 그러나 피보험자가 접수한 경우에는 명백한 입증자료가 없는 한 그 사실을 회사에 알린 날을 처음 손해배상이 청구된 날로 봅니다.

2. 어느 하나의 사고에 대한 다수의 손해배상 청구는 그 중 최초로 청구된 날을 모든 손해배상이 청구된 일자로 봅니다.

문 05

2021년 12월 10일 갑(甲)이 이패스 상사가 제조·판매한 젤리를 먹고 질식사하는 사고가 발생하였으며 2022년 3월 10일 을(乙) 또한 이패스 상사가 제조·판매한 젤리를 먹고 질식사하는 사고가 발생하였다. 해당 젤리는 한 입 정도의 크기로 플라스틱 미니 컵에 포장되어 입으로 직접 빨아 먹을 수 있도록 제작되었으나 쉽게 씹히지 않고 미끄러워 자칫 컵을 입에 댄 채로 그대로 젤리를 흡입하면 질식의 위험이 있는 제품으로 조사 결과 밝혀졌다. 갑(甲)과 을(乙)의 유족은 각각 회사를 상대로 소송을 하였고 법원은 다음과 같이 손해액을 판정하였다. 아래 별표의 내용을 참고하여 각 질문에 답하시오.

별표

[보험가입사항]

보험회사	A보험회사	B보험회사
Insurance Policy	Products Completed Operations Liability Insurance II (Claims-made Basis)	Products Completed Operations Liability Insurance I (Occurrence Basis)
Insurance Period	2021.01.01.~2021.12.31.	2022.01.01.~2022.12.31
Retroactive Date	2020.01.01.	-
Limit of Insurance	General Aggregate Limit : 5억 Each Occurrence Limit : 2억	General Aggregate Limit : 5억 Each Occurrence Limit : 2억

[전제조건]

사건번호	2021가합10801	2021가합10002
피해자(원고)	갑(甲)	을(乙)
소가	2억	1억
사고발생일	2021.12.10.	2022.03.10.
손해배상청구일	2022.01.10.	2022.03.20.
손해액	판결금 : 2억 소송비용 : 1,000만원	판결금 : 1억 소송비용 : 1,000만원

I. 제조물책임법상의 결함의 정의 결함의 유형에 관하여 기술하시오.

1. 정의

"제조물"이란 제조되거나 가공된 동산을 말하는 것으로 "결함"이란 해당 제조물에 제조·설계 또는 표시상의 결함이 있거나 그 밖에 통상적으로 기대할 수 있는 안전성이 결여되어 있는 것을 말한다.

2. 유형

1) "제조상의 결함"이란 제조업자가 제조물에 대하여 제조상·가공상의 주의의무를 이행하였는지에 관계없이 제조물이 원래 의도한 설계와 다르게 제조·가공됨으로써 안전하지 못하게 된 경우를 말한다.
2) "설계상의 결함"이란 제조업자가 합리적인 대체설계를 채용하였더라면 피해나 위험을 줄이거나 피할 수 있었음에도 대체설계를 채용하지 아니하여 해당 제조물이 안전하지 못하게 된 경우를 말한다.
3) "표시상의 결함"이란 제조업자가 합리적인 설명·지시·경고 또는 그 밖의 표시를 하였더라면 해당 제조물에 의하여 발생할 수 있는 피해나 위험을 줄이거나 피할 수 있었음에도 이를 하지 아니한 경우를 말한다.

II. 보험자보상책임

1. A보험사

A보험사의 해당 보험 증권은 배상청구기준증권으로 소급담보일자 이후 발생한 사고가 보험기간 청구된 경우 보험자의 보상책임이 발생한다. 또한 갱신보험이 배상청구기준증권이 아니므로 보험자는 보고기간연장담보 기간에 청구된 손해까지 보상할 책임이 발생한다.

사안의 경우 갑(甲)의 사고는 소급담보일자인 2020년 1월 이후 발생하였고 청구는 보고기간연장 담보기간인 2022년 1월에 제기되었으므로 피해자 갑(甲)의 사고는 보상, 보험기간 이후 사고 발생, 보상 청구가 제기된 을(乙)의 손해는 보상하지 않는다.

1) 갑(甲) : 21,000만원 (판결금 + 소송비용[103]) 〉 한도 2억 ▶ 21,000만원 보상[104]

2) 을(乙) : 면책

2. B보험사

B보험사의 해당 보험 증권은 손해사고기준증권으로 손해사고기준증권은 보험기간 발생한 사고에 관하여 담보하는 증권이다.

사안의 경우 피해자 갑(甲)의 사고는 보험기간 이전 발생하였으므로 보험자의 책임은 발생하지 않으며 을(乙)의 사고는 보험기간 발생하였으므로 보험자는 보상한다.

1) 갑(甲) : 면책

2) 을(乙) : 11,000만원 (판결금+소송비용) 〈 한도 2억 ▶ 11,000만원 보상

---

[103] 〈생산물배상책임보험 영문약관 번역본〉
 - 추가지급조항
 회사는 회사가 방어하는 손해배상청구 또는 「소송」에 관하여 아래의 비용을 보상합니다.
 1. 회사가 지출한 모든 비용
 2. 증권상의 보상한도액 이내의 보증금액에 대한차압해제보증보험료. 그러나 회사는 차압해제보증을 제공할 의무는 없습니다.
 3. 회사의 요청에 따라 조사 또는 손해배상청구 및 「소송」에 대한 방어에 협조하는데 소요된 비용과 일당 $100 한도내의 소득상실
 4. 피보험자에게 부과된 모든 소송비용
 5. 회사가 지급하는 판결액에 대해서 피보험자에게 부과되는 예비판결의 이자. 다만, 회사가 이 보험에서 보상되는 금액을 지급할 것을 통지하였다면 통지 후의 예비판결의 이자는 보상하지 아니합니다.
 6. 판결확정후에 발생하는 판결액에 대한 이자. 다만, 회사가 이 보험의 보상한도액 내에서 판결액의 일부를 법원에 지급, 지급제의 또는 공탁할 때까지 발생할 것에 한합니다.
 * 추가지급조항에서 보상되는 비용은 보상한도액을 초과하여 보상합니다.

[104] 국문약관은 보상하는 손해의 범위에서 법률상손해배상금, 피보험자가 지출한 비용손해 (손,권,협 : 한도초과 보상/ 방,공 : 한도 내 보상)를 보상하나 영문약관은 소송과 관련하여 지출하는 비용을 보상한도액을 초과하여도 지급한다. (이기형 외, 생산물배상책임 역할 제고 방안, 보험연구원 연구보고서, 2017권 12호 참조)

Memo

문 06

OO상사에서 생산하고 ▲▲대형마트에서 판매한 킥보드의 충전 과정에서 밧데리 폭발로 인한 화재가 발생하여 소비자 김●●이 사상되는 사고가 발생하였다. 사고는 해당 킥보드의 밧데리 하자로 인해 발생한 것으로 판명되었고 유족 측은 손해배상을 청구하였다. 아래 별표의 내용을 참고하여 보험자가 지급할 금액을 산정하시오.

▶ 20점

별표

[보험 가입사항]
- ■ '갑'보험사 : 생산물배상책임보험
  - 피보험자 : OO상사 (판매인특별약관)
  - 보험기간 : 2024년 1월 1일 ~ 2025년 1월 1일
  - 보상한도 : 1인당 2억/ 사고당 2억 (자기부담금 : 1,000만원)
- ■ '을'보험사 : 영업배상책임보험 (시설소유관리자특별약관)
  - 피보험자 : ▲▲대형마트
  - 보험기간 : 2024년 1월 1일 ~ 2025년 1월 1일
  - 보상한도 : 1인당 1억/ 사고당 2억 (자기부담금 : 100만원)

[전제조건]
사고발생일 : 2024년 3월 10일
김●●의 직업 및 현실소득 (해당 피해자는 자영업과 임대업으로 소득 발생)
- 자영업 : 월 500만원 (고용형태별 근로실태조사보고서상의 동일 업종의 소득)
- 임대업 : 월 500만원 (자신의 소유 건물에서 월세로 해당 소득 발생)
책임제한 : 80%
치료비

치료비 내역	급여		비급여	진료비총액
	본인부담금	공단부담금	본인부담금	
금액	200만원	800만원	1,000만원	2,000만원

노동능력상실율 : 견관절 운동장해 20%/ 추상장해 20%
호프만계수 : (계산 편의를 임의 계수)
- 사고일 ~ 퇴원일 : 2개월 (H계수 : 2)
- 사고일 ~ 치료종결일 : 10개월 (H계수 : 10)
- 사고일 ~ 가동종료일 : 65개월 (H계수 : 60)

도시일용임금 : 건설 보통인부 임금 일 15만원
위자료 고려하지 말 것.

I. '갑'보험사 (부책)

1. 적극적 손해
치료비 : (2,000만원 - 800만원) × 80% = 960만원

2. 소극적 손해
* 노동능력상실율 : 20% + (1-20%) × 20% = 36%
  ⎣ 16% ⎦

1) 입원 종료까지
   500만원[105] × 100% × 2H × 80% = 800만원

2) 치료 기간 종료까지[106]
   500만원 × 36% × 8H(10-2) × 80% = 1,152만원

3) 가동종료까지
   500만원 × 36% × 50H(60-10) × 80% = 7,200만원

4) 소계 : 9,152만원

3. 정신적 손해
고려하지 않음

4. 합계 : 10,112만원

5. 보상금액
10,112만원 - 1,000만원 〉 한도 20,000만원 ▶ 9,112만원 보상

---

[105] 불법행위의 피해자가 사고 당시 두 가지 이상의 수입원에 해당하는 업무에 동시에 종사하고 있는 경우에는, 각 업무의 성격이나 근무 형태 등에 비추어 그들 업무가 서로 독립적이어서 양립 가능한 것이고, 또 실제로 피해자가 어느 한쪽의 업무에만 전념하고 있는 것이 아닌 경우에 한하여, 피해자의 일실수익을 산정함에 있어 각 업종의 수입상실액을 모두 개별적으로 평가하여 합산할 수 있는 것이나(대법원 1999. 11. 26. 선고 99다18008 판결 참조), 일반적으로 사업을 경영하던 자가 불법행위로 사망함에 따라 입게 된 재산상 손해는 원칙적으로 기업수익 속에 들어 있는 피해자의 개인적 공헌도에의한 수익 부분에 한정되므로(대법원 1985. 5. 28. 선고 85다카85 판결 참조) E이 사고 당시 부동산임대업 및 주차장업으로 얻고 있던 소득의 전부나 일부를 이 사건 사고로 인한 E의 재산상 손해로 인정하기 위하여는 부동산임대업이나 주차장업의 운영으로 인한 E의 소득 중에 E의 육체적 또는 정신적 활동 내지 근로에 기인한 부분이 있다는 점이 인정되어야 할 것이다(대법원 2002. 1. 25. 선고 2001다73374 판결 참조).

[106] 통원기간은 입원 기간과 동일하게 100%가 아닌 36%를 적용하는 것임.

Ⅱ '을'보험사 (영업배상책임보험)

면책 (보험사고에 해당하지 않음)

문 07 2024년 3월 10일 OO조명은 경기도 파주에 위치한 **골프장 내 36홀 전 홀 중 12개 홀에 LED 투광등기구 공급 및 설치계약을 체결하고 공사를 진행하였다. 사건은 OO조명이 공사를 위해 ■■중기에서 임대한 크레인 작업 중 발생하였는데 해당 중기는 ■■중기의 근로자 김●●이 운전하여 작업하고 있던 상태였다. 사고 당시 작업 구간의 지반은 기울기가 일정하지 않아 사고의 위험이 있었음에도 운전자가 이를 강행하였고 그러다 크레인의 지지대 4개 중 2개가 뽑히면서 크레인이 옆으로 기울어지면서 근처에서 작업을 위해 준비하던 OO조명의 근로자 구▲▲을 덮치면서 발생하였다. 건설기계 작업 중에는 사고의 위험이 있으므로 근처에 다른 근로자의 출입을 제한하는 등의 안전요원이 있어야 함에도 이러한 조치가 없었던 것으로 파악되었다. 이 사건 공사의 내용, 이 사건 사고의 경위 등으로 내부자의 과실 비율은 OO조명 30%, ■■중기 70%로 적용하여 판단한다. 다만, 근로자 스스로 자신을 보호해야 할 의무가 있으므로 피해자에 대한 공동불법행위자들의 책임은 80%로 제한한다. 아래 별표의 내용을 참고하여 각 질문에 답하시오. ▶ 30점

[별표]

[보험가입사항]
■ '갑'보험사 : 근로자재해보장책임보험
  - 피보험자 : OO조명
  - 사용자배상책임특별약관
  - 보상한도 : 1인당 2억/ 1사고당 10억
  - 보험기간 : 2024년 1월 1일 ~ 2025년 1월 1일

[전제조건]
평균임금 : 월 600만원 (계산 편의를 위하여 월 일수는 30일로 볼 것)
책임제한 : 80%
장례비 : 500만원
근로복지공단 지급금액

	장례비	유족급여
금액	2,400만원	26,000만원

호프만계수 : 계산 편의를 위한 임의계수
  - 사고 ~ 계약종료까지 : 228개월 (H계수 : 160)
  - 사고 ~ 가동연한종료까지 : 288개월 (H계수 : 190)
도시일용임금 : 건설보통인부 일 15만원
위자료 : 1억원 (서울중앙지방법원 산정기준에 따르며 사망 또는 100% 상해 시 기준)
일실퇴직금 산정은 생략할 것

01 보험자가 보상할 금액을 산정하시오. ▶ 20점

1. 적극적 손해

   1) 장례비 : 500만원
      ⇨ 손익상계 : 500만원 - 2,400만원(장례비) = 0

2. 소극적 손해

   1) 사고이후~정년
      600만원 × 100% × 160H × (1-1/3) = 64,000만원
   2) 정년이후~가동종료
      (15만×20일) × 100% × 30H(190-160) × (1-1/3) = 6,000만원
   3) 소계 : 70,000만원
      ⇨ 손익상계 : 70,000만원 - 26,000만원(유족급여) = 44,000만원
      과실상계 : 44,000만원 × (1-20%) = 35,200만원

3. 정신적 손해

   위자료 : 1억 × 100% × (1-6/10×20%) = 8,800만원
   　　　　　　　　　　　　　12%

4. 합계 : 44,000만원

5. 보험자보상금액

   44,000만원 〉 한도 2억 ▶ 20,000만원 보상

---

02 해외근로자재해보장책임보험에 첨부되는 간병보상 추가특별약관에 관하여 기술하시오. ▶ 10점

> 문제풀이

Ⅰ 서언

간병보상은 재해보상책임 특별약관 및 재해보상 추가특별약관에 의한 요양보상을 받은 자 중 치유 후 의학적으로 상시 또는 수시로 간병이 필요하여 실제로 간병을 받는 자에게 지급한다.

Ⅱ 지급대상

1) 상시간병급여
   ① 신경계통의 기능, 정신기능 또는 흉·복부 장기의 기능에 장해등급 제1급에 해당하는 장해가 남아 일상생활에 필요한 동작을 하기 위하여 항상 다른 사람의 간병이 필요한 사람
   ② 두 눈, 두 팔 또는 두 다리 중 어느 하나의 부위에 장해등급 제1급에 해당하는 장해가 남고 다른 부위에 장해등급 제7급 이상에 해당하는 장해가 남아 일상생활에 필요한 동작을 하기 위하여 항상 다른 사람의 간병이 필요한 사람

2) 수시간병급여
   ① 신경계통의 기능, 정신기능 또는 흉복부 장기의 기능에 장해등급 제2급에 해당하는 장해가 남아 일상생활에 필요한 동작을 하기 위하여 수시로 다른 사람의 간병이 필요한 사람 (상시간병보상액의 2/3에 해당하는 금액 보상)

|저|자|소|개|

임 경 아

약력

- 신체손해사정사
- 동국대학교 일반대학원 법학박사

現)
- 이패스코리아 전임강사
- 손해사정 선택 부대표
- 한국손해사정사회 교육위원회 위원장
- 학교안전공제 보상심사위원회 위원
- 광주보건대학교외래교수
- 한국손해사정사회 정회원
- 보험법학회 정회원
- 교통사고 조사학회 평생회원

前)
- 이앤유손해사정법인
- 경기도 학교학생피해지원 위원
- 국방부 지뢰피해자 심의위원
- TBN 교통방송 고정패널

저서

- 근재 및 배상책임보험 이론과 실무
- 자동차보험 이론과 실무

---

epass 배상책임보험 및 근재보험 문제집

개정1판 인쇄 / 2024년 12월 18일
개정1판 발행 / 2024년 12월 31일

지 은 이　임경아
발 행 인　이재남
발 행 처　(주)이패스코리아
　　　　　[본사] 서울시 영등포구 경인로 775 에이스하이테크시티
　　　　　　　　2동 1004호
　　　　　[학원] 서울시 종로구 청계천로 35 관정빌딩 6층
전　　화　02-722-0533　팩스 070-8956-1148
홈 페 이 지　www.sonsakorea.com
이 메 일　sonsa@epasskorea.com
등 록 번 호　제318-2003-000119호(2003년 10월 15일)

※ 잘못된 책은 교환해 드립니다.
※ 이 책은 저작권법에 의해 보호를 받는 저작물이므로 무단전재와 복제를 금합니다.
본교재의 저작권은 이패스코리아에 있습니다.